Friedrich Köthe

allgäu

Friedrich Köthe

allgäu

Friedrich Köthe

Allgäu

erschienen im

Reise Know-How Verlag

ISBN 978-3-89662-567-0

Untere Mühle
D - 71706 Markgröningen

3. aktualisierte Auflage **2017**

– Printed in Germany –

eMail-Adresse des Verlags: verlag@rkh-reisefuehrer.de

Internet-Adresse des Verlags: www.rkh-reisefuehrer.de

Websites von Reise Know-How:
www.reise-know-how.de
www.suedafrikaperfekt.de

Gestaltung und Herstellung
Umschlagkonzept: Carsten Blind
Inhalt: Carsten Blind, Nadine Jung
Lektorat: Nadine Jung
Karten: Helmut Hermann
Druck: mediaprint, Paderborn
Fotos: siehe Anhang

Dieses Buch ist erhältlich in jeder Buchhandlung in Deutschland, Österreich, Schweiz, Niederlande und Belgien
Bitte informieren Sie Ihren Buchhändler über folgende Bezugsadressen:

D: - PROLIT GmbH, Postfach 9, 35461 Fernwald
www.prolit.de (sowie alle Barsortimente),
CH: AVA-buch 2000, Postfach 27, 8910 Affoltern, www.ava.ch
A: Mohr Morawa Buchvertrieb GmbH, Postfach 260, 1011 Wien
NL, B: Willems Adventure, www.willemsadventure.nl

Wer im Buchhandel trotzdem kein Glück hat, bekommt unsere Bücher auch über unsere Büchershops im Internet (s.o.)

Vorwort

Königsschlösser, Kühe, Käse – Natur pur und feinstes Rokoko, Renaissance und steile Gipfel, grüne Hügel und weiße Kirchtürme, das Allgäu ist das Paradeziel für ein Urlaubserlebnis mit allen Facetten. Wer sich für Kultur interessiert, aber dennoch mit einem guten Buch am Seeufer entspannen oder nach dem Gipfelsturm am Bergkreuz mit Blick über die Täler die Nachmittagssonne genießen will, hier ist er richtig. Die zahlreichen Angebote zu Aktivitäten, Mittelalterfestivals, Theater- und Musikereignissen, die prämiierten Lokale und Unterkünfte, die einfachen Biergärten und die versteckten Landgasthöfe, die kleinen und großen Seen, lieblichen Bilderbuchlandschaften und schroffen Gebirgswelten – all das zieht Erholungssuchende aller Herren Länder an. Seit 150 Jahren pflegen die Menschen im Allgäu die Gastlichkeit und trotz des steten Stromes der Besucher im Winter wie im Sommer haben sie ihre Herzlichkeit nicht verloren. Dass die Gäste zu „Wiederholungstätern" werden und jedes Jahr wieder ins Allgäu kommen – gibt es eine schönere Empfehlung?

Ihr Friedrich Köthe

Inhaltsverzeichnis

☐ Exkurs

A-Z Praktisches Reise-ABC

Land und Leute

Reiseteil

1 Oberallgäu – Kempten und Umgebung

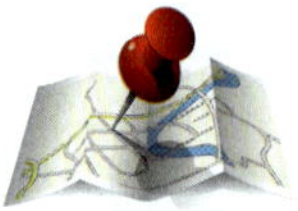

Bitte schreiben oder mailen Sie (verlag@rkh-reisefuehrer.de), wenn sich in Allgäu Dinge verändert haben oder Sie Neues wissen. Wir beantworten jede Zuschrift. Danke!

Reise-ABC
Land & Leute

Praktisches Reise-ABC

Reisen im Land

Anreise allgemein

Haupteinfallstor ins Allgäu ist Memmingen, wo sich die Autobahn von München nach Österreich und in die Schweiz und die Autobahn von Norden Richtung Kempten und Füssen kreuzen. Außerdem besitzt Memmingen einen veritablen internationalen Flughafen.

Anreise per Auto

Mit dem Auto von Norden kommend nimmt man ab Ulm die A7 bis Memmingen und fährt von hier entweder auf der A7 weiter ins Oberallgäu (bei Kempten auf die B19 wechselnd) oder auf der Autobahn bleibend bis Füssen bzw. auf der A96 Richtung Südwesten und Lindau im Bodensee.

Entfernungen

Von **München** sind es 110 km nach Memmingen, 180 km bis Lindau, 130 km bis Füssen und 160 km bis Oberstdorf. Von **Berlin** aus kommend rechne man jeweils 600 km hinzu.

Von **Ulm** aus sind es 55 km nach Memmingen, 120 km bis Lindau, 130 km bis Füssen und 130 km bis Oberstdorf.

Von **Zürich** sind es 200 km nach Memmingen, 135 km bis Lindau, 240 km bis Füssen und 175 km bis Oberstdorf.

Von **Wien** aus sind es 600 km nach Memmingen, 660 km bis Lindau, 600 km bis Füssen und 650 km bis Oberstdorf.

Anreise per Bahn

Fährt man von München ins Allgäu, gelangt man unweigerlich nach Buchloe, dem Tor zum Allgäu. Hier teilen sich die Schienen: nach Süden geht es Richtung Füssen, Kempten und Oberstdorf, nach Westen weiter nach Memmingen und über Leutkirch Richtung Lindau. Die Fahrt von München nach Lindau dauert mit dem EC 2 ¼ Std., nach Oberstdorf ebenfalls etwa 2 ¼ Std. und nach Füssen gute 2 Std. Von Ulm sind es nach Lindau ca. 1 ¾ Std., nach Oberstdorf knappe 2 Std. und nach Füssen knappe 3 Std. Von Zürich nach Lindau fährt man 2 ¼ Std., von Wien nach Füssen mit der schnellsten Verbindung 8 ½ Std.

Fahrplanauskünfte/ Preisinformationen
in den Bahnhöfen oder unter www.bahn.de, www.oebb.at und www.sbb.ch

Bahnstrecke von Immenstadt nach Oberstaufen

Anreise per Flugzeug

Der **Allgäu Airport** befindet sich bei Memmingen und ist eigentlich eher eine internationale Ankunfts- und Abflugbasis für Urlauber mit Gesellschaften wie Ryan Air, Sun Express Niki und Wizz Air – und notorisch finanziell klamm.

Allgäuer Airport: Schleifweg, Am Flughafen 35, Memmingerberg, Tel. 08331-9842000, www.allgaeu-airport.de

Der **Bodensee Airport** bzw. Flughafen Friedrichshafen hingegen wird von diversen Liniengesellschaften bedient und von Geschäftsleuten genutzt. Eurowings, Germania, Sun Express, Wizz, Easy Jet, Lufthansa, British Airways, Monarch und Transavia verbinden Friedrichshafen mit Berlin, Frankfurt, Erfurt, Köln/Bonn, Hamburg, Düsseldorf, Wien und mit zahlreichen internationalen Urlaubsdestinationen.

Friedrichshafen hat Tradition und noch heute starten von hier die **Zeppeline** (www.zeppelinflug.de)

Bodensee Airport: Am Flugplatz 64, Friedrichshafen, Tel. 07541-28401, www.bodensee-airport.eu

Einreise

Österreich und Schweiz sind dem Schengener Abkommen angeschlossen die politische Lage der letzten Jahre führte allerdings dazu, dass immer wieder Grenzkontrollen stattfinden. Darüber hinaus ist die Schweiz hinsichtlich des Zollrechts weiter unabhängig und nicht Teil der EU; damit sind an den dortigen Grenzen jederzeit Zollkontrollen möglich und die Ein- und Ausfuhrregelungen sind zu beachten. Auch wenn in Deutschland nur eine

Ausweispflicht, aber keine allgemeine Mitführpflicht eines Personaldokumentes besteht, sollte man ein Ausweisdokument bei sich haben.

Feiertage

	2017	2018	2019
Neujahr	01.01.		
Heilige Drei Könige	06.01.		
Karfreitag	14.04.	30.03.	19.04
Ostermontag	16.04.	01.04.	21.04.
Tag der Arbeit	01.05.		
Christi Himmelfahrt	25.05.	10.05.	30.05.
Pfingstmontag	05.06.	21.05.	10.06.
Fronleichnam	16.06.	31.05.	20.06.
Mariä Himmelfahrt	15.08.		
Tag der dt. Einheit	03.10.		
Allerheiligen	01.11.		
1. Weihnachtstag	25.12.		
2. Weihnachtstag	26.12.		

Feste

Brauchtum

- Im ganzen Allgäu:
  - Maibaumaufstellung am 30. April bzw. 1. Mai
  - Alphornblasen im Sommer
- Sonthofen – Eggaspiel am Faschingssonntag alle drei Jahre (2019, 2022 ...)
- Oberstaufen – Fasnatziestag am Faschingsdienstag mit Umzügen

Im Oberallgäu findet am ersten Sonntag nach Aschermittwoch das **Funkenfeuer** statt: ein für rechte Funkenbildung mit Stroh durchsetzter Holzhaufen wird an erhöhten Stellen entzündet und darin symbolisch eine Hexe verbrannt – alemannischer Brauch eben.

- Memmingen – Fischertag am letzten Samstag vor den Sommerferien
- Memmingen – Wallensteinspiele alle vier Jahre im Juli (2020, 2024 ...)
- Mindelheim – Frundsbergfest alle drei Jahre Anfang Juli (2018, 2021...)
- Kaufbeuren – Tänzelfest Ende Juli

Wallfahrten Im ganzen Allgäu – Fronleichnamsprozessionen

Volksfeste, Jahrmärkte

- Im ganzen Allgäu – Viehscheid Mitte September, besonders schön in Oberstaufen, Bad Hindelang, Oberstdorf und im Kleinwalsertal
- Immenstadt – Bühler Seenachtsfest am letzten Samstag im Juni

Sportereignisse

Immenstadt – Allgäu Triathlon im Juli

Kultur und Musik

- Kempten – Jazzfrühling Ende April, Anfang Mai
- Oberstdorf – Musiksommer im August
- Memmingen – Memminger Meile im August
- Füssen – Kaisersaalkonzerte im Kloster St. Mang im Sommer
- Isny – Oper-Festival im Juli
- Lindau – Bodenseefestival Mai/Juni
- Bregenz – Festspiele im August

Information

Allgäu

Prospektservice Allgäu, Allgäuer Str. 1, 87435 Kempten, Tel. 08323-8025931, www.allgaeu.de

Österreich

Deutsche Zentrale für Tourismus e. V., Mariahilfer Straße 54, 1070 Wien, Tel. 01 513 279 210, www.germany.travel.

Schweiz

Deutsche Zentrale für Tourismus e. V., Talstr. 62, 8001 Zürich, Tel. 044 2132211, www.germany.travel.

„Haus des Gastes", Oberstaufen

Kleidung

Ins Reisegepäck gehört die für die jeweiligen Aktivitäten notwendige und der Jahreszeit entsprechende Ausstattung, leger bis elegant in den Städten, zweckmäßig bis rustikal für eine Landreise. Da das Allgäu relativ hoch liegt, sollte man immer auch warme Kleidung dabei haben. Im Sommer laden die zahlreichen Naturfreibäder zu einem kühlenden Sprung ins Wasser ein, also Badesachen einpacken. Wer in die Berge will, bedenke, dass im Hochgebirge auch im Sommer wärmende Kleidung das Leben angenehm macht. Für die Übergangszeiten sind Strickwaren und Regenzeug angeraten.

Kommunikation

Telefon In Bayern und Württemberg sind die öffentlichen Fernsprecher fast aus dem Straßenbild verschwunden (und in den verbliebenen ist meist nur mit Telefon- oder Maestro-Karte zu zahlen). Die Netzabdeckung ist auch in den Bergen meist ausge-zeichnet.

Vorwahlen Österreich 0043, Schweiz 0041, Deutschland 0049

Internet Viele Unterkünfte bieten inzwischen einen Internetzugang an, entweder als WLAN/WiFi/Hotspot in der gesamten Herberge oder mit einem Rechner im Rezeptionsbereich.

Konsulate Generalkonsulat Österreich, Ismaninger Straße 136, 81675 München, Tel. 089-998150, Fax 089-9810225, www.oegkmuenchen.de.

Schweizerisches Generalkonsulat, Prinzregentenstrasse 20, 80538 München , Tel. 089-2866200, www.eda.admin.ch/muenchen.

Knigge

Der schlimmste Fauxpas ist, sich in übertriebener Art als Einheimischer auszugeben, indem man mit Lederhose und Gamsbart-geschmücktem Hut durchs Land reist und sich in bayerischem oder schwäbischem Dialekt versucht. Ansonsten sind die Allgäuer ein ruhiges Volk, das viel durchgehen, Herrgott und Nachbarn gute Männer sein lässt und auch eine gehörige Portion Selbstironie mitbringt.

Landkarten

Der Verlag Publicpress gibt eine **Motorradkarte** (1:200.000, Bodensee, Allgäu, Ostschweiz, Vorarlberg) und **Radwanderkarten** (Bodensee und Umgebung sowie Allgäu, jeweils 1:100.000) heraus. Die Strecke von Oberstdorf nach Ulm ist in der Publicpress-Karte **Iller-Radweg** speziell dargestellt (1:50.000).

Die ausgezeichneten **Wanderkarten** im Verlag Kompass sind im Maßstab 1:50.000 erhältlich; auf www.kompass.de kann man Kartenschnitte im pdf-Format herunterladen.

Medien

Eine der meist verbreiteten **Tageszeitungen** ist die **Allgäuer Zeitung** (www.all-in.de) aus Kempten, an der die Augsburger Allgemeine Zeitung beteiligt ist. Die Allgäuer Zeitung wird mit Lokalausgaben für Buchloe, Füssen, Kaufbeuren, Kempten, Marktoberdorf, Immenstadt, Sonthofen, Memmingen und Weiler und mit einer Gesamtauflage von etwa 75.000 gedruckt. In Leutkirch erscheint die **Schwäbische Zeitung** (www.schwaebische.de), mit einer Auflage von 165.000 eine der größten Abonnementzeitungen Baden-Württembergs. Lokalausgaben für das Allgäu gibt es in Leutkirch, Lindau und Wangen.

Der Bayerische Rundfunk (BR) sendet fünf **Hörfunkprogramme,** der Südwestrundfunk (SWR) vier Hörprogramme: Bayern 1 und SWR 4 als buntes Potpourri des städtischen und ländlichen Lebens, Bayern 2 und SWR 2 verstehen sich als Kultursender, Bayern 3, SWR 1 und SWR 3 hören die Jüngeren (die auch gerne aus Österreich Ö3 empfangen), Bayern 4 bringt klassische Musik und Bayern 5 Nachrichten. Das **Allgäu-Radio** RSA (www.rsa-radio.de) sendet ein buntgemischtes Programm mit Musik und Lokalnachrichten aus Kempten u.a. auf den Wellenlängen UKW 88,20, 96,70, 97,60, 97,90 und 103,60.

Werkstatt im Bergbauernmuseum

Museen

Im Allgäu gibt es zahlreiche Museen, fast jedes Dorf bietet eine Ausstellung. Die kleinen Museen haben sehr eingeschränkte Öffnungszeiten (teils nur am Sonntag), die großen sind üblicherweise montags geschlossen, die Kernöffnungszeit ist 9–17 Uhr, am Sonntag teils erst ab 10 Uhr. Mit einem Eintrittspreis zwischen 2,50 und 10 € muss man rechnen.

Notruf

112

Die allgemein gültige **Notrufnummer** vom Festnetz und aus dem Mobilnetz ist bundesweit die Tel. 112. Sie gilt für Polizei, Feuerwehr und Rettungsdienst. Weiterhin gültig ist die Nummer aus dem Festnetz Tel. 110 für die Polizei.

Kreditkarte

Wer seine **Kreditkarte** sperren will, wählt Tel. 116116. Schweizer und Österreicher müssen ihre Kreditkarten gezielt beim Anbieter sperren lassen.

Pannenhilfsdienst

Der **Pannenhilfsdienst** des ADAC ist vom Festnetz aus über Tel. 01802222222, mit dem Funktelefon über Tel. 222222 erreichbar.

Bergrettung

Die **Bergrettung** hat vom Festnetz aus die Nummer Tel. 19222, vom Funktelefon aus Tel. 112.

Öffnungszeiten

Geschäfte haben Montag bis Freitag, teils auch am Samstag von 7.30/8 Uhr bis 19.30/20 Uhr geöffnet. Viele Läden gehen am Samstag ab 14/16 Uhr in das Wochenende, sonntags ist geschlossen. **Postämter**

haben unterschiedliche Öffnungszeiten, die Hauptzeiten sind Mo–Fr 8–12 Uhr u. 14–18 Uhr, Sa 9–12 Uhr. **Gaststätten** und **Restaurants** sind unter der Woche meist von 11–15 Uhr und ab 18/19 Uhr geöffnet, auf dem Land häufig auch durchgängig. Man beachte, dass auf dem Land die Küche schon mal um 20.30 Uhr schließen kann und die Gäste bereits ab 18 Uhr ihre Mahlzeiten einnehmen.

Reiseveranstalter

Zahlreiche große und kleine Reiseveranstalter haben das Allgäu und den Bodensee im Angebot. Wander- und Klettertouren kann man über den **Deutschen Alpenverein,** Sektion Allgäu-Immenstadt (www.dav-allgaeu-immenstadt.de) oder über die Sektion Oberstdorf (www.alpenverein-oberstdorf.de) buchen. Wer seinen **Urlaub auf dem Bauernhof** verbringen will suche auf www.bauernhof-urlaub.com, www.allgaeu-urlaubaufdembauernhof.de oder www.bergbauernhoefe.de.

Reisezeit

Das Allgäu gehört zu den glücklichen Gegenden, in denen ganzjährig Saison ist. Im Sommer wird gebadet und geklettert, im Winter Ski gelaufen, schneeschuhgewandert und im Frühjahr und Herbst kann man sich der Kultur widmen.

Frühling

Die Natur erwacht, auf den schon sattgrünen Wiesen weiter unten spitzen Krokusse aus dem Boden, in hellem Grün zeigen sich die ersten Blätter an den Bäumen und die Wanderer unternehmen erste Touren unter der wärmenden Sonne. Die Wirte stellen Tische und Stühle auf die Straße und bauen die Bänke in den Biergärten auf. Nur hoch oben in den Bergen dreht sich noch der Skizirkus.

Sommer

Der Tourismusmotor ist voll angelaufen, der Himmel zeigt sich mit strahlendem Blau, die Wanderer steigen ab Juni hoch hinauf und mit dem Juli sollten die meisten Wege im Hochgebirge schneefrei sein. Nun ist die Zeit für die höchsten Gipfel gekommen, die Sommerfrischler belagern die Badeseen und abends klingen die Alphörner durch die Täler.

Allgäu im Winter, Weg nach Thalkirchdorf

Herbst

Langsam wird es ruhiger, jetzt ist die schönste Zeit im Gebirge und die Moorseen haben immer noch erträgliche Wassertemperaturen. Dann steht die Viehscheid an, der festliche Abtrieb von der Alpe – das Ereignis des Allgäuer Herbstes. Immer häufiger liegt nun eine Nebeldecke unten über dem Land. Doch wenn der Schleier zerreißt, zeigen sich die Landschaften nochmals von ihrer schönsten Seite und in den schillerndsten Farben.

Winter

November und Dezember sind nicht immer trüb, ab und an bricht die Sonne durch und die Berge kristallisieren klar und deutlich am Horizont. Überall kündigt sich der Jahreswechsel an, Anfang Dezember beginnen die Weihnachtsmärkte mit wärmendem Glühwein, mit Kunsthandwerk und Schmuck. Noch ist die Zeit des Wintersportes nicht da, die beginnt erst mit den Weihnachtsferien, dann aber Hallo! Alle Gästebetten sind belegt, an den Liften stauen sich die Wintersportler und abends wird getanzt bis zum Umfallen.

Souvenirs

Als alpenländische Region ist die **Tracht** oder doch zumindest ein Teil davon wie ein Gamsbart-geschmückter Hut oder eine Jacke ein passendes Mitbringsel aus dem Allgäu. Gerne kauft man auch etwas **Holzgeschnitztes,** es muss ja nicht gleich ein ganzer Brunnen sein, den man sich aufs Autodach bindet. Besonders Neugablonz ist für seine **Glasschmuck-Industrie** berühmt, wer wachsam ist, wird aber auch – wie in Schmidsfelden – an anderen Adressen Glasmacherkunst entdecken. Allgäu war Glasmacherland. Vergänglicheres nimmt praktisch jeder mit: den besten **Käse** der Welt. Ob es Emmentaler ist, Bergkäse oder gar ein Stück des extrem würzig-scharfen Weißlacker – die Senner sind stolz darauf, dass ihr Vieh ohne Silofutter auskommt, sich im Sommer nur von frischen Gräsern und Kräutern der Alpen und im Winter von Heu ernährt. Am Bodensee sollte man sich mit **Obst** eindecken, mit Äpfeln aller nur erdenklichen Sorten, frisch oder als Saft oder gar als Brand. Es gibt zahllose Schnapsbrennereien. Auch der vergorene Rebensaft gilt als äußerst achtbar. Die **Weine** werden immer wieder prämiert. Und wer die Gerste bevorzugt, der wird überall fündig, die kleinen Landbrauereien laden zur Verkostung ihres süffigen **Bieres** und verleiten zum Kauf eines Trägers.

Unterkünfte

Jeder findet im Allgäu eine angemessene und seinen Preisvorstellungen entsprechende Unterkunft. In Herbst und Frühjahr sind die Preise moderater als im Sommer, oder während der Ferien im Winter, wenn jeder Ski fahren will. Bei längeren Aufenthalten gewähren besonders die kleineren Herbergen einen Rabatt auf den Zimmerpreis; die großen Hotels der Komfort- und Luxusklasse locken ihre Gäste mit Kombinationsangeboten an, wie zusätzliche Mahlzeiten und Liftkarten oder „Treatments" im angeschlossenen Wellnessbereich.

Hotels

Zahllose Hotels bieten ihre Dienste an, nicht wenige davon sind dem Ruf der Zeit gefolgt und firmieren als Wellness-Hotels. Das Angebot reicht vom einfachen Zweisterne-Hotel bis zur luxuriösen Fünfsterneplus-Herberge. Ein *Hotel garni* bietet als Mahlzeit lediglich Frühstück an.

Gasthöfe

Der kleine Bruder des Hotels bietet ein eingeschränktes Angebot, im Gegenzug sind die Preise günstig und man wohnt in authentischerer Atmosphäre. Im Allgemeinen ist ein Speiselokal angeschlossen.

Ferien auf dem Bauernhof Die Einmietung auf einem Bauernhof ist mit die schönste und direkteste Art, sich Land und Leuten zu nähern. Die Gästezimmer haben in der Regel ein eigenes Bad, ein Frühstück wird angeboten, nicht selten besteht die Möglichkeit der Halbpension. Viele der Bauernhöfe stehen in landschaftlich herrlicher Lage, einige sind stolz, als Biohof nur ökologisch einwandfreie Zutaten für die Mahlzeiten zu verwenden. Gerade für Kinder ist der Bauernhof ideal, die kleinen und größeren beschäftigen sich den ganzen Tag mit Entdeckungsreisen und mit den Tieren.

Ferienwohnungen Üblicherweise werden Ferienwohnungen wochenweise – meist von Samstag bis Samstag – vermietet. Sie sind komplett eingerichtet und die Küche mit allem Notwendigen ausgestattet.

Berghütten Wer in die Berge geht, kennt es, den überfüllten Schlafsaal, die dampfende Kleidung und das Schnarchen. Aber gibt es eine Alternative? Ja, die moderneren Berghütten bieten auch Doppel- oder Vierbettzimmer an! Die Mahlzeiten auf den Hütten sind meist kein kulinarisches Erlebnis, dafür kräftigend und reichlich.

Jugendherbergen Lange hat es gedauert, den Mief der 1950er abzustreifen. Heute bieten die Jugendherbergen eine reelle Balance zwischen Preis und Leistung und ein *up-to-date* Ambiente. Ursprünglich gedacht für unter 27 Jahre alte Reisende, werden auch Familien mit Kindern (im Familienzimmer) und – wenn Platz ist – auch ältere Einzelreisende aufgenommen.

Zelt- und Caravanplätze Die Zeltplätze liegen eigentlich immer in landschaftlich schöner Lage und nicht selten an einem Seeufer. Ein Wermutstropfen sind die zahlreichen Dauercamper, die ihr Wochenendhaus mit allem aus- und eingerüstet haben, was man meint, so zu benötigen.

Allgäu-Walser-Card

Die Allgäu-Walser-Card bekommt man direkt und gratis bei zahlreichen Gastgebern in den teilnehmenden Urlaubsorten von A wie Altusried bis W wie Wertach. Mit der berührungslosen Gästekarte erhält man ermäßigten Eintritt in über 130 Freizeiteinrichtungen (Bergbahnen, Bäder, etc.) und bei Veranstaltungen, kann kostenlos bzw. ermäßigt Parken und vieles mehr. Weitere Informationen unter **www.oberallgaeu.de/allgaeu-walser-card**.

Verkehr

Parken Fast jeder Ort im Allgäu hat die Parkplätze seiner Altstadt mit Parkuhren bzw. Parkscheinautomaten ausgerüstet. Das Parkreglement wird streng überwacht und ein Knöllchen schnell ausgestellt.

Motorrad Allgäu ist Bikerland. Die kleinen Straßen laden nachgerade zu einer Spritztour auf dem Motorrad ein. Bester Straßenbelag, ausgezeichnete Hinweise auf die Streckenführung und die in die Landschaft eingebetteten kurvenreichen Wege machen die Fahrt zum reinen und entspannten Vergnügen.

Rad/ Mountainbike Das Allgäu eignet sich hervorragend fürs Radfahren, wobei weniger die flachen Etappen vorherrschen. Die Touren verlaufen meist durch hügeliges Gelände, wenn man nicht gerade den Flussläufen folgt. Wer sein Rad nicht mitbringen möchte oder kann, findet meist vor Ort Vermietungsstellen. Die Tourismusbüros führen darüber Nachweis und geben Broschüren mit den schönsten Strecken heraus. Auch Mountainbiker kommen auf ihre Kosten. Die meisten Gemeinden in den Bergen haben spezielle Strecken ausgewiesen.

Verkehrsmittel (öffentlich)

Bahn Von München führte die klassische Streckenführung der Allgäubahn des 19. Jh. über Buchloe, Kaufbeuren, Kempten und Immenstadt nach Lindau. Heute verläuft die Strecke nach Lindau über Memmingen und Leutkirch. Von Kaufbeuren kommt man über Füssen (und Österreich) nach Garmisch-Partenkirchen und über Kempten und Immenstadt nach Oberstdorf. Eine Nebenstrecke verbindet Kempten über Pfronten mit Füssen.

Spezialtickets Bahn Das **Oberallgäu-Ticket** erlaubt die Benutzung von Bahnen und Bussen im Geltungsbereich für einen Tag (13 € für das Gesamtnetz, 9,50 € in einem der drei Teilnetze). Bei Vorlage der Gästekarte Allgäu-Walser-Card (beim Vermieter oder den Tourist-Informationen erhältlich) fährt man im südlichen Oberallgäu (nicht Kleinwalsertal und nicht EC) 4 Tage für 16 €, 7 Tage für 21 € und 14 Tage für 32 € mit Bus und Bahn.

Das **Bayern-Ticket** (Single 25 €, fünf Personen 49 €) ermöglicht einen Tag lang die Nutzung aller Nahverkehrszüge und den Verkehrsverbünden angeschlossenen Bussen (z.B. der Regionalverkehr Oberbayern, RVO) und Bahnen in ganz Bayern. Das **Baden-Württemberg-Ticket** bietet ähnliche Konditionen: 23 € (bis 27 Jahre 19 €), für fünf Personen 43 €.

Der **Schnee-Express Allgäu** fährt von Stuttgart (64,50 €) und Augsburg (54,50 €) nach Oberstdorf und zurück (sonntags Dez.–März), enthalten ist ein Ein-Tages-Skipass.

Eine weiteres Angebot ist das **Schöne-Wochenende-Ticket,** mit dem eine Fünf-Personen-Gruppe ein Wochenende lang Nahverkehrszüge und Regionalbahnen nutzen kann (Einzeln 40 €, fünf Personen 56 €).

Bus

Der **RVO/RVA** (Regionalverkehr Oberbayern /Allgäu, www.rvo-bus.de) bedient als Tochterunternehmen der Deutschen Bahn die Region um Kaufbeuren, Kempten, Füssen, Pfronten, Bad Hindelang, Oberstdorf und Sonthofen. Eine Linie fährt von Oberstdorf quer durchs Allgäu nach Lindau (Linie 9740). Rund um Ravensburg und den Bodensee ist die Gesellschaft **BODO** (Bodensee-Oberschwaben-Verkehrsverbund, www.bodo.de) zuständig. Auf beiden Sites lässt sich der jeweilige Netzplan ausdrucken.

Bushaltestelle, Nähe Steibis

Land und Leute

Zahlen und Fakten

Verwaltungsorganisation

Das knapp 5000 Quadratkilometer große Allgäu gehört zu 80% zu Bayern und zu 20% zu Baden-Württemberg. In Baden-Württemberg ist das Allgäu Teil des Landkreises Ravensburg (Regierungsbezirk Tübingen) mit den Gemeinden Isny, Leutkirch, Kißlegg und Wangen. Der bayerische Regierungsbezirk Schwaben umfasst im Allgäu die Landkreise Oberallgäu, Unterallgäu, Ostallgäu, Lindau und die kreisfreien Städte Kaufbeuren, Kempten und Memmingen. Nochmals 100 Quadratkilometer machen die österreichischen Exklaven Kleinwalsertal und Jungholz aus, die ebenfalls geographisch dem Allgäu zuzurechnen sind. Während das Kleinwalsertal zum Bundesland Vorarlberg gehört, wird Jungholz vom Bundesland Tirol verwaltet.

Im Allgäu leben insgesamt knapp 750.000 Personen: gut 600.000 auf bayerischer Seite, etwa 100.000 auf baden-württembergischer Seite und fast 50.000 in den österreichischen Gebieten Kleinwalsertal und Jungholz .

Wirtschaft

Im Allgäu wurde über Jahrhunderte Leinwand gewebt, ein Handwerk das zu damaliger Zeit für großen Reichtum sorgte. Doch mit der Industrialisierung endete das erfolgreiche Gewerbe. Die Region schaffte es aber, sich neu zu erfinden. Das „blaue Allgäu" mit den überall vorherrschenden blauen Flachsblüten wurde Vergangenheit, das „grüne Allgäu" trat an seine Stelle, Weidewiesen für die **Viehwirtschaft** und die Milchproduktion und anschließende Käseherstellung. Sogar auf Getreideanbau verzichtete man nun, die Eisenbahn brachte es günstig ins Land. Die Emmentalerproduktion wurde eingeführt, die Köstlichkeit Bergkäse entstand aus der Notwendigkeit, die Milch während des Sommers, wenn die Kühe oben in den Bergen grasten, zu verarbeiten, und auch der

Milchkühe auf der Weide, Sennalpe „Obere Hündle"

Schmelzkäse ist eine Allgäuer Erfindung. Wo die Natur intakt ist, lässt der Tourismus nicht lange auf sich warten. Mitte des 19. Jh. waren die Anfänge noch recht zart, doch gegen Ende des Jahrhunderts begann der Zustrom der Sommerfrischler und schließlich auch der Wintersportler. Kein Wunder also, dass der Dienstleistungssektor mit gut 60% und darin der **Tourismus** mit 20% der Wirtschaftsleistung die bedeutendste Rolle spielt. 2015 zählten die Allgäuer fast 12 Mio. Übernachtungen gezählt, die Hitliste führen dabei Oberstdorf, Füssen und Oberstaufen an. Das Allgäu ist eines der beliebtesten Feriengebiete Deutschlands und mit Highlights wie Schloss Neuschwanstein (das 2015 1,5 Mio. Besucher sahen) einfach nicht zu toppen.

Ins Allgäu kommen hauptsächlich Deutsche, nur 11% der Besucher sind ausländische Touristen.

Dass die Landwirtschaft wirtschaftlich keine große Rolle mehr spielt (1,5% des Bruttosozialproduktes) ist zwar richtig, aber sie ist zum Rückgrat des Tourismus geworden. Ökobetriebe, Regionalvermarktung, Ferien auf dem Bauernhof, Wanderungen zu den Sennbetrieben in den Bergen, ohne diese Möglichkeiten und Angebote wäre der Allgäuer Tourismus nicht das, was er ist. Auch die Entwicklung der Ökolandwirtschaft schlägt in diese Kerbe – sage und schreibe 18,3 % der Betriebe im Oberallgäu und im Kemptener Raum waren 2016 „bio-zertifiziert". Wohl auch deshalb fällt das Bauernhofsterben im Allgäu wesentlich dezenter aus, als z.B. in Oberbayern.

Wirtschaft Allgäus
BIP ca. 22.000 Mio. €
Kaufkraft Ø um 102
(Deutschland 100)
Arbeitslosenquote um 3,5%

Dennoch ist das Allgäu weitaus mehr als „Natur pur“. Die Neuzeit, insbesondere nach dem Ende des Zweiten Weltkrieges, führte natürlich zu einem tiefgreifenden **Strukturwandel.** Und die Schwaben wären nicht Schwaben, wenn sie nicht davon profitiert hätten. **Industrien** wurden aufgebaut, Handwerksbetriebe entwickelten sich zu national und international tätigen Firmen; Konzerne wie Voith, Bosch, Klöckner, Fendt, Deckel-Maho-Gildemeister, Dornier, 3M oder dynamische „Jungunternehmen“ wie Tec-Folien-Allgäu oder Raico Bautechnik sorgen für die notwendigen Innovationsschübe.

Landesnatur

Was das Allgäu ist und wo genau seine Grenzen liegen – da streiten sich die Geister. Die einen machen es kleiner, die anderen größer, eine feste Grenze gibt es nicht und keiner kann es überzeugend begründen. Eine politische oder geschichtliche Klammer, wie es das benachbarte Oberbayern oder das württembergische Land haben, existiert nicht. Räumlich und namentlich hat sich das Allgäu aus dem *Alpgau* oder *Albegowe* entwickelt, ein Landschaftsraum, der auch Teile Österreichs umfasste.

Heute geht man meist von einer Region aus, die im Süden von den Alpen begrenzt wird, im Osten vom Lech und im Norden und Westen von einem Bogen, der sich von Kaufbeuren über Memmingen, Kißlegg und Wangen bis Bregenz am Bodensee zieht

Geologie

Fährt man von Norden auf die Allgäuer Alpen zu gelangt man erst über sanfte Hügel, gelegentlich an einem Wäldchen vorbei, doch zumeist über sattgrüne Wiesen und Weiden, die sich dem Horizont entgegen runden. Die **Moränenlandschaft** entstand durch den Schutt, den die Gletscher während der Eiszeiten vor und unter sich herschoben und den während der anschließenden Tauperioden die Sturzbäche mit sich transportierten. Haben die Gletscher in Oberbayern zahlreiche Seen hinterlassen, kann man diese im Allgäu an einer Hand abzählen. Bei Füssen stand einst das Wasser des Lechsees, doch heute ist er fast verschwunden bzw. nur noch die Restgewässer wie der Forggensee sind zu sehen. Aber der Bodensee spricht noch von der Gewalt der Eismassen. Er befindet sich im herausgeschrammten Zungenbecken des einstigen Rheingletschers.

Den Bergen noch näher gekommen entwachsen dem Grund **mittelgebirgsartige Rücken,** durchaus noch mit sanftgerundetem Charakter und bewaldet wie die Adelegg mit 1118 Meter Höhe bei Isny. Die nächste Stufe nehmen am Nordrand der Allgäuer Alpen die relativ jungen Gesteine der subalpinen Molasse ein – Konglomerate mit zahlreichen groben Einschlüssen, die für das typische „genagelte" Aussehen sorgen – die **Nagelfluhkette** bei Oberstaufen oder der Pfänder im Bregenzer Wald.

Schließlich beginnt die **Hochgebirgsregion** der nackten und kalten Felstürme (die nur wenige Monate im Jahr zu einem Gipfelsturm einladen) jenseits der 2000er Grenze und die Welt der für das Allgäu so typischen **Grasberge,** 2000er, mit ihren extrem steilen, grasbewachsenen Flanken wie bei der Höfats von Oberstdorf, deren Besteigung keinesfalls ohne ist. Im Laufe der Jahrhunderte sind

Im Hintergrund der Hochgrat (1834 m), die höchste Erhebung der Nagelfluhkette

hier einige Wanderer in die Tiefe gestürzt bzw. in den Tod gerutscht.

Das Ganze ist durchzogen von **Schluchten** und **Klammen** (Breitachklamm, Hausbachklamm, Starzlachklamm), die die reißenden Gletscherbäche in den Stein gegraben haben, oder von **Tobeln,** schmale, von Sturzbächen geschaffene Eingrabungen (Eistobel bei Isny, Hölltobel im Trettachtal).

Die **Eiszeiten** also sind verantwortlich für die Bilderbuchlandschaft des Allgäus, vier waren es insgesamt, immer wieder abgelöst von den wärmeren Zwischeneiszeiten. Jede dauerte mehrere zehntausend Jahre, der ganze Vorgang erstreckte sich in der gegenwärtigen geologischen Epoche des Quartärs, das vor ca. 2 Mio. Jahren begann. Die Spuren der letzten Kaltzeit – die Würmeiszeit – sind bis heute am besten erhalten; die mächtigsten Gletschervorstöße dieser Eiszeit waren vor etwa 20.000 Jahren (Hochglazial), davor konnte über 100.000 Jahre lang kein Gletscher so weit ins Vorland vordringen.

Doch vor der Würmeiszeit mussten noch die **Alpen** entstehen und für das Material sorgen, das die Gletscher später transportierten. Vor 200 Mio. Jahren war (unter anderem) das Alpenvorland vom Tethysmeer bedeckt, ein erdumspannender Ozean, auf dessen Grund Gesteine bis zu 1000 Meter hoch lagerten. Mit dem Rückzug der Tethys, kamen diese Gesteinsschichten zum Vorschein. Schließlich drückte die Afrikanische Kontinentalplatte Richtung Europa (in der geologischen Epoche des Tertiärs, 70–2 Mio. Jahre) und sorgte für Hebungen, Schiebungen und Faltungen. Die Alpen, die Karpaten und der Balkan reckten sich gen Himmel. Einstmals verteilte sich ihr Gestein auf einem 600 km breiten Streifen (Nord-Süd-Ausdehnung), heute ist es auf 150 km zusammengestaucht. Wind und Wetter taten das ihre, verwitterten die Gesteine, brachen Felsen heraus, trugen Sedimente ab, beim Transport durch das Wasser entstand daraus geschliffenes Geröll, schließlich Kies und alles zusammen wurde zu Tale getragen.

Geotope des Allgäus mit genauer Beschreibung auf www.geopark-allgaeu.de

Klima

Als Riegel halten die Alpen die warmen Luftmassen der Mittelmeerregion fern und das Allgäu steht unter dem Einfluss des ausgeglicheneren atlantischen und des raueren kontinentalen Klimas. Kommen die Wolken von Westen, dann regnen sie an der Nordseite der Alpenkette ab. Die Westwinde sind nicht besonders eisig, aber auch nicht prickelnd heiß. Steht Ostwind an, dann kann es im Sommer richtig warm werden, im Winter trägt er die Kälte Sibiriens mit sich, im Allgemeinen aber ohne große Wolkenbildung. Am Alpenrand sorgen Berg- und Talwinde für Bewegung: Am Vormittag, wenn die Sonne die Berghänge erwärmt, steigt die Luft talaufwärts nach oben (Talwind); am Abend, nach Sonnenuntergang, kühlen die Berghänge ab, in den Tälern ist es wärmer als oben, die kühle Hangluft sinkt ab und pfeift nach unten (Bergwind). In den Bergen kann es schon mal vorkommen, dass ein Mikroklima entsteht und ein Unwetter die Wanderer unglücklich macht, während 10 km weiter Kletterer in der Sonne schwitzen. Der Frühling kann recht frisch sein, wärmer ist allemal der Herbst und manche sagen, es sei die schönste Jahreszeit, wenn die Bäume sich golden färben, der Himmel blau und klar und auf den Gipfeln die Temperatur höher als im Tal ist.

Der **Föhnwind** ist keine Spezialität des Allgäus, er tritt an jedem Gebirge auf, ein Fallwind, trocken und warm, dessen genaue Entstehung unterschiedliche Ursachen haben kann. Im Allgäu entsteht er, wenn feuchte Luftmassen von Süden über die Alpen strömen. Zunächst steigt die Luft südlich der Alpen auf und kühlt dabei ab, es kommt zu Steigungsregen. Nach dem Überqueren der Alpen sinkt die Luft ab, erwärmt sich dabei und sorgt an der Nordseite für warmen Fallwind – Kopfschmerzzeit! Aber auch die Gelegenheit, die Alpen mit einer Wolkenwand (Föhnmauer) über den Gipfeln in aller Klarheit aus großen Entfernung bestaunen zu können: Durch die warme Luft wird die Atmosphäre dünner, die optische Brechzahl nimmt ab, die Objekte wirken größer.

Die **Erderwärmung** führt auch im Allgäu zu immer stärkeren Effekten, die Schneefälle sind unergiebiger, die Tiere müssen die Berge rauf bzw. runter wandern, um ihrer Klimazone zu folgen, die Auswirkungen treffen auch Forst- und Landwirtschaft. Mit Schneekanonen versuchen die Wintersportorte, den Skifahrern ihr Vergnügen zu ermöglichen. Da der Schnee als wichtiges Trinkwasserreservoir dient, wird die Verringerung der Schneefälle zukünftig für Probleme sorgen.

Klimatabelle (durchschnittl. Höchst-/Tiefstemperatur)

Kempten

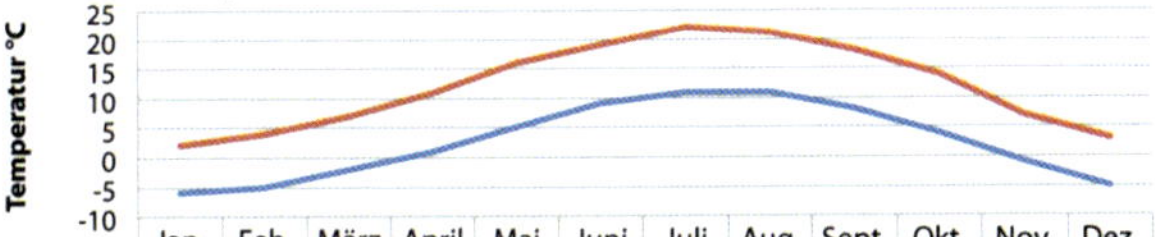

	Jan.	Feb.	März	April	Mai	Juni	Juli	Aug.	Sept.	Okt.	Nov.	Dez.
Max. °C	2	4	7	11	16	19	22	21	18	14	7	3
Min. °C	-6	-5	-2	1	5	9	11	11	8	4	-1	-5

Oberstdorf

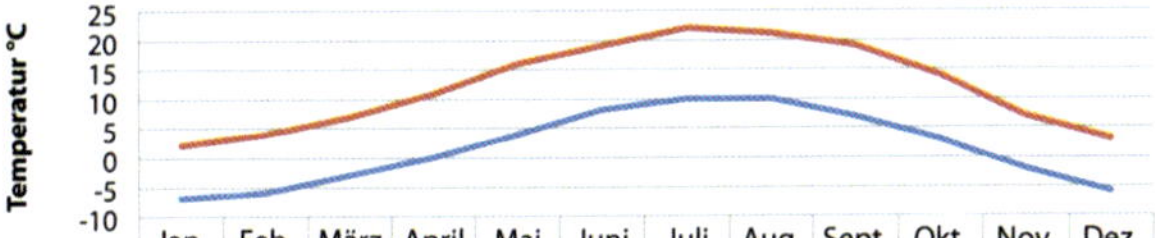

	Jan.	Feb.	März	April	Mai	Juni	Juli	Aug.	Sept.	Okt.	Nov.	Dez.
Max. °C	2	4	7	11	16	19	22	21	19	14	7	3
Min. °C	-7	-6	-3	0	4	8	10	10	7	3	-2	-6

Lindau und Wassertemperatur Bodensee

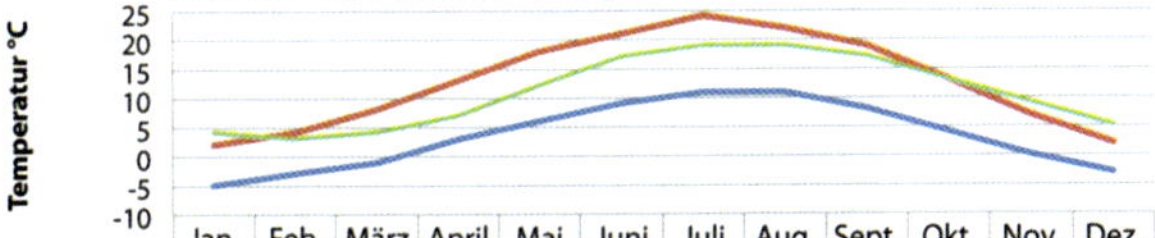

	Jan.	Feb.	März	April	Mai	Juni	Juli	Aug.	Sept.	Okt.	Nov.	Dez.
Max. °C	2	4	8	13	18	21	24	22	19	13	7	2
Min. °C	-5	-3	-1	3	6	9	11	11	8	4	0	-3
Bodensee	4	3	4	7	12	17	19	19	17	13	9	5

Wetterbericht

www.wetter.net, schnelle übersichtliche Suche nach Orten; www.br-online.de/wetter und www.swr.de/wetter, Regionalwetterberichte des Bayerischen Rundfunks und des SWR; www.lawinenwarndienst-bayern.de, www.vorarlberg.at/lawine, Lawinenlagebericht.

Tier- und Pflanzenwelt

Das Allgäu gilt als artenreichste Region Deutschlands, hier wachsen rund 2800 Pflanzenarten, von denen vor allem die der Alpen besonderes Augenmerk verdienen, kommen sie doch sonst im Rest des Landes nicht mehr vor. 50 endemische Pflanzen machen die Flora einzigartig. Doch diese und die Hälfte aller Blumen, Gräser, Bäume und Sträucher, Moose und Flechten sind bedroht. Von jeder Pflanzenart hängen im Schnitt zehn Tierarten ab, Flora und Fauna sind aufs Engste verwoben. Da sich die Baumgrenze mittelfristig in höhere Lagen verschiebt, sind generell die Lebensräume der Tiere am oberen Rand der Baumgrenze gefährdet – wodurch z.B. das seltene Schneehuhn seinen angestammten Lebensraum verliert. Der Mensch als Hauptverursacher der Bedrohung – aufgrund der zunehmenden Besiedlung des natürlichen Raumes – hat Pflicht und Aufgabe, die Biodiversität zu erhalten.

Fauna

Auf Wanderungen im Hochgebirge begegnet man Gamswild, Berghasen und Murmeltieren. Unterhalb ihres Lebensraumes bevölkert der Auerhahn die Bergwälder, in den Tälern lebt in Heide- und Moorlandschaften das Birkhuhn. Im Wald der Täler äsen Reh-, Rot und Damwild. Das Wildschwein, das als Allesfresser den Wald auch verlässt und auf den bestellten Flächen frisst, kann Bauern zur Weißglut

Allgäuer Braunvieh – allgegenwärtig

treiben. Noch unterwegs sind Dachse und Marder, Otter und Biber, Mäuse und Füchse, Iltisse und Luchse, Schneehasen, Waschbären, Wildkaninchen und Wildkatzen. Und dann gibt es natürlich noch, friedlich auf den Weiden der Täler und Alpen, das Rindvieh, braun oder schwarz gefleckt, freundlich die Touristen beäugend. Am Himmel schweben Greifvögel, Falken, Bussarde und Steinadler. Die Bergdohlen umschwirren an den Gipfeln die Wanderer, wohl wissend, dass die eine oder andere „Krume von der Jause" für sie abfällt. Das Blässhuhn an den Seen und das gefährdete Schneehuhn, im Winter unter meterhohen Schneewächten versteckt, sind weitere Vertreter der Vogelwelt. Hinzu kommen u.a. noch Krähen, Elstern, Fasane, Schnepfen, Wachteln, Störche, Eulen und der Eichelhäher. Forellen schwimmen vornehmlich in den Bergbächen, in den Seen leben Hechte, Karpfen, Saiblinge und Äschen. Als ganz besondere Delikatesse gelten die Felchen (Renken) des Bodensees.

Flora

Die Baumgrenze liegt im Allgäu naturgemäß niedriger als an den südlichen Bergflanken, auf etwa 1700 m Höhe, allerdings mit ansteigender Tendenz. Über ihr beginnt die Welt der Latschen, der Krummholzregion, darüber ist noch die Mattenregion zu finden, dann beginnt der blanke Fels und der Bewuchs reduziert sich auf Flechten. Die Bergwälder bestehen vornehmlich aus Nadelgehölz (Fichten), selten ist auch ein Bergahorn zu sehen, zu den Tälern hin wächst aber auch Mischwald mit Buchen, Fichten und Tannen.

Silberdistel

In den Bergen blühen zahlreiche, rigoros geschützte Enzianarten (darunter der Deutsche Enzian und der Schwalbenwurzenzian). Weitere wichtige Pflanzen

Informationstafel auf dem Christl-Cranz-Weg, Steibis

weit oben sind Alpenanemone, Alpendost, Bärlapp, Eibe, Schneeheide, Seidelbast, Silberdistel und Wacholder. Die Pflanzenwelt ist im Allgäu so reichhaltig, weil sich die ost- und westalpine Flora überschneidet.

Wer tiefer in die Geologie einsteigen und gleichzeitig die Natur erleben möchte, kann sich auf einen der Lehrpfade begeben, die aus diesem Grund in Naturschutzgebieten angelegt wurden.

Bei **Kaufbeuren** lehrt der **Via-Aqua-Naturpfad** die Geschichte der Kaufbeurer Wasserversorgung mit Informationen zur Bedeutung von Grundwasser, Wald und Feuchtbiotopen (7 km, ca. 1,5 Std. reine Gehzeit).

Der **Geopfad Pfronten-Vils** ist eine ganztägige Hochgebirgstour von der Bergstation der Breitenbergbahn über den Aggenstein zur Bad Kissinger Hütte bis nach Vils/Tirol und beschreibt das Werden des Gebirges (10 km, 1700 Höhenmeter).

Auf der **Steinmeile bei Mittelberg** erfährt man Wissenswertes über die Natur des Mittelberger Rückens und über die Findlinge des Allgäus (8 km, 2 Std. reine Gehzeit).

Weitere Naturlehrpfade auf www.lfu.bayern.de/geologie/fachinformationen/geo_lehrpfade/schwaben_gl.

Auf einem Torflehrpfad durch wiedervernässten ehemaligen Torfstiche. Informationstafeln vor Ort erklären die Entstehung der Moore im Waldseegebiet bei Lindenberg.

Geschichte

Überblick

Die eigentliche Geschichte des Allgäus begann mit den Römern, was davor war liegt weitgehend im Dunkeln. Vereinzelte Funde verweisen auf Jägerhorden in der Steinzeit; in der Jungsteinzeit ab dem 8. Jahrtausend v.Chr. kamen die ersten Siedler und die Illyrer lebten ab dem 12. Jh. v.Chr. im Allgäu. Ab dem 5. Jh. v.Chr. bewohnten die Kelten breitflächig die Landschaften des Voralpenlandes – bis die römischen Brüder und Feldherren Tiberius und Drusus sie im Jahr 15 v.Chr. unterwarfen. Die Römer errichteten die Provinz Raetia und die Kelten verloren mit der Zeit als Bürger des Römischen Reiches ihre keltische Volksidentität. Im 3. Jh. begannen germanische Stämme Raetia zunehmend zu bedrängen und im 5. Jh. war das Schicksal Westroms besiegelt. Nach dem Zusammenbruch des Weströmischen Reiches im Jahr 476 verließen die letzten römischen Soldaten die Region. Germanen bewohnten das Gebiet, bis die Franken sie verdrängten – im 8. Jh. geriet ganz Schwaben in fränkischen Besitz. Diese wurden wiederum im 9. Jh. von den Welfen und jene im 11. Jh. von den Staufern abgelöst, die sich aber nicht lange an ihrem Besitz erfreuen konnten. 1268, nach dem Tod des letzten Staufers und dem Ende der Stauferherrschaft, zersplitterte das heutige Allgäu in kleine Gebiete, teils unter weltlicher, teils unter geistlicher Herrschaft – in diese Zeit fällt auch die Entstehung der Freien Reichsstädte und deren selbstbewusste Bürgerschaft. Die Reformation brachte früh Unruhe über den Landstrich, da Katholiken und Protestanten räumlich-geographisch nicht getrennt lebten; Bauernkriege, Seuchen, schließlich der Dreißigjährige Krieg verbreiteten großes Unglück. Zum Zeitpunkt des Westfälischen Friedens 1648 war die Allgäuer Bevölkerung um zwei Drittel geschrumpft. Doch damit nicht genug. Der Spanische Erbfolgekrieg zu Beginn des 18. Jahrhunderts, die österreichischen Erbfolgekriege ab 1740 und die Napoleonischen Kriege ab 1796 verwüsteten das Land. Napoleon spaltete das Allgäu schließlich auf, der Westen kam zu Württemberg, der Osten zu Bayern. Mit dem Wiener Kongress im Jahr 1815, der Napoleons Ende besiegelte, fiel das Kleinwalstertal an Österreich.

Vorzeit

Als noch die mächtigen Eisdecken der ausklingenden letzten Kaltzeit große Flächen des Allgäus bedeckten streiften auf den eisfreien Hochebenen Jäger von der Schwäbischen Alb, die dort in Höhlen wohnten, auf der Suche nach Mammut und Nashorn, auf der Jagd nach Löwe und Bär durch die Landschaften des Allgäus. Bewaffnet waren sie mit Pfeilen und Speeren, die sie aus Rentierhorn und Knochen sowie mit Feuerstein herstellten. Dass sie – obwohl sie das Feuer, aber noch keine Metallverarbeitung, kannten – schon weit über das Stadium des reinen Überlebens hinaus waren, davon zeugen die feinen und detaillierten Ritzungen auf Knochen, die sie hinterlassen haben. Diese Kultur ist als Rentiermenschen oder Schussenrieder Gruppe in die Literatur eingegangen. Datiert ist sie heute auf etwa 4000 v.Chr.

Nur wenig jüngeren Datums sind die Pfahlbauten an Seen und Mooren. Ihre Bewohner nutzten polierten Stein als Werkzeug, trugen Webwaren und lagerten ihre Vorräte in aus Ton gebrannten Gefäßen. Auch betrieben sie Handel, wie Funde von Nephritbeilen zeigen, eine Steinart, die aus Sibirien stammt. Ab etwa dem 2. Jahrtausend v.Chr. zog die Bronzezeit ein, Werkzeug aus dem spröden Metall fand seinen Weg bis in höchste Gebirgslagen. Um das 1. Jahrtausend v.Chr. kam mit den von der nordwestlichen Balkanhalbinsel abwandernden Illyrern das Eisen ins Allgäu, erst noch als Handelsware, ab dem 8. Jh. v.Chr. dann auch als Eigenproduktion. Neue Siedlungsformen entstanden, die Menschen nutzten nun Töpferscheibe, die typischen Begräbnisformen der Hallstattkultur waren zu finden.

Kelten

Mit den Kelten trat im 5. Jh. v.Chr. erstmals so etwas wie eine germanische Gruppe auf die Bühne – nicht als Einwanderer, sondern als Ergebnis der kontinuierlichen Entwicklung der hier siedelnden Menschen. Im Lauf der folgenden Jahrhunderte festigte sich das Volk und gewann zunehmend an Identität.

Zwischen Donau und Alpen und zwischen Inn und Bodensee lebte der keltische Stamm der Vindeliker, der auf dem Gebiet des heutigen Allgäus in mehrere Klans geteilt war: die zwischen den Flüssen Wertach und Lech siedelnden Likatier, die Estionen rund um Kempten und die Brigantier bei Bregenz am Bodensee. Soweit man heute weiß, lebten die Vindeliker schon damals von Viehzucht und Ackerbau, sie besaßen Städte und betrieben Handel: Harz und Pech aus den Wäldern, Honig, Wachs und Käse (!) gelangten über die Alpen in den Süden.

Siedlungen der Kelten sind nicht mehr erhalten, meist haben sie die Römer übernommen und überbaut. Aber die Schanzen sind zahlreich, Befestigungswerke unter Nutzung der natürlichen Bodenausformung mit Hügeln und sichernden Schluchten. Bis weit ins 19. Jh. hinein hat man sie den Römern zugesprochen, doch heute gilt als gesichert, dass sie Fluchtburgen der Kelten waren.

Die Römer

Dass die Römer sich die Gebiete nördlich der Alpen einverleibten, daran waren die Kelten und ihre benachbarten Räter, eine antike Volksgruppe der heutigen Schweiz, nicht unschuldig. Immer wieder machten sie sich auf Beutetour in den Süden auf. Auch wenn römische Fahrensleute über die Alpen nach Norden zogen waren sie immer wieder von der Feindseligkeit der keltischen Vindeliker erstaunt und beeindruckten mit ihren Erzählungen zu Hause. Hinzu kam, dass Gallien erobert war und dessen östliche Flanke gesichert werden musste. Kaiser Augustus beauftragte schließlich 15 v.Chr. die Brüder Tiberius und Drusus mit ihren Legionen in den Norden zu ziehen. Drusus marschierte von Süden ein, Tiberius von Westen, und sie vereinigten sich in der Mitte Vindelikiens. Die Kelten hatten dagegen wenig aufzubieten – insbesondere waren sie nicht in der Lage, eine Heerschar zu vereinigen; die Römer kommten sie so in Einzelgefechten niederschlagen.

Die Eroberung des Allgäus brachte sogar eine richtige Seeschlacht mit sich. Der Feldherr Tiberius vernichtete dabei auf dem Bodensee diejenigen Kelten, die an den Seeufern in Pfahlbauten lebten.

Die Kolonisierung des unterworfenen Gebietes lief nach typischem Plan ab. Das eroberte Land erhielt einen römischen Namen (Raetia), ein Großteil der Bevölkerung verschelppen die Römer als Sklaven, Siedler kamen statt ihrer, insbesondere Veteranen der römischen Legionen, denen man Land zusprach. Anschließend zwang man die wehrfähige Jugend in römische Militärdienste, die so nach und nach ihre Volksidentität verlor. Verwaltung und Rechtsprechung erfolgten in Latein, die Götter der Römer bestimmten zunehmend die Religion – wenn man auch die eine oder andere der keltischen Gottheiten als anbetungswürdig in den römischen Pantheon aufnahm: Die Pferdegöttin Epona, den Flussgott der Donau Neptunus Danivius oder auch den Heilgott Apollo Grannus.

Nach und nach verschwanden Sprache, Religion, Kultur und Identität der Vindeliker, nur noch wenige Ortsnamen erinnerten an den Ursprung und lediglich die Hauptstadt Raetias, Augusta Vindelicorum – das heutige Augsburg, enthielt noch einen Verweis auf die vorrömische Bevölkerung. Als Kaiser Diocletian Raetia im 4. Jh. n.Chr. aufteilte, kam das Allgäu zur Provinz Raetia secunda. Kempten (Cambodnum), Bregenz (Brigantium) und Epfach (Abodiacum) sowie das jeweilige Umland und die militärischen Standorte erhielten den Status von civitates, halbautonome römische Verwaltungseinheiten.

Die Wandlung von der keltischen zur römischen Gesellschaft verlief weitestgehend unproblematisch – nicht zuletzt, weil das Leben im Römischen Reich doch einige Annehmlichkeiten mit sich brachte. Die Verwaltung war überregional und einheitlich, die Infrastruktur der Städte ausgefeilt und die Handelswege ausgebaut und sicher.

Namen keltischen Ursprungs: Lech, Wertach, Vils, Mindel, Günz, Iller, Kempten, Bregenz.

Als die Römer frech geworden ...

Das Ende der Römer in Raetia kam im Jahr 161. Der Germanenstamm der Katten aus der Gegend um Fulda fiel ein, wenig später taten oberrheinische

Germanen es ihnen gleich. Markus Aurelius beorderte die dritte römische Legion nach Raetia und stationierte sie in Kempten. Ab dem Jahr 259 überrannten die Alemannen mehrfach die Provinz und die Römer konnten sie erst 292 bei Schlachten rund um die Wertach zurückdrängen. Gut 60 Jahre später versuchte es der nächste Alemannenstamm – die Lentienser. Im Jahr 407 bäumte sich Rom ein letztes Mal erfolgreich auf und konnte die wandernden Massen aus den Provinzen südlich der Donau verjagen. Das 395 durch die Teilung Roms entstandene Weströmische Reich wurde jedoch immer schwächer, seine Kaiser hatten keinen Einfluss mehr, die Randprovinzen fielen auseinander und die Germanen konnten hier so richtig herzhaft marodieren. 476 war es dann soweit: Der germanische Heerführer Odoaker, in Diensten Roms noch zu militärischer Perfektion ausgebildet, setzte den römischen Kaiser Romulus Augustulus ab und besiegelte damit das Ende des Weströmischen Reiches. Er erklärte sich selbst zum König von Italien und zeigte an den Randprovinzen wenig Interesse. Die italischstämmige Bevölkerung verließ nun in Heerscharen das Gebiet nördlich der Alpen, das inzwischen unter der Herrschaft des germanischen Ostgotenkönigs Theodorich stand. In der Folge ließen sich östlich des Lechflusses zugewanderte Ostgermanen nieder, Bajuwaren, aus der böhmischen Gegend kommend. Westlich des Lechs wanderten Alemannen ein, die, der fränkischen Herrschaft entfliehend, ihre angestammten Gebiete am Rhein verließen.

Die Italer, die nicht geflüchtet sind, wurden zu den Vorfahren der rätoromanischen Minderheiten im nördlichen Alpenraum, die noch heute einen aus dem Lateinischen entwickelten Dialekt sprechen – das Ladinisch.

Alpenrosenblüte am Wertacher Horn

Mittelalter

Das 6. Jh. sah das Allgäu unter fränkischer Herrschaft, der König setzte direkt verantwortliche Gaugrafen zur Verwaltung ein, vor Ort oberste Herren der Gerichtsbarkeit und Heerführer – im Allgäu durfte das Geschlecht der Udalrichinger die Herrschaft übernehmen. Im 8. Jh. begann man in die bis dahin unbesiedelten Gebiete des Oberallgäus vorzudringen. Die Bistümer Augsburg und Konstanz und die Abtei von St. Gallen spielten dabei eine wesentliche Rolle. Ihre Missionare legten mit Klostergründungen die Grundsteine für weitere Siedlungen. Im Jahr 817 erwähnten das Allgäu die Schriften von St. Gallen erstmals urkundlich. 839 übernahmen die Welfen das Geschäft der Udalrichinger und 1070 avancierte Welf IV. auch noch zum bayerischen Herzog. Eine Fehleinschätzung brachte die Sippe um ihren Besitz. Sie hatte sich auf die Seite eines Gegenkönigs geschlagen und dessen Misserfolg führte zur Absetzung der Welfen. Damit trennten sich erst einmal die Geschicke von Allgäu und Bayern. Bayern ging zwar wieder an die Welfen zurück, doch das Allgäu stand nun unter der Herrschaft der Staufer – bis 1268. Als der letzte Staufer sein Leben aushauchte, zerfiel das Allgäu in kleine Einheiten, teilweise in Besitz von Fürsten, teilweise in Besitz von geistlichen Herrschern. Besonders der Fürstbischof von Augsburg und das Stift von Kempten waren nun mächtig, auf weltlicher Seite standen die Waldburgs und die Montforts in Saft und Kraft. Der von Handwerk und Handel geschaffene Reichtum kreierte nun aber auch noch eine dritte Kraft – die Städte. Selbstbewusst kauften sie sich mit horrenden Summen von ihren Herren frei, gaben sich Stadtrechte und erhielten im Zuge der Erstarkung schließlich das Privileg der Freien Reichsstädte.

Zur Wahrung des Status quo des 15. Jh. gründete sich im ausgehenden Mittelalter der Schwäbische Bund, ein lockerer Zusammenschluss aus weltlichen und geistlichen Herrschern sowie den Freien Reichsstädten. Der Schwäbische Bund stand in Opposition zu den bayerischen Wittelsbachern, die ihr Gebiet weiter nach Westen ausdehnen wollten.

Reformation

Im Jahr 1517 schlug Luther in Wittenberg seine Thesen an die Kirchentüre und als eine der Folgen kam es 1525 zu den Bauernaufständen. Am 15. März 1525 hatten die Memminger ihre Zwölf Bauernartikel veröffentlicht – die erste Menschenrechtserklärung Europas, deren Forderungen die Bauern natürlich auch durchzusetzen gedachte. Sie waren getragen vom reformatorischen Geist Luthers, wenngleich er selbst die Revolten garnicht lustig fand; er distanzierte sich von den Aufständischen, die man wie „einen tollen Hund erschlagen" solle (er fürchtete ganz einfach die Erstarkung der weltlichen Kräfte).

Die Zwölf Bauernartikel befassten sich u.a. mit Wahl und Unterhalt der Pfarrer, der Abschaffung von Leibeigenschaft und der Abgaben beim Tod oder Wechsel des Hofinhabers. Sie forderten die Freigabe von Jagd, Fischerei und Waldnutzung, eine gerechte Bemessung der Frondienste, der Bußen und Abgaben, und eine Verminderung der Abgabenlast bei Missernten.

Es bildeten sich Bauernheere, einer von ihnen der Allgäuer Haufen. Eine Armee des Schwäbischen Bundes unter Georg Truchsess von Waldburg (an seiner Seite Georg von Frundsberg) schlug den Aufstand am 15. Juli 1525 endgültig nieder. Doch der Schwäbische Bund überlebte den Freiheitsdrang der Bauern nicht, er zerbrach wegen der unterschiedlichen konfessionellen Bindung seiner Mitglieder. 1555 kam es zum Augsburger Religionsfrieden, er besiegelte das Prinzip „Wes Brot Du isst, des Lied du singst" – die Konfessionsausrichtung bestimmte zukünftig der jeweilige Fürst; die Folge: Der Protestantismus setzte sich in den Städten des Allgäus durch, der Katholizismus auf dem Lande. Das ging einige Jahrzehnte recht und schlecht und trug mit dazu bei, dass 1618 der Dreißigjährige Krieg begann. 1648, nach Jahren der Drangsal durch marodierende Landsknechtshaufen beider Religionen, nach Brandschatzungen, Plünderungen, nach Pest und Cholera, nach Siegen und Niederlagen mal der Kaiserlichen und der Katholischen Liga unter Wallenstein, mal der Protestanten mit Gustav II. Adolf von Schweden, war die Bevölkerung des Allgäus um zwei Drittel dezimiert.

Säkularisation

Die nächsten Jahrzehnte verliefen relativ ruhig, sieht man einmal von den kleineren internationalen Konflikten, wie den Erbfolgekriegen ab. Ab Mitte des 18. Jh. begann im Allgäu eine Umgestaltung, gegensätzlich zu Entwicklungen in anderen ländlichen Gebieten: Ganze Dörfer verschwanden und im Zuge einer Flurbereinigung entstanden Einzelhöfe. Die Vereinödung geschah auf eigenen Wunsch der Bauern und ohne Schwierigkeiten. Wo es nötig war, wurden Gebäude abgerissen und an neuer Stelle aufgebaut, teils ganze Häuser aufgegeben. Drei bis vier Wochen dauerte die Auflösung eines Dorfes, nie kam es zu einem Prozess, trotz der massiven Tauschvorgänge an Grund und Boden, die nötig waren.

Richtig Einschneidendes erlebte das Allgäu aber erst wieder mit Napoleon – immerhin 14 Jahre wütete er; seine Truppen plünderten sich ab 1796 durch Europa und brachten ihm Errungenschaften wie ein Bürgerliches Gesetzbuch, 1803 die Säkularisation und 1806 die neue Gebietsverteilung. Napoleon verfügte, dass etwa 80% des Allgäus zum ehemaligen Kurfürstentum und nun ernannten Königreich Bayern komme, der Rest an das ebenfalls zum Königreich erhobene Württemberg falle. Dabei blieb es. Fürderhin konnte man sich im Allgäu auf die wirtschaftliche Entwicklung konzentrieren, an der industriellen Revolution teilhaben und von der Entwicklung der Verkehrswege profitieren.

Die Entstehung der Allgäuer Einzelgehöfte geht auf Flurbereinigungen zurück, die bereits im 16. Jh. begannen, im 18. Jh. aber verstärkt stattfanden.

19./20. Jahrhundert

Der Niedergang der deutschen Leinwandmanufakturen durch die effektive englische Baumwollindustrie sorgte für bittere Armut im Allgäu. Die Leinenspinnerei hatte zahlreiche Menschen beschäftigt, die nun ohne Arbeit dastanden. Auswanderungen begannen und wer nicht ins Ausland wollte, zog in eine der größeren Städte. In dieser

Situation hatte der Allgäuer Carl Hirnbein die zündende Idee, vom Flachsanbau abzukommen und stattdessen die Milchwirtschaft einzuführen. Das „grüne Allgäu" war geboren. Als flankierende Maßnahme entstand der „Deutsche Zollverein", der die in den Städten entstehende Industrieproduktion vor der ausländischen Konkurrenz schützte. Alles war wieder gut. Und dann kam der Tourismus. Der Alpenverein gründete sich, das Wanderwegenetz wurde angelegt, das gesunde Leben und die Kur in Allgäuer Luft beworben. Erster Weltkrieg, Wirtschaftskrise und die Zeit des Faschismus trafen das Allgäu genauso hart wie das gesamte Reichsgebiet. Mit dem Ende des Dritten Reiches musste das Allgäu eine zusätzliche Last schultern. Viele der Vertriebenen aus den deutschen Ostgebieten sollten im Allgäu ein neues Leben beginnrn, seine Bevölkerung nahm so innerhalb kürzester Zeit um ein Drittel zu, ganze Stadtteile und Dörfer entstanden neu. Andererseits war dies auch eine Chance. Zahlreiche gut ausgebildete Handwerker und Fachleute fanden eine neue Heimat, brachten mit ihrem Wissen einen Entwicklungsschub und sorgten für eine breite Basis des Mittelstandes.

Webstuhl

Kultur

Eine einheitliche Kultur des Allgäus gibt es nicht, zu heterogen ist die Region, katholisch und protestantisch, schwäbisch und bayerisch, mit kleinteiligen Fürstentümern und Klosterbesitztümern, beim einen Herren lebend, beim anderen Steuern zahlend, hinaus in die Welt ziehend und Fremde einbürgernd.

Bevölkerung

Die Allgäuer sind alemannisch-schwäbischen Ursprungs. Die traditionelle Bekleidung allerdings kommt aus dem Bayerischen – genauer aus Oberbayern. Doch dieser „Import" liegt mehr als 200 Jahre zurück, als Napoleon das Allgäu in großen Teilen dem Königreich Bayern zugesprochen hatte. Und das Allgäuer Gemüt konnte die bayerische Nachbarschaft nie vollständig überdecken. Hier ist alles etwas ruhiger, etwas bedächtiger und in sich gekehrter. Irgendwie musste ja die gepflegte Wohn- und Lebensform der Allgäuer Bauern in der Einöd ihren Ausdruck finden. Böse Zungen mögen sie als mundfaul und querköpfig bezeichnen, wohlwollendere als nachdenklich und beständig.

Sprache

Im Kernallgäu wird – soweit es überhaupt noch Protagonisten gibt – alemannisch gesprochen. Doch so vielfältig die Landstriche sind, so zahlreich sind auch die Mischformen, die durch die Nähe zu Schwaben, Bayern und Vorarlbergern entstanden sind. Ein sehr feines Gehör ist notwendig, um die Unterschiede zwischen den einzelnen Unterdialekten zu erkennen. Unterschieden wird in Schwäbisch (in den württembergischen Gebieten), Nieder-

Alemannisch wird dem westoberdeutschen Dialekt zugeordnet.

alemannisch (um den Bodensee), Hochalemannisch (in Vorarlberg) und Höchstalemannisch (im Kleinwalsertal als Walliser Sprachinsel), wobei die Bezeichnung „höchst" sich nicht auf die Reinheit der Sprache, sondern lediglich auf das hochgelegene Verbreitungsgebiet bezieht.

Religion

Nachgesagt wird den Allgäuern, dass ihre alemannisch-bäuerliche Geschichte sie besonders empfänglich mache für Heiler und Gesundbeter. Und es ist ja unbestritten, dass Lichtgestalten wie der Pfarrer Kneipp (Bad Wörishofen) oder die Verfechter der Schroth-Kur (Oberstaufen) im Allgäu ein reiches Betätigungsfeld fanden. Bis heute hat die Lust auf Dinge jenseits des klassischen Wissens und der Hauptreligionen nicht abgenommen. Kräuterheiler haben Zulauf, Sonnwend wandelt sich von einem Burschenfest zurück zu einem nachgerade heidnischen Ereignis, bei Walpurgisnächten sammeln Frauen mystische Kräfte abseits täglicher Hausverrichtungen – und das Schamanentum erlebt im Allgäu eine ungeahnte Blüte.

Einer der anerkannten Schamanen ist Dr. Wolf-Dieter Storl, Ethnobotaniker und Kulturanthropologe (www.storl.de), andere versuchen ihr Glück mit Telefonberatung (zu nicht unerheblichen

Besinnliche Ruhe und im Einklang mit der Natur

Honoraren). Schwitz- und Mondhütten entstehen, Druidenwissen wird vermittelt, Einklang mit der Natur und die Ruhe in sich selbst sind die Ziele, die ausgebrannte Städter von den Heilern des Allgäus erhoffen.

Katholiken und Protestanten

Dass im Allgäu die Reformation so erfolgreich war, lag an den Bauern auf dem Land und an den Handwerkern in den Städten. Sie waren zwar nicht richtig vom Hunger geplagt, doch die Auflagen der Feudalherren, die Steuern und Frondienste, waren immer drückender geworden. 1517 hatte Luther seine „95 Thesen" an die Schlosskirche zu Wittenberg genagelt und damit den Boden bereitet für den Freiheitsgedanken. 1524/25 standen die Bauern im Allgäu auf. Zwar wurde der Aufstand niedergeschlagen, doch was blieb war ein Flickenteppich aus katholischem und evangelischem Einflussgebiet. Trotz zahlreicher (auch von Erfolg gekrönter) Versuche, das friedliche Zusammenleben der Konfessionen zu organisieren endete die Glaubensunterschiede schließlich 1618 im Dreißigjährigen Krieg. Schluss mit der Religion in der Politik war dann erst mit Napoleon und der Säkularisation 1803. Der bayerische König sorgte im Nachgang in „seinem" Schwaben für die Besinnung der Bürger auf die katholische Religion – zumindest auf dem Land, in den ehemaligen, zutiefst protestantischen Reichsstädten, konnten die Reformer noch lange ihre Mehrheit wahren.

Persönlichkeiten

Der in Mindelheim (s. dort) geborene **Georg von Frundsberg** (1437–1528) war Heerführer, erkannte als einer der ersten die Bedeutung der Infanterie und war damit einer der Wegbereiter der militärischen Taktik der nächsten Jahrhunderte bei den Landtruppen.

Carl Hirnbein (1807–1871) ist nur Eingeweihten bekannt, doch dem Immenstädter ist zu verdanken, dass das heutige Allgäu wie magnetisch Touristen anzieht. Er sorgte mit seinen Ideen zur

Denkmal von Pfarrer Kneipp, Bad Wörishofen

Milch- und Käsewirtschaft dafür, dass sich das „blaue Allgäu" ins „grüne Allgäu" wandeln konnte.

Als Heiler hat sich der Pfarrer **Sebastian Kneipp** (1821–1897) in der Kurszene unentbehrlich gemacht (s. bei Bad Wörishofen). In Ottobeuren geboren, bestimmt sein Erbe noch heute die Geschicke von Bad Wörishofen.

Die Heimatromane des in Kaufbeuren geborenen **Ludwig Ganghofer** (1855–1920) trafen das biedermeierliche Leben mit großen Gefühlen am Berg und im Tal mitten ins Herz. „Der „Edelweißkönig" verbreitete die Idylle der Alpen in ganz Deutschland und die Menschen begaben sich auf die Spuren von Jäger und Jungfrau – Kaiser Wilhelm II. soll Ganghofers Bücher nachgerade verschlungen haben.

Ludwig Ganghofer ist neben Ludwig Thoma (1867–1921) ein wichtiger Vertreter süddeutscher Volksliteratur.

Kneippbrunnen, Scheidegg

Architektur und Kunst

Klöster, Kirchen, Schlösser

Mit Meistern wie Jörg Lederer (1470–1550) aus Kaufbeuren oder der Künstlerfamilie Strigel aus Memmingen (15./16. Jh.) hatte das Allgäu mit die besten Künstler der **Gotik** aufzubieten und ihre Werke und die ihrer Zeitgenossen gelten als Höhepunkte des Schaffens. Die Kirchen und Klöster in Isny, Memmingen und Kaufbeuren und ihre Ausstattung sind Spitzenleistungen der Architektur und des Innenausbaus und die Stadtbefestigungen eine schöne und stimmige Verbindung von Ästhetik und Wehrhaftigkeit.

Als zweite große künstlerische Welle kam der Baustil des **Barock** über das Allgäu. Nach dem Dreißigjährigen Krieg entstand mit der St.-Lorenz-Kirche von Kempten das erste neue Gotteshaus auf Allgäuer Boden und es war wegweisend – doch die vielen Baumeister auf dem Land kopierten nicht blind, sondern schufen jeweils etwas Neues: kleiner, bodenständiger und der ländlichen Idylle verbundener.

Bauernhofmuseen

Die ländliche Architektur dokumentieren die Bauernhofmuseen im Allgäu: Bauernhofmuseum s'Huimatle in Knechtenhofen bei Oberstaufen, Bauernhausmuseum in Wolfegg (www.bauernhaus-museum.de), Bauernhofmuseum von Illerbeuren (www.bauernhofmuseum.de) und Allgäuer Bergbauernmuseum (www.bergbauernmuseum.de) in Diepolz bei Immenstadt. Dort erfährt man alles auch zur Entwicklung der Bauweise vom einfachen, einstöckigen, holzschindelgedeckten Rechteckhof bis zum großzügig geplanten Einödhof des 19. Jh.

Brauchtum

Bekanntester Brauch des Allgäus ist die **Viehscheid.** Dass die Tiere im Spätsommer von den Alpen herabgetrieben werden ist an sich nichts

Funkenfeuer in Wertach

Besonderes, doch wohl sonst nirgends sind die anführenden „Kranztiere“ mit Zweigen und Bergblumen so schön geschmückt und ist das folgende Volksfest so überbordend wie im Allgäu.

Im Mai stellen die jungen Burschen ihren weißblau-geringelt gestrichenen **Maibaum** auf, geschmückt mit einem Kranz hoch oben und mit Zunftwappen auf ganzer Länge. Dazu gibt es Bier, Brotzeit und Blasmusik.

Am ersten Sonntag in der Fastenzeit lodern **Funkenfeuer** von den Hängen in den Himmel des Oberallgäus und vertreiben den Winter.

Die **Sonnwendfeuer** am längsten Tag (21. Juni) des Jahres verleiht Mensch, Tier und Saat magische Kräfte, um die Wintermonate zu überstehen.

In Oberstdorf tanzen die **Wilde-Mändle** seit 2000 Jahren, ein Brauch der auf die Kelten zurückgeht.

Beim **Egga-Spiel** von Sonthofen kämpfen die mit Holzmasken verkleideten Menschen mit den Naturgewalten – und gewinnen natürlich am Ende.

Eines der eindringlichsten Erlebnisse ist sicherlich das **Alphornblasen,** wenn die Männer mit ihren zerlegten Hörnern bergan steigen, ihre Instrumente zusammenbauen und dann der erste Ton tief und tragend über das Tal schallt.

Alphornbläser in Aktion

Allgäuer Küche

Viele Gerichte schmücken sich heute mit dem Adjektiv „Allgäuer". Da genügt oft schon ein Stück aufgelöster Schmelzkäse und fertig soll das „typische" Essen sein. Doch nur weil der **Schmelzkäse** im Allgäu erfunden wurde, macht das nicht aus allem, was ihn enthält, eine lokale Spezialität.

Die Allgäuer Küche ist von West und Ost beeinflusst, von Schwaben und von Oberbayern – bäuerliche Gerichte mit einfachen und billigen Zutaten, die für eine schnelle und andauernde Sättigung sorgen. Hauptbestandteil ist Mehl, das zu einem leicht flüssigen Teig gerührt, zu Spätzle (längliche Form) und Knöpfle (runde Form) verarbeitet wird oder fester geknetet zu einem Nudelteig für Maultaschen – des Schwaben Leibgericht. Fleisch war früher ein Festtagsessen (das man sich noch nicht einmal bei jeder Feier leisten konnte), heute sind Fleischgerichte natürlich Bestandteil jeder Speisekarte.

Suppen

Die **Fleischbrühe** aus ausgekochten Knochen ist die Basis für (fast) jede Suppe. Zur klaren Brühe geläutert, finden sich in ihr als Einlage **Pfannkuchenstreifen** (Flädle) oder auch in Butter angeschwitztes altbackenes **Brot** mit Zwiebeln. Gerne kommen oben auf einige Röllchen Schnittlauch. Eine ausgesprochen leckere Suppeneinlage sind **Brätspätzle** – aus Kalbsbrät, Mehl und Ei hergestellte deftig gewürzte Fleischspätzle.

Hauptspeisen

Kässpatzen sind das Nationalgericht. Im gesamten Allgäu stehen sie selbst beim Italiener oder Afghanen auf der Speisekarte – ohne Spatzen geht es nicht. Und sie sind immer eine günstige Mahlzeit. Früher wurde der Teig ohne Eier angefertigt, nur aus Mehl und Wasser, und vom Hackbrett mit einem Messer in schmalen Streifen ins kochende Wasser geschabt. Heute kommen Eier mit hinein und die meisten benutzen zur Zubereitung einen Spätzlehobel. Wenn die Spatzen bissfest gekocht sind, wer-

Schmackhafte Käs'spätzle

den sie je zur Hälfte mit Emmentaler oder Bergkäse und einem intensivstes Aroma verbreitenden Käse wie dem Weißlacker und auch noch mit in Butter abgebräunten Zwiebeln vermischt und anschließend überbacken. Eine Abart sind die **Krautspatzen,** die statt des Käses Sauerkraut enthalten (und manchmal auch noch kross gebratene Speckwürfel). Dem entsprechen die **Krautkrapfen,** angebratene Wickel aus Nudelteig mit einer Füllung aus Sauerkraut und Fleisch oder Schinken. **Maultaschen** kommen nicht nur als Suppeneinlage auf den Tisch, sie können eine vollständige und reichhaltige Mahlzeit ergeben. Was an Füllung hineinkommt ist Familiengeheimnis, heute sind alle nur erdenklichen Variationen möglich, von vegetarisch bis mediterran, von Fisch bis Spinat. Sie kommen gekocht auf den Tisch, abgeschmälzt (mit in Butter gebräunten Zwiebeln überdeckt) oder in Streifen geschnitten und abgebräunt und sind so auch am nächsten Tag ein schnell anzurichtendes Essen.

Der Legende nach haben Zisterzienser des Maulbronner Klosters die **Maultaschen** als Fastenspeise entwickelt, um Fleisch zu genießen und es dabei vor neugierigen Augen und dem Herren zu verbergen, was im Volksmund zum Beinamen „Herrgottsbscheißerle" führte.

Buabaspitzle sind ursprünglich bleistiftdünne **Schupfnudeln** aus Roggenmehl und Wasser, die gekocht und anschließend teilweise gebraten werden (gerne auch mit Kraut). Mit der Einführung der Kartoffel wurden dem Teig gekochte Kartoffeln beigefügt, auch Eier werden heute verwendet. Als bayerische Fingernudeln kommen sie übrigens nicht zuerst in kochendes Wasser, sondern werden gleich schwimmend in Fett ausgebacken.

Schweinsbraten mit Knödel

Aus Hefeteig entstehen die hellen **Dampfnudeln** in einem abgedichteten Topf, als krustige **Rohrnudeln** in einer Reine im Herd. Dazu gibt es Vanillesauce. Früher waren beide vollwertige und sättigende Hauptgerichte, heute werden sie immer mehr als Nachspeise gereicht.

Die Fleischgerichte auf den Speisekarten haben phantasievolle Namen wie „Allgäuer Ratsherrenteller" oder „Allgäuer Filettöpfchen", sie könnten auch „Mecklenburger Fleischallerlei" heißen. Aus Bayern kommt auf alle Fälle der **Schweinebraten** (als Krustenbraten in Biersauce, im Sommer mit Kartoffelsalat und im Winter mit Semmelknödel serviert). **Suppenfleisch** gelangt mit Petersilienkartoffeln und Meerrettich auf den Tisch. **Krautwickel** sind mit gemischtem Hackfleisch gefüllte Kohlrouladen aus Weißkohl- oder Wirsingblättern. **Böfflamot** ist ein Sonntagsgericht aus einem guten Stück Rindfleisch, zwei Wochen lang in Rotwein und Wurzelgemüse mariniert und anschließend geschmort.

Beim **Berglar Kratzat** wird Pfannkuchenteig aus Mehl, Milch und Eiern in eine heiße Pfanne gegossen und mit Kratzbewegungen des Hebers gebacken. Deftig gewürzt ist es Beilage zu Fleischgerichten, gesüßt und mit Vanillesauce angereichert ein Dessert und eine Erinnerung an den österreichischen Kaiserschmarrn.

Fisch

In den seltensten Fällen kann man frisch gefangene **Bergforellen** bestellen, sie werden wie sonst überall auch in Becken gezüchtet. Das tut ihrem Geschmack aber keinen Abbruch. Eine tolle Spezialität sind die **Bodenseefelchen** (Renken) mit ihrem hellen und festen Fleisch. Sie kommen gedämpft, gebacken, gebraten oder geräuchert auf den Tisch. Weitere Fischarten wie **Brassen, Hechte, Karpfen** und **Zander** finden sich auch im Forggensee (und auf den Speisekarten Füssens).

Nachspeisen

Der **Strudel** mit Äpfeln oder Quark ist ein beliebter Nachmittagsimbiss zum Kaffee, auf Berghütten eine gern bestellte Zwischenmahlzeit, aber auch als Dessert geachtet. Im Herbst (der Bodensee mit seinen Bäumen ist nah) gibt es fast überall den **Zwetschgendatschi,** eine Platte aus mit Zwetschgen belegtem Hefeteig, der mit gezuckerten und abgebräunten Semmelbröseln bestreut worden ist. Alternativ kommt ein Klacks Schlagsahne oben auf.

Das **Ofen Schlupfar** aus einem lockeren Gemenge altbackener Semmeln, Eiern, Milch und geschälten, geschnitzelten Äpfeln wird mit Zimt und Zucker bestreut im Ofen gebacken und mit Vanillesoße übergossen serviert.

Brotzeit

Die Brotzeit ist bayerischen Ursprungs und das gilt auch für ihre Gerichte. **Wurstsalat** (mit Emmentaler kurioserweise auch im Allgäu als Schweizer Wurstsalat auf der Karte) besteht aus dünnen Fleischwurst-„Radln", die mit Essig, Öl und Zwiebeln angemacht sind. Ein **Obazda** gilt neben der Breze als klassisches Biergarten-Zubehör, ein laufender Camembert mit Butter und einem Schuss Weißbier

Brotzeit: Obazda mit Brot (hinten) und Käsecreme (vorne)

Ausflugslokal am Hündle

zerdrückt und mit feingehackter Zwiebel, Paprika, Pfeffer und Kümmel gewürzt. **Leberkäse** wird in Scheiben geschnitten warm und frisch aus dem Ofen, kalt oder als Hauptmahlzeit auch abgebräunt und mit Kartoffelsalat genossen (was auf alle Fälle trotz des Namens nicht drin ist: Leber und Käse). Auf den Alpen ist der **Emmentaler** oder der **Bergkäse** das Mittel der Wahl zur Hungerstillung. Nichts ist schöner als ein Graubrot mit in Salz und Pfeffer getunktem Emmentaler, eine frische Buttermilch und das Bergpanorama vor Augen.

Getränke

Das Allgäu ist kein Weinland, doch der Bodensee ist nah und dort werden einige ausgezeichnete Tropfen auf Fässer gezogen. Die guten Restaurants bieten immer auch eine Auswahl der Bodensee-Weine an. Eigentlich aber ist man in einer **Bierregion** und viele Orte haben noch ihre eigene Brauerei. Für die Gastwirtschaften ist es dann eine Ehre, den lokalen Gerstensaft zu zapfen. Stand vor langer Zeit in Deutschlands Süden nur dunkles Bier auf den Tischen, ist heute fast ein Überangebot an Bierspezialitäten auf dem Markt, weiter variiert durch „light"- oder gar „alkoholfrei"-Ausgaben. Zuerst kam das „Helle", dann das Hefeweizen und schließlich schwappten sogar Kristallweizen und die Pilsener-Welle an die

Bei alkoholfreien Getränken bietet sich die Bodenseeregion als Lieferant an: Die **Fruchtsäfte** sind gesünder und unter dem Strich auch günstiger als bunte Brausen aus Zuckerwasser.

Nordflanken der Alpen. Wer es traditionell liebt, sollte zumindest nach der Verkostung von „Hellem" und „Hefeweizen" seine Entdeckungsreise beenden.

Käse

Das Allgäu hat sich zurückbesonnen. War früher Masse gefragt, Haltbarkeit und „Erfindungen", sind heute andere Kriterien in den Vordergrund gerückt. Nicht mehr Schmelzkäse ist nun angesagt, sondern „Slow food". Alte Rezepte wurden ausgegraben, die fast vergessene Verwendung von Kräutern neu belebt, der Käse erhält Zeit zum Reifen und darf wirklich ruhen, ohne dass künstliche Reifmethoden angewandt werden. Die Milch stammt nicht mehr von in Reihen gepressten und mit Silofutter gemästeten Kühen, sondern von Tieren die sich von „Heumilch" ernähren. Im Sommer grasen sie die duftenden Gräser und Kräuter auf den Alpen, im Winter bekommen sie das eingelagerte Heu – aber eben keinesfalls gegärte „Silage". Geschützte Bezeichnungen sind **Allgäuer Emmentaler** und **Allgäuer Bergkäse.** Letzterer entsteht tatsächlich teilweise noch auf den Alpen, da das Käsen die einzige Möglichkeit ist, die Milch zu etwas Haltbarem zu verwerten.

Hart an der Grenze zum Ungenießbaren befindet sich der **Weißlacker,** der erste patentierte Käse der Welt, der 1874 in Wertach (s. dort) erfunden wurde.

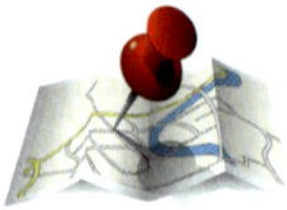

Bitte schreiben oder mailen Sie (verlag@rkh-reisefuehrer.de), wenn sich in Allgäu Dinge verändert haben oder Sie Neues wissen. Wir beantworten jede Zuschrift. Danke!

Unterwegs im Allgäu

5 Tage Allgäu

Dem, der nicht allzu lange Zeit hat und dennoch einen Querschnitt des Allgäus zu sehen wünscht, sei folgende Tour anempfohlen. Fünf Tage sind das Minimum, erholsamer sind sechs oder gar sieben Tage. Immerhin sind 450 km teilweise auf Nebenstraßen zu bewältigen und sehen will man ja auch noch was.

1. Tag Den Vormittag verbringt man bei einem Stadtspaziergang in **Memmingen** und bestaunt die erhaltene mittelalterliche Stadtanlage. Vor dem Mittagessen sollte man unbedingt noch das Karthäuser-Kloster von **Buxheim** mit seinem riesigen Kreuzgang besuchen. Mittagessen in Ottobeuren, danach geht es in die Bendiktinerabtei **Ottobeuren.** Über Mindelheim (kurzer Ausflug auf die Burg) fährt man nach **Kaufbeuren**. Vor dem Abendessen ein Spaziergang, vorbei an spätem Mittelalter und Renaissance, genächtigt wird im Ort.

2. Tag Am Morgen steht ein Blick auf die Glaskunst von **Neugablonz** auf dem Programm. Danach geht es über **Marktoberdorf** (kurzer Besuch des Römischen Bades) nach **Füssen.** Hier nimmt man sich länger Zeit für das Kloster St. Mang, das Hohe Schloss und einen Spaziergang durch die barocke Altstadt. Nach dem Mittagessen sind weitere Schlösser angesagt: **Hohenschwangau** und **Neuschwanstein,** die Zuckerguss gewordene Phantasie Ludwig II. Danach ist man zu Recht erschöpft, speist zu Abend und bettet sich zur Ruhe.

Bühl am Alpsee

3. Tag Über **Pfronten** und **Wertach** (vielleicht ein kühlendes Bad im Grüntensee) – zwei typische alpenländische Urlaubsorte – fährt man nun nach **Kempten,** zur angeblich ältesten Stadt Deutschlands. Bei einer geführten Besichtigung erfährt man so einiges an Anekdoten, und wer's römisch mag, besucht noch den Archäologischen Park. Ein Muss ist außerdem die Basilika St. Lorenz. Nun geht es schnurstracks nach Süden in die Berge. Man passiert Immenstadt und **Sonthofen** (vielleicht ein Blick auf die Ordensburg hoch oben?), das Tagesziel ist **Oberstdorf.** Natürlich gibt es hier auch Kultur (Loreto-Kapellen!), doch das eigentliche Motto ist „Urlaub und Natur".

4. Tag Wer wirklich zeitgestresst ist, muss eben eine der Bergbahnen nehmen, schöner ist aber eine Wanderung durch ein Tal auf einen der Gipfel. Der heutige Tag ist ganz den **Bergen** gewidmet. Wer nur wegen des Blickes über die Täler hier ist, nimmt am frühen Nachmittag die Gondel bergab, fährt ins österreichische **Kleinwalsertal,** wirft einige Blicke um sich und nimmt ab Oberstdorf die schöne Gebirgsstrecke nach Westen durch den **Bregenzer Wald.** Irgendwo auf der Strecke kehrt man ein und schläft.

5. Tag Am frühen Morgen macht man sich auf den Weg nach **Lindau im Bodensee.** Nach einem Spaziergang durch die Altstadt und die Museen geht es über **Wangen** (Museumslandschaft) nach **Ravensburg** und zur Basilika von **Weingarten.** Dann ist schon Abend und man nächtigt nochmals im Allgäu oder fährt über **Memmingen** direkt nach Hause.

1

Oberallgäu – Kempten und Umgebung

Das Oberallgäu ist die Kernzone des touristischen Allgäus. Hohe Berge, herrliche Täler, alpenländische Architektur – im Winter wie Sommer ist Betrieb. Es erstreckt sich entlang der Iller und ihrer Nebentäler von Norden etwa in Höhe von Altusried zwischen Memmingen und Kempten bis nach Süden hinein in das Kleinwalsertal. Wer den Schwerpunkt auf Wandern und Naturerlebnis legt, ist im Oberallgäu genau richtig. Allerdings kommt in Kempten auch die Kultur nicht zu kurz.

Tour-Tipp

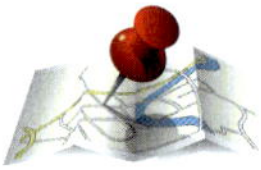

Dauer: Zwei Tage. Strecke: 210 km.

Startpunkt ist **Kempten.** Nach einer halbtägigen Erkundung einer der ältesten Städte Deutschlands und der größten Stadt des Allgäus fährt man nach **Oberstaufen** (Km 40) und informiert sich über die Schroth-Kur. Nördlich von **Immenstadt** (Km 55) gilt es das Bergbauernmuseum von **Diepolz** (Km 65) zu besuchen. Vielleicht unternimmt man danach noch eine Bootsfahrt auf dem Alpsee (Km 75) mit einem historischen Lastkahn. Am nächsten Morgen nach einem Blick auf die Ordensburg in **Sonthofen** (Km 85) geht es nach **Bad Hindelang** (Km 95), ein Bilderbuchdorf der Alpen. Nächste Station ist **Oberstdorf** (Km 115), eines der schönsten Zentren für Wanderer und Skifahrer inmitten der Bergwelt. Nach einem Ausflug ans äußerste Ende des Kleinwalsertales bei **Baad** (Km 135) geht es über den Urlaubsort **Wertach** (Km 185) zurück nach **Kempten** (Km 210).

Kempten

Der größte Ort des Allgäus liegt hübsch beidseits der Iller. Die alte Römersiedlung zählt zu den ältesten Städten Deutschlands. Bereits im Jahr 18 schrieb der griechische Geograf Strabon erstmals über die Stadt *Cambodunum,* eine Siedlung des keltischen Stammes der Estionen und die spätere und erste Hauptstadt der römischen Provinz Raetia. Als Fürstabtei und spätere Freie Reichsstadt hat man

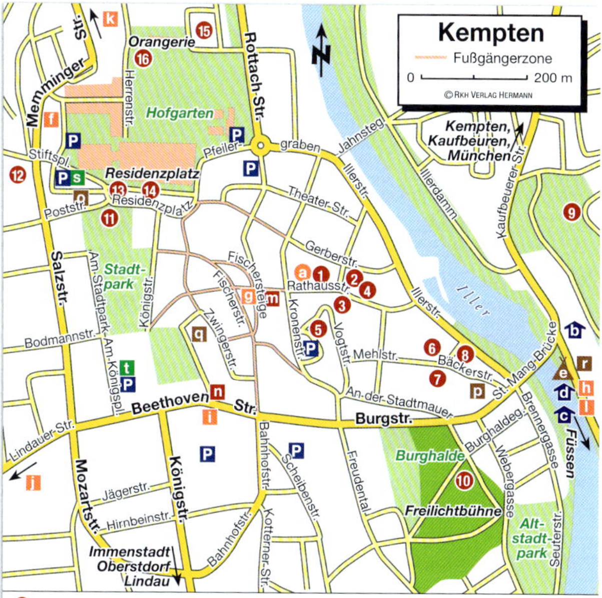

Sehenswert

1 Rathaus
2 Londoner Hof
3 Altes Zollhaus
4 Neubronnerhaus
5 Müßiggengelzunfthaus
6 St.-Mang-Kirche
7 Jenischhaus Rotes Haus
8 Ankergässle
9 Archäologischer Park Cambodunum
10 Burghalde Allgäuer Burgenmuseum
11 Zumsteinhaus
12 Kornhaus
13 St.-Lorenz-Basilika
14 Residenz
15 Orangerie
16 Alpinmuseum

Information

a Tourist-Information

Unterkunft

b Bayerischer Hof
c Berg-Café
d Hirsch

Camping

e Camping Öschlesee

Essen und Trinken

f Zum Stift
g Schalander
h Alte Bleiche
i Sky Lounge
j Waldhorn
k Mariaberg
l Zum Tobias
m Heimatliebe

Ausgehen

n Parktheater

Einkaufen

o Jamei-Käs
p Neher-Felle
q Alpenherz
r Musik Reitemann

Märkte

s Wochenmarkt
t Kathreinemarkt

einiges an historischer Bausubstanz zu bieten, doch Kempten ist beileibe kein Freilichtmuseum. Als umtriebiges kulturelles Zentrum zieht man Besucher aller Altersgruppen und aus aller Welt an.

Geschichte

Kempten wurde vom römischen Kaiser Tiberius gegründet, behielt aber den alten keltischen Namen

Rathausplatz

Cambodunum. Nach Zerstörungen durch Alemanneneinfälle Mitte des 3. Jh. befestigten die Römer die Siedlung mit einem Kastell; dieses wurde im Bereich der damals noch von der Iller umflossenen Burghalde angelegt. Um 730, das Römische Reich war längst zusammengebrochen, gründeten Klosterbrüder aus St. Gallen eine Mönchszelle, die sich 752 zu einer Benediktinerabtei erweiterte und zu jener Zeit im Bereich der heutigen St.-Mang-Kirche stand. Nachdem durch die Ungarneinfälle das Land im 10. Jh. verwüstet wurde, zog das Kloster an seine heutige Position im Westen des Zentrums. Stark protegiert, wuchs das Vermögen der Abtei stetig an und schließlich erhielt der Abt im Jahr 1213 vom deutschen König Friedrich II. die Grafschaft Kempten als Lehen zugesprochen. Der Abt wurde damit souveräner Reichsfürst. Gut sechzig Jahre später verlieh man der Stadt reichsstädtische Privilegien und im Jahr 1361 den Titel Freie Reichsstadt. Fürstabtei und Stadt konkurrierten in dieser Zeit miteinander und beide hatten wirtschaftlichen und politischen Erfolg. Doch die Bürger wollten mehr, insbesondere die Zwingburg des Fürstabtes auf der Burghalde mitten in der Reichsstadt war ihnen ein Dorn im Auge. 1363 stürmten und zerstörten sie die Burg, 1379 verkaufte der Fürstabt die Anlage an die Stadt. 1510 erhielt die Stadt das Münzrecht und 1525 – beim „Großen Kauf" – wurden die letzten fürstherrlichen Rechte des Abtes an die Stadt abgetreten. Zwei Jahre später trat man der Reformation bei und stellte einen evangelischen Pfarrer ein. Und dann kam der Glaubenskrieg und die evangelisch beseelten Bürger zerstörten das Kloster 1632. Im darauffolgenden Jahr brandschatzten im Gegenzug die Katholiken die Stadt, sie zündeten Kempten an allen vier Ecken an. Nach 1648, der Westfälische Friede hatte den Dreißigjährigen Krieg beendet, machte man sich an den Wiederaufbau. Diesmal sorgte man gleich anfangs für klare Verhältnisse. Rund um die Abtei entstand eine eigene Stadt – die Stiftsstadt mit eigenen Rechten. Ebenso wurde die Reichsstadt an ihrem ursprünglichen Ort neu errichtet und behielt ihre angestammten Privilegien. Kempten war nun eine Doppelstadt. Mit dem Bau der St.-Lorenz-Kirche bei der Residenz errichtete man den ersten monumentalen Sakralbau auf deutschem Boden nach Ende des Dreißigjährigen Krieges. Händler und Handwerker begründeten nun den Reichtum der Stadt. Sensen, Felle und Käse in Fässern gelangten bis Wien und weiter die Donau hinunter, sogar im fernen Südamerika fragten die Menschen das gewebte Leinen nach.

Im Jahr 1803 war es aus mit der Fürstenherrlichkeit: durch die Säkularisation fielen sowohl Reichs- als auch Stiftstadt an Bayern.

Kluftinger

Der Kriminalhauptkommissar ist eigenbrötlerisch, schräg, manchmal Medium, dann steht er wieder mit beiden Beinen auf dem Boden der Realität. Wohnen tut er in Altusried 15 km nördlich von Kempten, und seiner Arbeit geht er auf dem Präsidium Kemptens und im ganzen Allgäu nach. Und natürlich gibt's ihn gar nicht. Er ist eine Erfindung der Schriftsteller Michael Kobr und Volker Klüpfel, die mittlerweile zehn Bücher über ihn geschrieben haben. Immer wieder werden sie auch fürs Fernsehen adaptiert und ausgestrahlt. Die Bücher sind alle verlegt bei Piper (Rauhnacht, Milchgeld, Schutzpatron, Erntedank, Seegrund, Laienspiel, Herzblut, Einzelzimmer, Grimmbart, Himmelhorn)

Sehenswert

Markplatz

Einen Stadtspaziergang beginnt man am besten auf dem Rathausplatz. Neben dem modernen Gebäude der Stadtverwaltung befindet sich auch die Tourist-Information. In der Mitte des immer trubeligen Marktplatzes steht als Solitär das historische **Rathaus** 1 (in dem als einziger der Bürgermeister ein Büro hat). Es wurde 1474 als Steinbau errichtet. Noch bis 1906 diente das Erdgeschoss als städtischer Getreidespeicher. Die Türmchen baute man im 16. Jh. an den langgestreckten dreigeschossigen Baukörper. Bemerkenswert ist die Fassadenmalerei der Südseite. Züchtig deckt das Schwert die Blöße des Nackten, der soeben einem Zuber entsteigt. Die Sage: Heinrich der Kempter fiel im 10. Jh. beim Kaiser in Ungnade und stand unter Bann. Dennoch zum Kriegsdienst verpflichtet, schlug er sein Lager abseits des Heeres auf. Auf einem Feldzug – Heinrich badete gerade – geriet der Kaiser in nächster Nähe zwischen feindliche Truppen. So wie Gott ihn schuf sprang Heinrich dem Kaiser zur Seite und vertrieb den Gegner. Die Gnade seines Herren war ihm nun wieder sicher.

Rund um den Platz stehen Bürgerpaläste. Der **Londoner Hof** 2 (Nr. 2) entstand 1764 und wurde 1827 zum Hotel, die Rokokofassade ist mit Stuck stark gegliedert. Das **Alte Zollhaus** 3 mit dem Stadtarchiv (Nr. 3) geht auf das Jahr 1471 zurück. Das spätbarocke **Neubronnerhaus** 4 (Nr. 5) entstand aus dem Zusammenschluss zweier spätgotischer Häuser 1796. Der **Rathausbrunnen** an der Ostseite stammt von 1601.

Gleich südlich an den Rathausplatz schließt der Sigmund-Ullmann-Platz an. Seinen Namen erhielt er vom Vorsteher der jüdischen Gemeinde zwischen 1913 bis 1942. Hier steht das sogenannte **Müßiggengelzunfthaus** 5, Versammlungsort einer 1419 von wohlhabenden Bürgern gegründeten Gesellschaft, die im Volksmund auch Straußengesellschaft hieß. Der Name leitet sich von Müßiggang ab. Die Renaissancefassade des Gebäudes stammt in etwa aus dem Jahr 1600.

Kirche St. Mang

Die **St.-Mang-Kirche** 6 südöstlich des Rathausplatzes steht an der Stelle des frühmittelalterlichen

Stadtkerns. Ihr Namenspatron war der St. Galler Mönch Magnus, der als Missionar nach Kempten gelangte. Eine kleine Marienkapelle stand schon um 730. Sie ersetzte 869 die erste St.-Mang-Kirche. Mehrfach zerstört, musste man die Kirche immer wieder neu errichten. Der heutige Komplex entstand um 1430 als dreischiffiges Gotteshaus (Basilikatyp). Der untere Abschnitt des 66 Meter hohen Turmes stammt noch aus romanischer Zeit. Man achte auch auf die Reste der gotischen Bemalung des Kreuzrippengewölbes im Chor. Den hübschen **Jugendstilbrunnen** vor der Kirche schuf der Bildhauer Georg Wrba im Jahr 1905. Unter dem Baldachin in der Mitte wacht der hl. Magnus umgeben von Sagengestalten. Ein Abgang auf dem Vorplatz der Kirche führt zur **Erasmuskapelle** (St. Mang-Platz, Tel. 0831-9602202, Do–Di 11–17 Uhr, Einlass einer Gruppe von max. 30 Personen zu jeder vollen Stunde, 4 €), die bei der Neugestaltung des St.-Mang-Platzes wiederentdeckt wurde und seit September 2010 besucht werden kann. Auf 23 Stufen geht es zum gut erhaltenen Untergeschoss des Bethauses, ursprünglich ein Beinhaus, dann Trinkstube des Stadtrates, bis es schließlich der Kulturschutt für Jahrhunderte verbarg. Gegenüber der Kirche stehen weitere Patrizierhäuser. Das **Jenischhaus** 7 (Nr. 1) gehörte einer der vermögendsten Leinwandhändlerfamilien

St.-Mang-Platz

Kemptens. Hoch oben, wo einst der Seilzug die Waren in die Dachspeicher hievte, schmückt die Aussparung im Giebel eine männliche Statue mit Dreispitz. Das anschließende **Rote Haus** 7 war ebenfalls in Besitz der Familie. Ihr vom Kaiser verliehenes Wappen ist an der Fassade zu sehen.

Cambodunum

In der Bäckerstraße stammt die historische Bebauung aus mehreren Jahrhunderten. Das Ankertörle in der Seitenstraße **Ankergässle** 8**,** die charmanteste Gasse Kemptens, ist der einzig verbliebene Stadtmauerdurchgang zur Iller. Ans andere Ufer über die St.-Mang-Brücke und ein Stück nach Norden gehend gelangt man zum **Archäologischen Park Cambodunum** 9 (Cambodnumweg 3, Tel. 0831-79731, www.apc-kempten.de, März-Nov. Di–So 10–17 Uhr, 4 €, jeden 1. So/Monat freier Eintritt). Die Ausgrabungs- und Rekonstruktionsstätte der einstigen römischen Siedlung befindet sich am östlichen Hochufer der Iller. Das römische Cambodunum entwickelte sich nicht etwa aus einem römischen Militärlager, sondern geht auf eine keltische Gründung zurück. Der als Park angelegte archäologische Schauplatz ist in drei Abschnitte eingeteilt: Tempelbezirk, Kleine Thermen und Forum mit Basilika. Teils sind nur Fundamente zu sehen doch wurden einige der Gebäude im Tempelbezirk originalgetreu wiedererrichtet und vermitteln ein eindrückliches Bild vom Leben in jener Zeit.

Nun kehrt man wieder über die Iller zurück und besucht die **Burghalde** 10**.** Auf diesem Hügel stand erst ein römisches Kastell und später dann die mittelalterliche Zwingburg der Fürstabtei gegen die Bürgerstadt. Nachdem Kemptens Bürger sie 1363 eroberten, verkaufte sie der Abt im Jahr 1379 für 1600 Pfund Heller an die Stadt.

1488 wandelte man das Kastell zu einem Abschnitt der Stadtbefestigung. Bei der Schleifung der Burg im Jahr 1705 blieb als einziges Bauwerk der gotische Turm stehen – das heutige Wahrzeichen Kemptens! Heute befindet sich auf der Burghalde eine Freilichtbühne für Veranstaltungen und Sommerkino sowie das **Allgäuer Burgenmuseum** 10

Inflation

1356 entsprach 1 Pfund Heller 1 Pfund Silber, 1370 war der Heller nur noch die Hälfte wert und 1396 war er auf ein Achtel des ursprünglichen Wertes gesunken.

(Burghalde 1, Tel. 0831-5121468, www.allgaeuer-burgenmuseum.de, Sa/So 10–16 Uhr, 2 €). Das Museum stellt die Entwicklungsgeschichte der Allgäuer Burgen anhand von Zeichnungen, Fotos und Modellen dar und zeigt Gebrauchsgegenstände ihrer Bewohner.

Stiftsstadt

Nun kehrt man zum Rathaus zurück und macht sich auf den Weg zur nordwestlich gelegenen Stiftsstadt – ein kurzer Spazierweg. Station macht man am **Zumsteinhaus** 11 – ein klassizistischer Bau von 1802. Bis Ende 2015 waren in ihm ein Römer- und ein Naturkundemuseum untergebracht. Derzeit wird die Gebäudesubstanz umfassend saniert und voraussichtlich Dezember 2018 soll das Museum Heimathaus unter dem Namen **Kempten Museum** mit einer völlig neuen stadtgeschichtlichen Ausstellung seine Tore öffnen. Nun befindet man sich schon mitten in der Stiftsstadt.

Hinter dem Zumsteinhaus kommen im Sommer am Hildegardplatz (vor der St.-Lorenz-Basilika) die fahrenden Händler zum Wochenmarkt zusammen. Das monumentale Barockgebäude im Westen ist das **Kornhaus** 12 aus dem Jahr 1700. Über ein Jahrhundert lagerten die Fürstäbte in ihm die Vorräte. Heute lockt hier das **Allgäu-Museum** (Großer Kornhausplatz 1, Tel. 0831-5402120, Di–So 10–16 Uhr, 4 €) zu einer Zeitreise über das 19. Jh. in die mittelalterliche Vergangenheit Kemptens. Natürlich wird auch das Umland entsprechend gewürdigt. Eine Bauernstube ist rekonstruiert, landwirtschaftliche Geräte sind ausgestellt und auch die Volksfrömmigkeit kommt nicht zu kurz. Der Allgäuer Kunst vom 18. bis zum 20. Jh. ist eine eigene Abteilung gewidmet. Im Café Arte kann man sich bei Getränken und Snacks erholen und dabei in der – im Museumsshop erstandenen – Regionalliteratur schmökern.

Jeden Sonntag um 14 Uhr gibt es eine kostenlose Führung durch das Allgäu-Museum

Basilika

1652 begann der Baumeister Michael Beer mit der Errichtung der **St.-Lorenz-Basilika** 13 vollendet hat sie der Architekt Johann Serro: das erste kirchliche Monumentalgebäude nach dem Dreißigjährigen Krieg, das den von den Schweden zerstörten Vorgängerbau ersetzte. Wuchtig wirkt die 1670 fertiggestellte Fassade mit ihren zwei Türmen und der über dem Chor aufragenden Kuppel der ehemaligen Stifts- und heutigen Pfarrkirche. Wertvollste Ausstattung ist das Chorgestühl, dessen Holzschnitzerien Johann Ludwig Ertinger erledigte, während die erstaunlichen Intarsien-Tafeln eine Künstlerin („Frau Stuckhatorin") mit der aufwändigen Scagliola-Technik hergestellt hatte (die aus München stammende Barabara Fistulator). Dabei werden Leim und Gips vermischt und mit Farbpigmenten versetzt, die Tafeln zusammengestellt und schließlich so poliert, dass es wie eine einheitliche Naturmarmorfläche aussieht. Die etwas unübersichtlich wirkende Innenraumgestaltung der Kirche liegt an der Doppelfunktion des Bethauses. Zum einen war sie Pfarrkirche und sollte als solche freien Blick der Gemeindemitglieder zum Hochaltar gewähren, zum anderen war sie aber auch Abteikirche und für die Mönche waren Rückzugsmöglichkeiten für das meditative Gebet gefordert.

Residenz

An die Rückseite der Basilika schließt die **Residenz** 14 (Residenzplatz, Tel. 08373-465, Apr.–Sept. Di–So 9–16 Uhr, Okt. 10–16 Uhr, Nov.–März nur Sa/So 10–16 Uhr, Dez. während des Weihnachtsmarktes tgl. 12.15-16 Uhr, nur mit Führungen (jeweils alle 45 Min.), Treffpunkt am Westeingang, 3,50 €) an. Sie entstand zur gleichen Zeit wie die Basilika (1651-74). Die ganze Anlage mit vier Ecktürmen und zwei quadratischen Innenhöfen misst 43 auf 145 Meter. Der östliche Abschnitt war dem Konvent vorbehalten, der westliche diente als Residenz des Fürstabtes. Die sehenswerte prächtige Innenausstattung der Prunkräume aus dem 18. Jh. mit ihrem Rokoko war den Mitgliedern der Abtei zu danken. Als ältestes und wichtigstes Benediktinerkloster im Allgäu nahm sie nur Mönche auf, die dem schwäbischen Adel entstammten. Nach der Säkularisation hat das Militär die Anlage zur Kaserne umgebaut und bis 1945 genutzt. .

Nach dem Besuch der Prunkräume kann man sich im Hofgarten ausruhen, auf einer der Bänke oder wie die Jugend auf dem Rasen. Im Norden begrenzt die **Orangerie** 15 die nette Anlage: In ihr gediehen einst Pflanzen aus fernen Ländern, heute verleiht hier die Stadtbibliothek Bücher. Im Westen

Hildegard (757–783)

Schutzpatronin der Abtei, wurde mit 14 Jahren als seine dritte Gemahlin Karl dem Großen zugeführt. Sie begleitete ihn auf allen seinen Kriegszügen, was für aufrichtige Liebe spricht, und gebar acht Kinder – vier Söhne und vier Töchter. Doch das anstrengende Leben und die unaufhörlichen Schwangerschaften verursachten den frühen Tod der auch von ihren Untertanen geliebten Königin. Der Sage nach gilt sie als Gründerin des Stifts von Kempten.

ragt der Marsstall für die Pferde der Fürstäbte und adligen Mönche auf. Er beherbergt heute das **Alpinmuseum** **16** (Landwehrstraße 4, Tel. 0831-2525740, März–Mitte Nov. Di–So 10–16 Uhr, 4 €), ein Zweigmuseum des Bayerischen Nationalmuseums. Mittelpunkt der Ausstellung ist die Beschreibung der Alpen als Lebensraum von den Anfängen der Besiedelung bis zu heutiger Zeit, doch bleibt auch Raum für den Alpinismus, seit Jahrhunderten die Herausforderung für Abenteurer. Zum Abschluss des Stadtrundganges kann man durch die alte **Stiftsstadt** flanieren, durch die engen Handwerkergassen, vorbei an Fachwerk, an ehemaligen Herbergen und Kaschemmen.

Orangerie am nördlichen Ende des Hofgartens

In der Umgebung Kemptens

Altusried

Altusried 15 km nordwestlich von Kempten an der Straße St 2009 ist der **Festspielort des Allgäus.** Die Freilichtbühne (Mitte Juni–Aug. an den Wochenenden, Im Tal 17, 87452 Altusried, Tel. 08373-9217864, www.altusried.de) blickt auf eine 125-jährige Geschichte, aber richtig angefangen hat es erst 1911, als 500 Einwohner das Leben des Freiheitshelden Andreas Hofer nachspielten. Und im Großen und Ganzen blieb es bei der Darstellung von Freiheitskämpfen. Wilhelm Tell, Jungfrau von Orleans oder auch einfach nur der „Bauernkrieg". Bis zu vier Tonnen Pulver wurden jeden Sommer verschossen, ein lautes und buntes Spektakel. Heute gibt man sich ein klein wenig gesitteter und auf der Bühne stehen die Drei Musketiere, Aschenputtel mit dem Vogelhändler und ab und an auch die Kastelruther Spatzen. Und man spielt zwar noch in der Natur aber ist mit einem Dach geschützt. Bis zu 2500 Zuschauer finden darunter Platz und die Bühne ist groß genug, dass die wilde Reiterei eindrucksvoll herumtoben kann.

web-Auftritt:
www.freilichtbuehne-altusried.de

Service Kempten

Information

Tourist-Information [a], Rathausplatz 24, 87435 Kempten, Tel. 0831-2525237, www.kempten.de, Mai–Okt. Mo–Fr 9–17 Uhr, Sa 10–13 Uhr, Nov.–Apr. Mo–Fr 9–17 Uhr.

Stadtführungen

Zahlreiche Stadtführungen zu unterschiedlichen Themen. Die klassische Führung findet ganzjährig jeden Samstag um 11 Uhr, im Sommer auch jeden Montag und Donnerstag um 11 Uhr statt (ca. 2 Std., 6,50 €, Treffpunkt in der Tourist-Information). Führungen speziell für Kinder: Jeden dritten Freitag im Monat (Mai–Okt., 16 Uhr, Kinder bis 15 Jahre kostenfrei, sonst 3 €). Weitere Themen: Kulinarien, Krimiführung (auf den Spuren von Kriminalhauptkommissar Kluftinger), auf Frauenspuren, Fürstäbte und Hexen u.v. andere mehr.

Unterkunft

Bayerischer Hof [b], Füssener Str. 96, Tel. 0831-57180, www.bayerischerhof-kempten.de, DZ/F ab 80 €. Vier-Sterne-Haus mit 50 eleganten Zimmern und Suiten an einem Park, kleines Wellness-Zentrum, gutes Restaurant, unter der Woche viele Geschäftsreisende.

Berg-Café [c], Höhenweg 6, Tel. 0831-575110, www.berg-cafe.de, DZ/F um 80 €. Hotel-Pension mit 20 Zimmern in ruhiger Lage am Stadtrand von Kempten, zweckmäßiggemütliche Einrichtung, Abendessen nach Vereinbarung.

Hirsch [d], Hauptstraße 7, Betzigau, Tel. 0831-5239853, www.gasthof-hirsch-betzigau.de, DZ/F um 70 €. Mitten im Dorf Betzigau 5 km westlich vom Zentrum steht der 250 Jahre alte Gasthof mit sieben komfortablen Zimmern (mit Bad/WC und TV) und einer traditionellen Gaststätte, die immer gut besucht ist (Hauptgericht um 10 €).

Camping

Camping Öschlesee [e], Moos 1, Sulzberg, Tel. 08376-93040, www.camping-oeschlesee.de, 2 Personen mit Kfz und Zelt etwa 22 €. Ganzjährig offener Platz für Caravans, Wohnmobile und Zelte in Voralpenlandschaft am See mit Bademöglichkeit; Kiosk und Restaurant.

Anna Maria Schwegelin

Anna Maria Schwegelin war die letzte Frau, die als Hexe in Deutschland zum Tode verurteilt wurde. Der Fürstabt Honorius Roth von Schreckenstein selbst unterzeichnete das Urteil 1775 – der Teufelsbuhlschaft war sie schuldig befunden worden. Anna, ein verwirrtes Wesen, glaubte das wohl selbst – das Urteil allerdings hat man nie vollstreckt. Anna starb sechs Jahre später im Gefängnis.

Essen und Trinken

Zum Stift [f], Stiftsplatz 1, Tel. 0831-22388, www.zum-stift.de, 10–24 Uhr, 10–20 €. Hier treffen sich die Honorigen des Ortes um eine gutbürgerliche Mahlzeit einzunehmen: Biergulasch mit Kümmel, Hirschroulade oder Schwammerlragout; dazu gibt es Selbstgebrautes wie schon seit 1394 aus dem 1921 vom Allgäuer Brauhaus übernommenen Stiftsbräu. Schöner Biergarten!

Schalander [g], Fischersteige 9, Tel. 0831-16866, www.schalander-kempten.de, Mo–Sa 11.30–23 Uhr, ab 20 €. Internationale Küche aber auch Allgäuer Spezialitäten, die Käsespatzen gelten mit zu den besten Kemptens, dass man im Café direkt an der Freitreppe sitzt, die Stifts- mit Reichsstadt verbindet, tut dem Ambiente auch keinen Abbruch.

Alte Bleiche [h], Albert-Einstein-Str. 2, Tel. 0831-5800198, www.alte-bleiche.de, Mo–Fr 11.30–14 Uhr u. ab 17.30 Uhr, Sa/So ab 11 Uhr (im Winter Mo/Di Ruhetag, im Sommer bei schönem Wetter keine Mittagspause), ab 15–20 €. 4 km südlich des Zentrums direkt an der Iller steht das moderne Gebäude mit viel Glasfläche zum rausgucken, einer großen Terrasse und sogar einem kleinen Beach; gekocht wird international mit asiatischen und italienischen Exkursen.

Sky Lounge [i], Beethovenstr. 3, Tel. 0831-69731581, www.my-skylounge.de, Mo–Do 8–14, 18-23 Uhr Fr/Sa bis 24 Uhr, So 8-14 Uhr, ab 20 €. Auch wenn man nicht unbedingt das Restaurant des Park-Hotel besuchen will, die Aussicht über Kempten und die Alpen aus der 13. Etage ist fantastisch und die Küche spielt da nur eine Nebenrolle (an heißen Tagen meiden, dann ist es wegen der großen Fensterflächen unerträglich).

Heimatliebe [m], Fischersteige 6, Tel. 0831-52751445, www.heimatliebe-kempten.de, Di–Fr 17.30–22.30 Uhr, Sa 11.30–14, 17.30–22.30 Uhr, ab 25 €. Feine österreichische Küche in edel-reduziertem Heimatschick-Ambiente, hier ein Geweih, dort eine Kuh in s/w; vom Tiroler Backhendl über Wiener Schnitzel zum Tafelspitz und zum Abschluss den besten Kaiserschmarrn des Allgäu.

Waldhorn [j], Steufzgen 80, Tel. 0831-580580, www.waldhorn-kempten.de, Di–So 11–22 Uhr, um 15 €. Allgäuer und bayerische Spezialitäten und Wildgerichte in unaufdringlicher Atmosphäre mit ausnehmend nettem Personal und dann auch noch preiswert, angeschlossene Konditorei mit ausgezeichneten, hausgemachten Pralinen.

Mariaberg [k], Mariaberger Str. 218, Tel. 0831-5757806, www.landgasthof-mariaberg.de, Do–Di ab 11 Uhr, um 15 €. Auf einem Moränenhügel in 905 m Höhe 5 km westlich vom Zentrum thront das Landgasthaus und erlaubt beste Sicht; dazu gibt es leckere Landküche (mit knusrpiger Ente, Schweinshaxe, einem leichten Zanderfilet oder auch „nur" Bratensülze); der schöne Biergarten lockt auch viele Spaziergänger an (45 Min. von Kempten).

Zum Tobias [l], Rothen 129 ½, Durach, Tel. 0831-63355, www.waldgasthaus-tobias.de, Sa–Mi ab 11.30 Uhr, 10–20 €. 10 km im Südosten im Kemptener Wald versteckt sich der Landgasthof mit guter Allgäuer Küche zu fairen Preisen (darunter das traditionelle Voressen nach dem Kirchenbesuch und vor dem Mittagessen und jeden Mittwoch Kässpatzenessen, das Rindfleisch stammt vom

Klostersteige – Fußgängerzone im Kempten

eigenen Hof), auch im Winter wegen der Südterrasse beliebtes Ausflugsziel, Biergarten, Kinderspielplatz.

Ausgehen

Parktheater [n], Linggstr. 2, Tel. 0831-2006233, www.parktheater-kempten.de, Mi, Fr/Sa ab 22 Uhr. Tanzlokal im ehemals größten Kinosaal Bayerns mit dancefloor und zahlreichen gemütlichen Loungebereichen.

Einkaufen

Jamei-Käs [o], Hildegardplatz 3, www.jamei-laibspeis.de, nur Mi 8–13, Fr 12–18 und Sa 8–13 Uhr. Käseladen, der sich noch direkt von den Almen beliefern und die Laibe in einem historischen Stiftskeller in Kempten reifen lässt – bester Geschmack ist garantiert.

Neher-Felle [p], Bäckerstr. 7, Tel. 0831-26769. Gerberei und Tierpräparation, Schaffellverarbeitung z.B. zu Autositzbezügen nach Maß und Deko-Fellen.

Alpenherz [q], Linggstr. 12, Tel. 0831-96091860, www.alpenherz.de. Trachtenmanufaktur mit schönen Dirndl (auch Maßanfertigung und den notwendigen Accessoires.

Musik Reitemann [r], Wettmannsberger Weg 3, Tel. 0831-71780, www.musik-reitemann.de. Blasinstrumentenladen mit Meisterwerkstatt für Repartaturen und Eigenherstellung (Markenname „Martienne").

Märkte

Wochenmarkt [s], im Sommer jeden Mittwoch und Samstag 7–13.30 Uhr auf dem Hildegardplatz (im Winter in der Markthalle am Königsplatz).

Mittelaltermarkt, anlässlich des Burgfestes auf der Burghalde an einem Wochenende Ende Juli.

Kathreinemarkt [t], Jahrmarkt mit Fahrgeschäften und Händlermarkt auf dem Königsplatz Ende Oktober für 10 Tage.

Feste

Kemptener Jazz-Frühling, Ende Apr., Anfang Mai kommen die Größen des Jazz nach Kempten und treffen sich in Gasthäusern, auf Plätzen und in öffentlichen Gebäuden zu Sessions (www.klecks.de).

Stadtfest Kempten, an einem Wochenende Mitte Juli mit Bühnen auf den Stadtplätzen und zahlreichen Events, die für jeden Geschmak etwas bieten.

Baden

Der 1693 durch Aufstauung angelegte 8 ha große **Eschacher Weiher** liegt 12 km westlich von Kempten nahe der Adelegg und ist ein beliebter Badesee für Anzugträger und ein noch beliebteres Ziel bei Nudisten, die mindestens die Hälfte der Rasenflächen (im westlichen Bereich) belegen.

Krippenbau-Kurse: Wer es sich zutraut kann in der Vorweihnachtszeit einen Kurs buchen und sich anschließend die perfekte Krippe selbst zusammenbauen – ob Kasten- oder Laternenkrippe, ob heimatlich-traditionell oder orientalisch. Kontakt: Krippenbauschule, Kleiner Kornhausplatz 1, Kempten, Tel. 0831-76185, www.krippenbauschule-hobbyschnitzer-kempten.de.

Oberstaufen

Die herrliche Lage über dem Weißachtal und die Berge und bewaldeten Kuppen in der unmittelbaren Umgebung machen Oberstaufen zu einem beliebten Ziel für Sommer- und Wintertouristen. Alpenländisch ist man hier, die Häuser sind stimmig als Bauerndorf drapiert. Doch die Moderne ist längst angekommen: In den Schaufenstern hängen Trachten neben Mode von Bogner, Eiscafés wechseln sich ab mit Pizzerien und Aprés-Ski-Lokalen und sogar mit Silvester alleine ist es nicht getan – am Vorabend erfreut man die Kurgäste bereits mit dem „Silvester-Warmup". Urlaub total also! Wie sagt der Oberstaufener an sich: „tradition and lifestyle". Dabei begann das Ganze eher gemütlich. Der Fuhrmann Johannes Schroth (1798–1856) – wie sein Ostallgäuer alter ego Pfarrer Kneipp erkrankt (Schroth litt an einem durch einen Pferdetritt verletztem Bein) – suchte Heilungsmethoden und kam auf feuchte Umschläge. Später wurde das Konzept mit einer Diät kombiniert, die dem Körper minimiert Flüssigkeit zuführte, vornehmlich trockene Nahrung zuließ und Feuchtigkeit in der Form von Ganzkörperwickeln und nur von außen wirken ließ – von zeitgenössischen Medizinern als „Unterernährungsdiät" angeprangert. Auf alle Fälle ge-

Willkommen in Oberstaufen – im Hintergrund die Pfarrkirche St. Peter und Paul

Alles Wissenswerte: Deutscher Schrothverband e.V., www.schrothkur.de

wann die Schroth-Kur bei den „Besserleuten" zahlreiche Anhänger. Das ganze passierte bis 1945 im Schlesischen. Warum darf sich nun gerade Oberstaufen als einzige Gemeinde mit dem Titel Schroth-Heilbad schmücken? Der Protagonist Schrothscher Kuren im 20. Jh. Dr. Hermann Brosig suchte nach dem Verlust der angestammten Wirkungsstätte eine neue Bleibe und Oberstaufen erschien ihm ideal. 1949 kam der erste Gast zum Schrothen in das Oberallgäu.

Die Stadt besteht aus mehreren Ortsteilen und Oberstaufen-Zentrum. In die Akten gelangte Oberstaufen als „Stoufun" erstmals 868, als der Priester Reginhelm dem Kloster St. Gallen eine Schenkung aus diesem Dorf überbrachte. Später entstand die Burg Staufen unter den Rittern von Schellenberg. Die Herrschaft fiel 1311 an die Herren von Montfort. Bereits im 16. Jh. erkannte man ein gewisses Freizeitpotential, auf alle Fälle begeisterte sich König Maximilian I. für die hiesigen Jagdmöglichkeiten. 1525 brannten aufbegehrende Bauern das Schloss nieder; zwischen 1573 und 1803 stand Oberstaufen unter der Herrschaft der Familie von Königsegg. Nach zwei Jahren österreichischer Obrigkeit, gelangte Oberstaufen 1806 schließlich zu Bayern.

Sehenswertes in Oberstaufen

Im Zentrum steht die katholische **Pfarrkirche St. Peter und Paul,** 1863 an der Stelle eines gotischen Vorgängerbaus fertiggestellt. Das dreischiffige Langhaus wurde großzügig geplant und die Kreuzigungsgruppe im Chor ist nicht weniger monumental angelegt: 5,20 m ist der Gekreuzigte groß, seine Spannweite beträgt 4,25 m, Maria und Johannes messen immerhin noch 3,30 m – um 1505 wahrscheinlich von Heinrich Iselin aus Konstanz geschnitzt und mit die größten Figuren der Spätgotik.

Älter ist die von außen unauffällig wirkende **Kapelle St. Bartholomäus** in Zell, 3 km nördlich vom Zentrum am Jakobsweg gelegen. Der Vorgängerbau wurde im 14. Jh. errichtet, die heutige Kapelle im Großen und Ganzen um 1440. Die Besonderheit der kleinen Hallenkirche sind die Fresken von 1450, die mit ihren zwei Bilderzyklen (Leben der Muttergottes und Leiden der Blutzeugen) den gesamten Chor schmücken; man hat sie erst 1883 wiederentdeckt und 1896 restauriert. Berühmt ist auch der gotische Haupt- bzw. Hochaltar von Hans Strigel d.Ä. (1442), der linke Seitenaltar ist nur wenig jünger (um 1500) und der rechte aus dem Jahr 1845 umrahmt Figuren aus dem Jahr 1515. Zwei Kilometer westlich von Zell steht in Genhofen an der ehemaligen Salzstraße von Hall/Tirol zum Bodensee die **Kapelle St. Stephan.** Die Salzfuhrwerke hatten auf dieser Strecke einen besonders kniffligen Wegabschnitt vor sich, den Hahnschenkel, und um den Schutzpatron der Kutscher und Pferdeknechte – Stephanus – gnädig zu stimmen, haben diese hier noch einmal ein Gebet gen Himmel geschickt, während der ortsansässige Schmied derweil die Hufeisen prüfte (er war Mitstifter der Kirche und Geschäftsinteressen sollen dabei keine Rolle gespielt haben). Beim heutigen Schmied Joseph Lingg (Tel. 08386-7787) gegenüber der Kapelle bekommt man den Schlüssel, wenn die Kapelle verschlossen ist. Das Gotteshaus birgt einen Hauptaltar (1523, von Adam Schlantz) und zwei Seitenflügelaltäre (1513 und 1515), alle drei in höchster Kunst gestaltet, sowie ein gotisches Astkreuz von 1480 auf der Empore. Die Ausmalung ist zwischen 1567 und 1605 entstanden, die mit Hufeisen benagelte Sakristeitüre von 1566 spricht für die Dankbarkeit der Fuhrknechte.

Das **Heimatmuseum Beim Strumpfar** (Jugetweg 10, Tel. 08386-1300, Mi, Fr 15–17 Uhr, So 10–12 Uhr, 3 €) befindet sich in einem Bauernhaus aus dem Jahr 1788, in dem auch ein Strumpfwirker lebte und ihm seinen Namen verlieh. Die ortsgeschichtliche Ausstellung ist mit u.a. Enzianbrennerei, Käserei und Mosterei liebevoll aufbereitet und durchaus sehenswert. Wohn- und Schlafräume, eine Puppenausstellung und das Instrumentarium eines Baders geben einen Begriff vom ländlichen Leben.

Im **Bauernhofmuseum s'Huimatle** (Knechtenhofen 7, Tel. 08325-758, Mai–Okt. Mi 14–16 Uhr, So 10–12 Uhr, 2 €) 3 km östlich vom Zentrum wird in einem 300 Jahre alten Hof ebenfalls das ländliche Leben erläutert, Hauptaugenmerk liegt auf dem 19. Jh., zu sehen sind u.a. eine Hofkäserei und eine Bändelweberei.

Die **Miniwelt Oberstaufen** (Wengen 15, Tel. 08386-960711, www.miniwelt-oberstaufen.de, Apr.–Okt. und in den Weihnachtsferien 10–18 Uhr, Erw. 6,50 €, Kinder 4,40 €, Familienkarte 18 €) 3 km östlich des Zentrums ist eine 300 Quadratmeter große HO-Modellbahn-Anlage. Für das Kind im Manne und den Mann im Kinde gibt es hier 2400 Meter Gleise, 400 Weichen, 204 Züge mit 2520 Waggons, 600 Gebäude, 26.000 Bäume, 5.000 Figuren und Landschaften an Mosel und Rhein wie das Deutsche Eck bei Koblenz oder Sehenswürdigkeiten wie die Cochemer Reichsburg.

In der Umgebung von Oberstaufen

Von Oberstaufen führt eine landschaftlich reizvolle Strecke mit fantastischen Aussichten über das „Paradies" (Spitzname für den Ortsteil Berg an der B 308) ins Westallgäu nach Weiler-Simmerberg.

Rund um Oberstaufen gibt es **zahlreiche Wasserfälle** und überall ist das charakteristische und sehr widerstandsfähige Gestein Nagelfluh zu sehen. Vor 15 Mio. Jahren schwemmte Wasser Geröll an, das sich auf seinem Grund absetzte und mit der Zeit und mittels feinem Gesteinsmehl und Mineralien zu einem Konglomerat verbuk – wegen seiner charak-

„Herrgottsbeton" nennen die Allgäuer den Nagelfluh.

teristischen, wie Nagelköpfe aussehenden, Kieseleinschlüsse Nagelfluh genannt. Es dient vielerorts als natürlicher Riegel, den das Wasser nur schwer erodiert.

Zwischen den Ortsteilen Konstanzer und Osterdorf führt der Weg nach Süden zu den **Osterdorfer Wasserfall** (GPS 47.550387/10.108733, Gehzeit hin- und zurück eine knappe Stunde, 120 Höhenmeter), mit 35 m mit die höchsten, sicherlich aber mit die schönsten im Allgäu. Der Riegel, über den das Wasser stürzt, besteht natürlich auch hier aus Nagelfluh, ganz nah an der Wand lässt sich der Wasserfall trocken „hintergehen". Am Fuße hat in einer Höhle versteckt die Familie Köhler eine Pestepedemie im 15. Jh. überlebt.

Eine gute Stunde hin und zurück dauert die Wanderung vom Ortsteil Steibis über den Waldlehrpfad zu den **Buchenegger Wasserfällen** mit einer riesigen Gumpe, in die der untere Fall aus 18 m Höhe plätschert und die im Sommer zum Baden einlädt.

Der 400 Quadratkilometer große **Naturpark Nagelfluhkette** umfasst sechs bayerische und acht Vorarlberger Gemeinden, bildet auf 24 km Länge südlich von Oberstaufen einen Riegel zu Österreich, ist ein herrliches Wanderparadies und natürlich auch ein Eldorado für Alpinskifahrer. Höchster Gipfel und Hausberg der Oberstaufener ist der Hochgrat mit 1833 m Höhe. Die zwei Gipfel Imberg (1280 m) und Hündle (1100 m) liegen noch näher an Oberstaufen und alle drei sind sommers wie winters mit Bergbahnen erschlossen. Drei anspruchsvollere Wanderungen führen hinauf auf die Nagelfluhkette und sind überaus reizvoll mit Aussichten und landschaftlichen Höhepunkten.

Blick von Steibis auf Oberstaufen

Von der Hündlebahn-Bergstation geht es auf dem **Weg Wildes Wasser** (5 Std., 11 km, 525 Höhenmeter) auf einer Rundtour an der Südseite des Hündlekopfes hinunter zur Weißach und zu den Buchenegger Wasserfällen und von dort wieder steil hinauf zur Bergstation.

Von der Imbergbahn-Bergstation führt der **Weg Alpenfreiheit** (5 Std., 13,5 km, 575 Höhenmeter) vorbei an zahlreichen Alpen/Almen und über die Weiden zu nicht minder zahlreichen Hütten und Berggasthöfen – eine der größten zusammenhängenden Almlandschaften Bayerns. An der **Kräuteralp** (Tel. 08386-980551, www.kraeuteralp.de, Mitte Mai–Anfang Nov. Sa–Mo 14.30–16.30 Uhr), auf 1300 m an einem idyllischen Bergsee gelegen, sollte man auf alle Fälle Halt machen – es ist die höchstgelegene Brennerei im Allgäu. Edelbrände sind im Angebot, angesetzte Schnäpse, Liköre, Elixiere und Essenzen, allen ist eines gemeinsam, die Kräuter wurden auf der Alp gesammelt bzw. angepflanzt und sind so rein, wie es hier oben nur sein kann. Der letzte Wanderabschnitt zurück zur Bergstation folgt dem Alpenerlebnispfad mit lehrreichen Stationen zu Alpwirtschaft und Natur.

Für den **Weg Luftiger Grat** (5 Std., 10 km, 475 Höhenmeter) ist die Hochgratbahn-Bergstation der Ausgangspunkt und der Weg führt entlang des Grates bis zur Falkenhütte und dort hinab zum Lantzenbach und wieder hoch zur Imbergbahn-Bergstation, mit der man abfährt. Oben am Grat hat man beste Aussichten, hinein in die Schweiz mit dem Säntis, über den Bregenzerwald Österreichs und sogar bis zur Schwäbischen Alb.

1

Service Oberstaufen

Information

Tourist-Information, Hugo-von-Königsegg-Straße 8, 87534 Oberstaufen, Tel. 08386-93000, www.oberstaufen.de, Mo–Fr 8.30–17.30 Uhr, Sa 10–16 Uhr.

Oberstaufen plus

Berg- und Talfahrt mit der Imberg-, Hündle- und Hochgratbahn inklusive, freies Parken, Busfahren, Museen und Skipass kostenlos, Rabatte bei Gastromie und Einzelhandel und mit „Oberstaufen plus Golf" auch noch ohne Greenfee. Die Karte erhält man bei einer Übernachtung im Ort gratis bei über 300 Gastgebern und Golfhotels (siehe www.oberstaufen-plus.de).

Unterkunft

Allgäu Sonne, Stießberg1, Tel. 08386-7070, www.allgaeu-sonne.de, DZ/F um 220 € (Arrangements erfragen!). Das Flaggschiff der Orts-Hotellerie mit fünf Sternen und einer grandiosen Aussicht, der Wellnessbereich ist den Preisen entsprechend großzügig.

Traube, Kirchdorferstr. 12, Thalkirchdorf, Tel. 08325-9200, www.traube-thalkirchdorf.de, DZ/F ab 100 €. 30 Komfort-Zimmer mit allem Notwendigen in der Mitte von Thalkirchdorf in denkmalgeschütztem Gebäude von 1638, das Restaurant ist rustikal-elegant eingerichtet (Di geschl., Menü um 20 €), Wellness mit Hallenbad und Sauna.

Berghof am Paradies, Berg 8, Tel. 08386-93320, www.berghof-am-paradies.de, DZ/F ab 90 €. 3 km auf der B308 hoch zum „Paradies", dann blickt man hinunter aufs Tal und über die Berge, ruhige Lage, Saunen und Dampfbad, 15 Zimmer.

Alphornhof, Im Ried-Weißach 2, Tel. 08386-1452, www.alphornhof-wagner.de, DZ/F um 50 € (ab einer Woche 44 €). Bauernhof in Alleinlage 2 km südlich Oberstaufen mit nur drei Zimmern (mit Dusche, WC am Gang) und einer Alphornwerkstatt, wo man gerne bei der Arbeit zuschauen darf.

Falkenhütte, Hochgrat, Tel. 08386-8113, www.falkenhuette.de, Mo geschl., DZ/F ab 80 € mit eigenem Bad (mit Vollpension ab 110 €), ab 75 € mit Etagenbad (mit Vollpension um 100 €). Wer ein Zimmer gebucht hat darf gegen eine Gebühr von 5 € im Sommer von Steibis aus die asphaltierte Mautstraße 10 km hoch ins Gebirge auf 1400 m Höhe nehmen, dort herrscht dann, wenn die Tageswanderer abgestiegen sind, absolute Ruhe, die Zimmer sind komfortabel und das Essen bodenständig gut.

Kurpark

1

Essen und Trinken

Bild oben: Gartenidylle und skandinavische Atmosphäre im Blauen Haus

Adler, Kirchplatz 6, Tel. 08386-93210, www.adler-oberstaufen.de, 12–22 Uhr, Menü um 25 € (Tagesmenü um 20 €). Gehobenes Restaurant mit „neuer deutscher" Küche, Traditionsgerichte leicht, regional und bekömmlich zubereitet, in der Fußgängerzone bei der Kirche mit Sitzplätzen im Freien.

Altstaufner Einkehr, Bahnhofstr. 4, Tel. 08386-7193, www.altstaufnereinkehr.de, Di–So ab 17 Uhr, Menü ab 20 €. Oben Holz, unten Holz, seitlich Holz, unterm Hintern Holz, so wie es sich für alte Gasträume gehört, die Vesper ist bayerisch und ausgezeichnet.

Das Blaue Haus, Freibadweg 2, Tel. 08386-4476, 11–18 Uhr, www.blaueshaus-oberstaufen.de; kleine Gerichte um 5 €. Tagescafé in nordischem „bleu", innen wie außen, mit kleinen Gerichten wie Paprika-Ingwer-Süppchen oder Krautkrapfen und ausgezeichnetem selbstgemachten Kuchen und Gebäck. Und wem die drapierten Einrichtungs-Accessoires gefallen – sie stehen zum Verkauf.

Thalkirchdorfer Dorfhaus, Kirchdorferstr. 7, Thalkirchdorf, Tel. 08325-9580, www.dorfhaus.de, 11.30–22 Uhr, Menü um 20 €. Mit der eigenen Sennerei steht natürlich der Käse im Vordergrund des gemütlichen Dorfgasthofes mit Sennstuben und Biergarten und die Käsespätzle sind das eindeutige Muss; im Laden nimmt man sich dann Käsespezialitäten mit nach Hause – Käsepralinen (z.B. Trüffel-Chili-Käse oder Käse-Punsch) probieren!

Die.Speisekammer, Rothenfelsstr.6/8, www.facebook.com/Die.Speisekammer.Oberstaufen, Tel. 08386-9914620, tgl. 14-22 Uhr, Menü ab 40 €. Beste Crossover-Küche auf höchstem Niveau mit Leckereien wie Crèmesuppe vom Hokkaido-Kürbis, Brennnessel-Maultaschen oder Bodensee-Waller in Breznkruste – nicht gerade günstig, aber verdient; angenehmes Sitzen und professionelle Bedienung.

Ausgehen

Bild oben: Buchhandlung, Zeitungskiosk und Café in einem: books

Königlich bayerische Enzianhütte, Mühlenstr. 24, Weißach, Tel. 08386-661, www.enzianhuette.de, Mo/Do/Fr 14.30–22 Uhr, Sa ab 11, So ab 10.30 Uhr, Menü um 15 €. Allgäuer Küche und Hüttenstimmung pur mit Livemusik, Tanz und am Samstag spielt die Zither auf; immer rappelvoll und viel Party; der Wirt trägt Lederhose und Gamsbart, den Tisch teilt man sich freudgedrungen mit anderen Gästen.

Bubi's Bar, Rainwaldstr. 2, Tel. 08386-1588, www.bubisbar.de, Mo–Sa 20–2 Uhr; „... wo sich die Staufener mit ihren prominenten Gästen treffen" heißt es in der Eigenwerbung und es stimmt auch, dennoch ein wenig hmmm, so wie der peinliche Apostroph im Namen; aber man gönnt sich ja sonst nichts und die Longdrinks beinhalten ausreichend Hochprozentiges fürs Abwinken.

Jones Burger & Bar, Lindauer Str. 25, Tel. 0175-7643461, tgl. 10–1 Uhr. Frühstück, Kaffee, Kuchen und „neuamerikanische" Burger in cooler Atmosphäre am Kurpark und dass es nicht ganz so kühl bleibt gute Drinks – und für den, ders mag: Känguru-Steak im Bananenblatt gedämpft.

Servus, Rainwaldstr. 2, Tel. 08386-4334, Fr und Sa 21–5 Uhr. Wer sich auskennt, schaut vor Mitternacht nicht vorbei, diverse Musikstile auf dem Plattenteller sprechen das Publikum breitgefächert an, gute Cocktails.

Einkaufen

Trachtenfink, Steibis, Tel. 08386-8109, www.trachtenfink.de. Wer in Oberstaufen Urlaub macht, sollte zünftiges G'wand tragen und was gibt es Schöneres als eine rothirschlederne Bundhose und dazu einen Wolljanker?

books – Bücher und Café, Hugo-von-Königsegg-Str. 12, Tel. 08386-2469, www.bookscafe.de. Wer die Nase voll hat von Action und Pistenbrettern und überhaupt geht hierher, kauft einen Roman oder eine Zeitschrift, liest, entspannt und bildet Geist und Körper bei Kaffee oder Tee und selbstgemachtem Kuchen (Sitzplätze im Freien).

Alphörner, Josef Wagner, Alphornhof, Im Ried-Weißach 2, Tel. 08386-1452, www.alphornhof-wagner.de. Nur 6 mm dick ist die Wandung eines Alphornes und 60 Std. verbringt der Alphornbauer (von denen es mit ihm nur noch drei im Allgäu gibt) mit Stemmeisen und Messer bis das Instrument die perfekte Form besitzt.

Sennerei Rutzhofen, Rutzhofen 7, Stiefenhofen, Tel. 08384-580, www.sennerei-rutzhofen.de. 5 km nördlich von Oberstaufen verbirgt sich die Sennerei vor dem Durchgangsverkehr, hier gibt es Bestes aus bester Milch; berühmt für den Emmentaler, aber auch für den Rutzhofener Parmesan und den berüchtigten Weißlacker, ansonsten viele weitere Käsesorten aus eigener Herstellung, Buttermilch, Fassbutter und nach Terminvereinbarung ist auch eine Führung möglich.

Artemisia Allgäuer Kräutergarten, Hopfen 29, Stiefenhofen, Tel. 08386-960510, www.artemisia.de. 7 km westlich von Oberstaufen stammen die Kräuter, Gewürze und Tees im Laden aus eigenem Anbau, in der Teestube kann man sie auch mit selbstgemachtem Kuchen verkosten.

Märkte

Der **Wochenmarkt** findet auf dem Marienplatz in Oberstaufen-Zentrum jeden Freitag (8–13 Uhr) statt.

Feste

Der **Staufner Fasnatziestag** – Faschingsdienstag – entstand aus der Not, als marodierende Landsknechte durchs Tal zogen und die Pest brachten. Bei Abklingen der Seuche erhielt der feinste noch lebende Bursche vom Grafen eine Fahne mit der Auflage, sie jeden Faschingsdienst durch den Ort zu tragen, das Ende der Pest war eingeläutet. Heute wird mit diversen Umzügen gefeiert und der Butz mit seinem Besen kehrt die jungen Burschen symbolisch von allem rein.

Die **Viehscheid** Mitte Sept. wird in Oberstaufen intensiv begangen, zuerst mit dem Zug der geschmückten Viecher nach hundert Tagen in den Bergen ins Tal hinunter und dann mit einem Volksfest, Blasmusik und viel Bier.

Bergbahnen

Hochgratbahn, Kabinenbahn, www.hochgrat.de, Talstation 856 m, Bergstation 1708 m, Länge 2372 m, Dauer 11,5 Min.; Sommer Berg- und Talfahrt Erw. 16,50 €, Familienkarte 41,10 €, 8.30–16.30 Uhr, Abendfahrten 17–

Spaziergang im Artemisia-Kräutergarten

Talstation Hündle – Startpunkt für Wanderungen, Wintersport und die Rodelbahn

22 Uhr; Winter Tageskarte Erw. 27,20 €, Familienkarte 68,90 €, 8.30–16 Uhr.

Imbergbahn, Kabinenbahn, www.imbergbahn.de, Talstation 913 m, Bergstation 1217 m, Länge 1230 m, Dauer gut 5 Min.; Sommer Berg- und Talfahrt Erw. 14,50 €, Familienkarte 41,50 €, unterschiedliche Fahrzeiten; Winter Tageskarte (Skiarena Steibis) Erw. 34,50 €, Familienkarte 90 €, unterschiedliche Fahrzeiten.

Sommerrodelbahn am Hündle:
850 m, 16 Steilkurven, 2 Jumps, Kinder ab 8 Jahre dürfen alleine rodeln, 5er Karte 18 €, Kinder 14 €.

Wintersport

Skipass Oberstaufen (Hündle, Thalkirchdorf, Skiarena Steibis, Hochgrat und Sinswang), 2 Tage Erw. 69 €, Kind 40 €.

28 Lifte und Bergbahnen verteilen sich auf die vier Skigebiete rund um Oberstaufen: Hochgrat, Imberg, Hündle-Thalkirchdorf und Sinswang. Alles ist drin auf den 40 km alpinen Pisten, von der familiengerechten Abfahrt mit Kleinkindern bis zur herausfordernden, steilen und buckeligen Piste in schwarz. Das Hochgrat hat mit 6 km eine der längsten Talabfahrten. Ob präparierte Pisten oder Hänge ohne Pistenkatzen, dafür mit Pulverschnee – jeder dürfte etwas finden, auch die Tourengeher mit Fellen unter den Ski oder mit Schneeschuhen.

Baden

Das **Aquaria** (Alpenstr. 5, Tel. 08386-93130, www.aquaria.de, 9–22 Uhr, 4 Std. Erw. 17 €, Kinder 9 €, Familienkarte 40 €), Erlebnishallen- und Freibad, lockt mit einer 100 m langen Wasserrutsche, Sprungtürmen, 1000 Quadratmeter Wasserlandschaft mit Bergblick und einem großzügigen Wellness-/Saunabereich.

Immenstadt

Wer kennt noch die alte Imme? Der Ingenieur Norbert Riedel hat sie zwischen 1947 bis 1951 in Immenstadt gebaut und immerhin 12.000 Einheiten ausgeliefert. Was es war? Ein Motorrad, das wegen seines leichten Gewichtes als Bergmotorrad Furore machte und den Namen der Oberallgäuer Stadt über den ganzen Alpenraum bekannt machte. Mittendrin in den Bergen liegt Immenstadt, nicht nur in der „ersten Reihe". Und das Beste: Mit dem Großen (der größte Natursee im Allgäu) und dem Kleinen Alpsee gilt es nicht nur als tolle Winterdestination, sondern ist auch zur Sommerfrische mit Badeeinlagen hervorragend geeignet.

Parkplätze sind außerordentlich rar in der Altstadt, man steuere eine der Parkflächen am Rande an, z.B. das Parkhaus südlich des Bräuhausplatzes.

1

Geschichte

1275 tauchte „Imendorf" zum ersten Mal in den Schriften auf, doch als alemannische Siedlung reichen seine Wurzeln wohl noch viel weiter zurück. Zu Beginn des 14. Jh. gehörten die Landschaften dem Grafen Montfort, der das Dorf zu „Ymenstatt" machte und stark befestigte (1360 Erhebung zur Stadt). Wie häufig im Allgäu kam der Wohlstand auch im Oberallgäu von den Webern und der Herstellung von Leinwand. Doch Immenstadt profitierte außerdem vom Salz, an dessen Handelsstraße es lag,

Blick vom Immenstädter Horn auf die Stadt heute

und dann ab 1536 vom Privileg der „Leinwandschau“, vom Kaiser höchstpersönlich verliehen. Jeder Weber in der Region musste nun in Immenstadt seine Erzeugnisse einer amtlichen Kommision vorlegen, die Sichtprüfung sollte sicherstellen, dass nur einwandfreie Qualität in den Handel kam (und natürlich musste für diesen Nachweis bezahlt werden). Nachdem der Montforter Graf Hugo XVI. mit seinem verschwenderischen Lebenswandel für eine ungeheure Schuldenlast gesorgt hatte, sah sich dessen Sohn gezwungen, im Jahr 1567 den Besitz der Familie, darunter Immenstadt, an seinen Schwager Jakob von Königsegg loszuschlagen. Der Dreißigjährige Krieg mit Plünderungen und der Ausbreitung der Pest sorgten für eine Bevölkerungsabnahme um 70%, immer wieder brannte auch danach die vornehmlich aus Holz errichtete Stadt nieder. Auf der anderen Seite sorgten die Königsegger für herrschaftliche Prachtentfaltung und machten Immenstadt zum Verwaltungszentrum des südlichen Oberallgäus, während die Wirtschaft den schwarzen Jahren von Krieg und Pest entwuchs. Die Industrialisierung Immenstadts begann im Mai 1855 mit der Gründung der „Mechanischen Bindfadenfabrik“, die langsam, aber stetig größer wurde. Bis zu 900 Personen stellten dort 3100 Tonnen Seile und Garne im Jahr her, die Energie kam aus der Wasserkraft der beiden Alpseen. 1920 fusionierte die Fabrik mit den Hanfwerken in Füssen und fertigte nun 50% der deutschen Seil- und Garnproduktion. Heute produziert eine Nachfolgefirma Klebefolien und modernes Verpackungsmaterial.

Gemeinden

Die fünf Gemeinden Immenstadt, Blaichach, Rettenberg, Burgberg und Sonthofen liegen nur wenige Kilometer auseinander, eingebettet zwischen den Berggipfeln Immenstädter Horn und Grünten und bilden die Ferienregion Alpsee-Grünten.

Sehenswertes in Immenstadt

Marienplatz

Zentrum und prächtiges Aushängeschild ist der **Marienplatz** 1 mit dem ehemaligen Königsegger Schloss. Die Mariensäule mitten auf dem Platz ist eine Stiftung der Grafen Königsegg aus dem Jahr 1773 zum Dank für das Erlöschen der Pest im Jahr 1635. Die Brunnenanlage um die Säule hat man wegen Geldmangels erst nach 200-jähriger

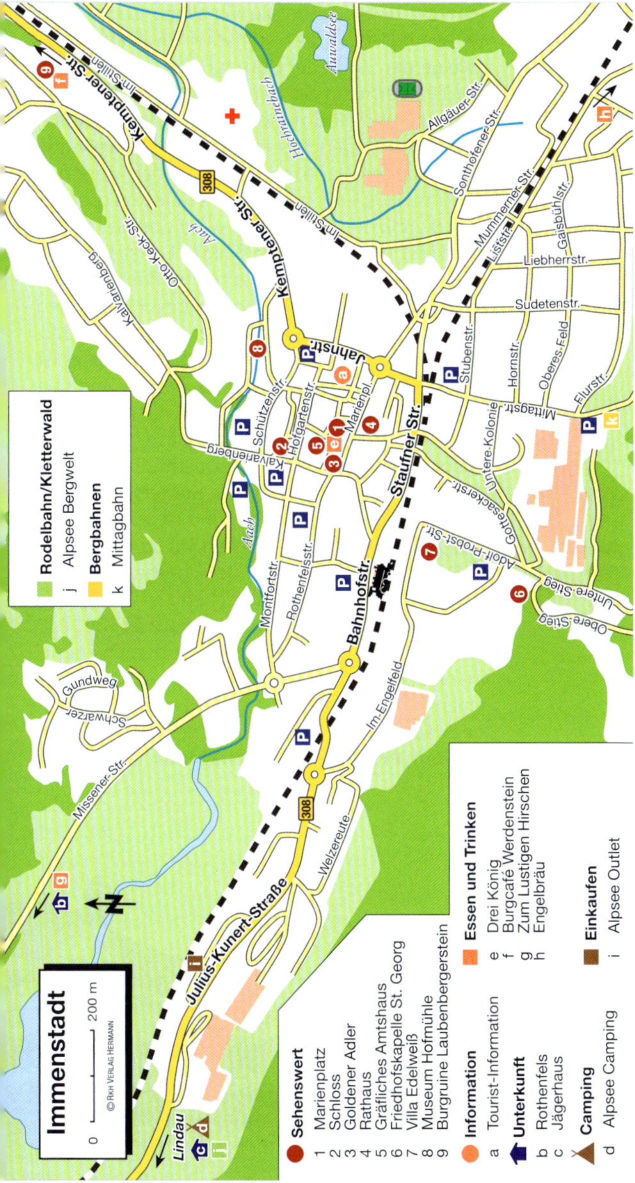
Immenstadt
0
200 m
© RKH Verlag Hermann
Sehenswert
1 Marienplatz
2 Schloss
3 Goldener Adler
4 Rathaus
5 Gräfliches Amtshaus
6 Friedhofskapelle St. Georg
7 Villa Edelweiß
8 Museum Hofmühle
9 Burgruine Laubenbergerstein
Information
a Tourist-Information
Unterkunft
b Rothenfels
c Jägerhaus
Camping
d Alpsee Camping
Essen und Trinken
e Drei König
f Burgcafé Werdenstein
g Zum Lustigen Hirschen
h Engelbräu
Einkaufen
i Alpsee Outlet
Rodelbahn/Kletterwald
j Alpsee Bergwelt
Bergbahnen
k Mittagbahn
Lindau
Julius-Kunert-Straße
308
Bahnhofstr.
Staufner Str.
Kemptener Str.
Jahnstr.
Im Stillen
Allgäuer Str.
Sonthofener Str.
Mummener Str.
Liststr.
Liebherrstr.
Gaisbühlstr.
Sudetenstr.
Stubenstr.
Hornstr.
Oberes Feld
Flurstr.
Mittagstr.
Untere Kolonie
Gottesackerstr.
Adolf-Probst-Str.
Untere Stieg
Obere Stieg
Im Engelfeld
Welzereute
Missener Str.
Schwarzer
Gundweg
Montfortstr.
Rothenfelsstr.
Kalvarienberg
Schützenstr.
Hofgartenstr.
Marienpl.
Otto-Keck-Str.
Aach
Hochrainebach
Auwaldsee

1

2010 feierte Immenstadt sein 650-jähriges Stadtjubiläum.

Planung 1988 gebaut. Die vier allegorischen Figuren symbolisieren die historischen Beschäftigungszweige der Stadt: der Hütebub die Alpwirtschaft, der Zimmermann das Handwerk, die Weberin das Gewerbe und die Strumpfformerin die Industrie.

Das den Marienplatz im Norden abschließende **Schloss** **2** entstand um 1550 unter den Montforts als Amtshaus, erweitert hatten es die Königsegger zum Beginn des 17. Jh. Sehenswert sind die reichen Stuckverzierungen im ehemaligen Festsaal (Reliefs mit Jagdszenen), der heute im Rahmen von Konzerten oder Ausstellungen besucht werden kann. (Programme über die Tourist-Information).

Das Haus Nummer 14 südlich des Schlosses ist der Gasthof **Goldener Adler** **3**, dessen Tradition ins Jahr 1360 zurückreicht. 1777 nächtigte hier Kaiser Josef II. von Österreich. Das Haus an der Südostecke wurde 1640 erbaut, vermutlich als herrschaftliches Haus eines reichen Bürgers, ging 1753 in den Besitz der Stadt über und ist seitdem **Rathaus** **4**. 1866 im neugotischen Stil umgebaut, erhielt es nach einem Brand der Obergeschosse im Jahr 1912 sein heutiges Aussehen.

Im Rathaus fand die „kaiserlich gefreite" Leinwandschau statt.

Das ehemalige **gräfliche Amtshaus** **5** von 1648 (Marienplatz 3) beherbergte einst den Oberamtmann der Grafschaft, dieser gelangte damals über einen holzverkleideten Gang vom ersten Stock seines Hauses direkt auf die Empore der dahinterliegenden **Pfarrkirche St. Nikolaus**. Einer ihrer

Marienplatz

Pfarrkirche St. Nikolaus

Vorgängerbauten geht auf das Jahr 1275 zurück, als die Pfarrei das erste Mal in die Urkunden geriet. Nach einem Brand im Jahr 1704 wurde sie unter Beibehaltung der Mauern des Langhauses wieder aufgebaut. In den Jahren 1907/8 erweiterte der Architekt Hans Schurr die Kirche und verlieh ihr die heutige Gestalt. Er plante das Gotteshaus als kreuzförmiges Gebäude und schuf durch die enorme Vergrößerung des Baus die größte Kirche des Oberallgäus. Wertvollster Besitz sind die Figuren der Pestheiligen St. Sebastian und St. Rochus von 1520/5 im Chor und die barocke Madonna mit dem Kinde von 1470 an der Südseite des Kirchenschiffes.

Stadt der Brunnen und Skulpturen:
Über 40 Wasserspiele und Skulpturen schmücken die öffentlichen Anlagen Immenstadts, eine Liste erhält man bei der Tourist-Information.

Jenseits der Eisenbahn

500 m südwestlich des Marienplatzes (auf einem Steg über die Bahnschienen) steht die **Friedhofskapelle St. Georg** 6 (Adolph-Probst-Str. 12), ein Besinnungsort von 1801, auf Fundamenten einer Kapelle von 1619 errichtet. Aus dem Jahr 1802 stammt der sehenswerte Hochaltar mit Sandsteinfiguren und Säulen aus Marmor. Wenige Schritte nach Norden prunkt auf dem Grundstück Adolph-Probst-Str. 6 die **Villa Edelweiß** 7. Das ehemalige herrschaftliche Wohnhaus des Unternehmers und Mitbesitzers der Mechanischen Bindwarenfabrik

Edmund Probst, 1882-84 im Gründerzeitstil erbaut, ist heute die städtische Musikschule.

Museum Hofmühle

Im Norden des Zentrums am anderen Ufer der Aach stellt der Heimatverein Immenstadt in einer ehemaligen Mühle (einmal die leistungsfähigste Schwabens) seine Sammlung aus. Das **Museum Hofmühle** 8 (An der Aach 14, Tel. 08323-3663, www.museum-hofmuehle.de, Mi–So 14–17 Uhr, 3 €, Kind 2 €) gibt einen guten geschichtlichen Überblick von der Stadtgründung 1360 bis zur heutigen Zeit. Modelle, Szenennachstellungen und Dioramen veranschaulichen den historischen Alltag in der Stadt – auch für Kinder durchaus kurzweilig.

Die **Burgruine Laubenbergerstein** 9 einen Kilometer von Immenstadt, zeigt die Ruinen einer der bedeutendsten Burgen des Allgäus. Die Laubenberger aus dem Westallgäu erwarben die Burg im Jahr 1240 als augsburgisches Lehen. Von Mai–Okt. kann man sich über das Museum Hofmühle (s. o.) eine Führung organisieren lassen, was ganz sinnvoll ist, da von der einstmaligen Pracht und Größe nicht mehr viel erhalten ist. Bereits 1629 hat man die Burg als Ruine eingestuft (die Laubenberger hatten schon 70 Jahre zuvor ihren Wohnsitz verlegt).

In der Umgebung Immenstadts

Das **Allgäuer Bergbauernmuseum** (Diepolz 44, Diepolz-Immenstadt, Tel. 08320-709670, www.bergbauernmuseum.de, Apr.–Okt. 10–18 Uhr, Erw. 5,50 €, Kinder 3,50 €, Familienkarte 11 €), 10 km nördlich von Immenstadt, ist insbesondere für Familien interessant. Die Kinder lernen alles zur Alpwirtschaft, zur Käserei oder Imkerei, es gibt einen Streichelzoo, einen Abenteuerspielplatz und man kann zugucken, wenn der Wagner „mächeln tut". Und sollten Kinder nur Sternehotels kennen, dann sind sie sicherlich verwundert, wenn sie die Unterkünfte der Waldarbeiter vor 100 Jahren sehen – die Rindenkoben.

Mächeln = in der Hofwerkstatt kleine praktische Dinge bauen oder reparieren – typisch Allgäu

Eingang zum Allgäuer Bergbauernmuseum

Die **Privatbrauerei Zötler** (Grüntenstr. 2, Rettenberg, Tel. 08327-92128, www.zoetler.de, Führungen Di 10.30, Do/Sa 14 Uhr, 12 €, Anmeldung erforderlich) in Rettenberg 7 km östlich von Immenstadt gilt als älteste Familienbrauerei Deutschlands. Die Besichtigung mit Führung, Multi-Media-Show und Zwickelbier-Probe endet mit einer zünftigen Bierverkostung mit Brez'n.

Mit der Lädine auf dem Alpsee

Das Gefährt ist ein Nachbau eines Lastkahns aus dem 15. Jh. (Lädine = alemannisch für „Last") und segelt über den Alpsee wie in früheren Zeiten, nur dass keine Handelswaren wie Salz, sondern Touristen befördert werden. Die **Santa Maria Loreto** (Tel. 08323-52200, www.alpseesegler.de, Mai–Okt. 14 und 16 Uhr, Dauer 1 Std., 8 €, Kinder 4 €, Familienkarte 18 €) ist 12 m lang und fasst 28 Passagiere und zwei Besatzungsmitglieder. Ganz vorsintflutlich ist sie freilich nicht, für Flauten besitzt sie einen Elektromotor und für heftiges Grimmen eine Toilette.

Blick auf Diepolz

Service Immenstadt

Information

Tourist-Information [a], Seestr. 10, 87509 Immenstadt im Allgäu, Tel. 08323-998877, www.immenstadt.de, Winter Mo–Fr 10–17 Uhr, Sommer tgl. 10–18 Uhr.

Unterkunft

Rothenfels [b], Missener Str. 60, Bühl, Tel. 08323-9190, www.hotel-rothenfels.de, DZ/F ab 100 €. 2 km nordwestlich von Immenstadt nahe dem Großen und dem Kleinen Alpsee steht das Drei-Sterne-Haus mit 31 komfortablen Zimmern an einem Südhang mit Blick auf See und Berge, Hallenbad, Wellnessbereich, Sauna.

Jägerhaus [c], Ratholz 5, Tel. 08325-225, www.gasthof-jaegerhaus.de, DZ/F um 70 €. 7 km westlich von Immenstadt an der Bundesstraße steht der Landgasthof mit 26 praktisch und freundlich eingerichteten Zimmern in Alleinlage, der Alpsee und die Alpsee-Bergwelt sind zu Fuß erreichbar, Gasthaus mit gutbürgerlicher, deutscher Küche.

Grüntenhaus, Tel. 08321-3372, www.gruentenhaus.de, Bett im Lager mit Frühstück 25 €. Das Grüntenhaus auf 1535 m unterhalb des Grünten (1738 m) 10 km östlich von Immenstadt ist eine einfache Berghütte, deren Unterkunftsmöglichkeiten limitiert sind (im Hochsommer auch im Tipi-Zelt auf den Wiesen vorm Haus); hierher kommt man aber wegen der tollen Lage in der Bergwelt und aus historischen Gründen – es ist das erste Hotel des Allgäus gewesen, gegründet von Carl Hirnbein 1854 (Anmarsch: Burgberg 2 Std., Grüntenparkplatz/Alpe Weiherle 1,5 Std.).

Camping

Alpsee Camping [d], Seestr. 25, Immenstadt (Bühl), Tel. 08323-7726, www.alpsee-camping.de, Stellplatz für zwei mit Kfz 20-35 €. Ganzjährig geöffneter Platz mit Gasthof, Minimarkt, Fahrradverleih, am Seeufer mit Liegewiese am Wasser.

Essen und Trinken

Drei König [e], Marienplatz 11, Tel. 08323-8628, www.drei-koenig.de, 10–22 Uhr, Menü ab 15 €. Seit 200 Jahren empfängt man Gäste und seit 100 Jahren in Besitz derselben Familie, einige Allgäuer Spezialitäten wie Käsezigarre, hauptsächlich aber internationale Küche (Garnelenspieß, Perlhuhn in Currysauce etc.), Zimmervermietung (DZ/F ab 66 €).

Zum Lustigen Hirschen [g], Akams 3, Tel. 08323-4915, www.lustiger-hirsch.de, Mi-Mo 9–23 Uhr, Menü um 20 €. Auch wenn die Gemütlichkeit 6 km nördlich von Immenstadt das Ergebnis eines Simulakrums ist – die vier Stuben sind neu und mit allerlei Allerlei „aufgestrapst" – das Essen ist sehr gut, und wem die heimelig-ländliche Atmosphäre zu viel wird, der setzt sich einfach auf die Terrasse; samstags kommt die Schweinshaxe frisch aus dem Ofen, am Sonntag die Bauernente und am Donnerstagabend sind Kässpatzen angesagt (die man, so man will, auch selber zubereiten darf).

Engelbräu [h], Burgberger Str. 7, Rettenberg, Tel. 08327-93000, www.engelbraeu.de, Di–So ab 10 Uhr, Menü um 15 €. 7 km östlich von Immenstadt steht der traditionsreiche Brauereigasthof, in dem seit 1668 das selbstgebraute Bier in die Krüge fließt, dazu kommen Allgäuer Spezialitäten auf die Tische der gemütlichen Gaststube, Biergarten, keinesfalls sollte man die Führung durch die Brauerei versäumen (Mi 10 Uhr, 10 € mit Zwickelspaß, Weißwurstbrotzeit und Bier).

Burgcafé Werdenstein [f], Burgweg 5, Werdenstein (6 km nördlich Immenstadt auf dem Weg hoch zur Burg), Tel. 08379-7491, Di-So 12–19 Uhr, Menü ab 15 €. Kuchen und Kaffee aber auch Herzhaftes wie Burgunderbraten oder Roulade und Brotzeit wie Wurstsalat, außerdem das Typische: Kässpatzn und Maultaschen; freundliche Bedienung, nettes Ambiente.

Einkaufen

Alpsee Outlet [i], Julius-Kunert-Str. 44, Immenstadt, Tel. 08323-12275, www.alpseeoutlet.de. Mode auf 4000 Quadratmeter von Kunert bis Levis, von Helly Hansen bis YAS.

Sennerei Diepolz, Diepolz 1, Diepolz-Immenstadt, Tel. 08320-480, www.bergkaeserei-diepolz.de. Neben dem Bergbauernmuseum (s. oben) verarbeitet die Käserei Milch von silofutterfrei ernährten Kühen aus genossenschaftlich zusammengeschlossenen Kleinhöfen zu einem ausgezeichneten und prämiierten Bergkäse (und weiteren Köstlichkeiten).

Märkte

Wochenmarkt jeden Samstag auf dem Marienplatz (8–13 Uhr).

Feste

Das **Bühler Seenachtsfest** mit Trachtenvorführungen am letzten Samstag im Juli endet mit einem riesigen Feuerwerk (www.seenachtsfest-buehl.de).

Bühl am Alpsee

Bild oben:
Am Ostufer des Großen Alpsees – im Hintergrund das Strandbad Hauser

Baden

Der **Kleine Alpsee** lädt zum Naturbaden ein, 440 m lang, 200 m breit und zwischen 4 und 6 m tief; die Liegewiesen sind im Sommer gut besucht und der Sprungturm im Wasser immer umschart; wem es zu kühl ist, der springt in das beheizte Freibad, ansonsten gibt es noch Abenteuerspielplatz, Volleyball und einen Kiosk (Tel. 08323-8720, Juni–Mitte Sept. 9–19 Uhr, 4,50 €, Kinder 2,30 €). Am **Großen Alpsee** (3260 m lang, 1000 m breit, bis 22 m tief) locken die öffentlichen (und kostenlosen) Badeplätze an der B308 und am Ostufer nahe dem Zeltplatz, wer es ruhiger liebt geht in das Strandbad Hauser (www.strandbad-hauser.de, Trieblingser Weg Tel. 08323-6341, 3,50 €, Kinder 2 €) mit See-Café.

Aktivitäten

Der **Allgäu Triathlon** im August war einer der härtesten Mitteldistanz-Wettbewerbe Deutschlands und wird seit 2011 in olympischer Distanz ausgetragen; 1,5 km Schwimmen im Großen Alpsee, 42 km Radfahren (Bräunlings-Niedersonthofen-Diepolz-Missen-Immenstadt, 600 Höhenmeter) und 10 km Laufen mit Kurs durch die Innenstadt (www.allgaeu-triathlon.de).

Rodelbahn/ Kletterwald

Mit der Doppelsesselbahn (Bergfahrt 6 €, Kinder 4,50 €, Berg und Talfahrt 9,90 €, Kinder 7,90 €) geht es von Ratholz/Gunzesried (6 km südlich Immenstadt) hinauf zur **Alpsee Bergwelt [j]** (Ratholz 24, Tel. 08325-252, www.alpsee-bergwelt.de), zur Bergstation der Rodelbahn und zu Deutschlands größtem Kletterwald. Die sommers und winters (dann nur am Wochenende und in den Ferien) geöffnete **Schienenrodelbahn Alpsee-Coaster** (Einzelfahrt 6,50 €, Kinder 5,50 €, mit Bergfahrt 11,50/9,50 €, ca. 10 Min. Abfahrtsdauer) ist mit fast 3 km Länge und 68 Kurven Deutschlands längste Rodelbahn. Kinder ab drei Jahren dürfen mitfahren, ab acht Jahren können sie alleine im Schlitten sitzen. Der **Kletterwald** (23,50 €, Kinder 18,50 €, mit Berg- und Talfahrt 31/25 €) besteht aus 14 Parcours mit 150 Elementen zwischen ein und 15 Meter Höhe, so dass für jedes Familienmitglied was dabei ist. Wer es im Winter mit dem Technischen nicht so hat, nimmt sich einfach seinen althergebrachten Rodel mit (oder mietet sich an der Talstation einen für 4 € und 25 € Pfandgebühr) und fährt auf einer der beiden **Naturrodelbahnen** (3,5 und 4,5 km Länge) auf Schnee sicher, gemütlich und ganz traditionell talwärts.

Bergbahnen

Mittagbahn [k], Mittagstr. 30, Tel. 08323-6149, www.mittagbahn.de, Doppelsesselbahn mit Mittelstation, 2230 m Länge, 730–1450 m, Berg- und Talfahrt 14 €, Kinder 9 €, Familienkarte 32 €, Winter Tageskarte 22 €, Kinder 12 €, Familienkarte 52 €.

Alpsee Bergwelt, s. bei Rodelbahn.

Die Grüntenbahn dient der Versorgung der Sendestation des Bayerischen Rundfunks am Gipfel des „Wächters des Allgäus".

1

Wanderungen

Der **Mittag** ist der Hausberg Immenstadts, misst 1451 m und ist nach der Auffahrt mit der Bergbahn ein ausgezeichneter Ausgangspunkt für Wanderungen unterschiedlicher Länge und diverser Schwierigkeitsgrade. Zwei 15-minütige und leichte Spaziergänge führen vom Gipfel zur **Alpe Oberberg** mit ihrem Sennereibetrieb (Tel. 08323-6784, www.alpe-oberberg.de, Mai–Okt.), bei dem man zusehen und vespern darf (33 Kühe geben 65.000 Liter Milch im Jahr, die zu 6 to. Käse und Butter verarbeitet werden, immer vormittags wird gekäst), und vom Gipfel des Mittag zum **Bärenkopf,** ein Weg, der sogar mit Kinderwagen gemacht werden kann. Anspruchsvoller ist die 6-stündige Wanderung vom Mittag über die Alpe Grund, das Kemptener Naturfreundehaus, Immenstädter Horn und durch das Steigbachtal hinunter nach Immenstadt.

Rasante Fahrt mit dem Alpsee-Coaster

Wer es noch herausfordernder liebt geht in sieben Stunden über **sieben Gipfel** und die Nagelfluhkette nach Steibis, einem Ortsteil von Oberstaufen. Die Gipfel: Mittag, Stuiben (1749 m), Sederer (1737 m), Buralpkopf (1772 m), Gündleskopf (1784 m), Rindalphorn (1821 m) und Hochgrat (1834 m); in Steibis geht es mit dem Bus zum Bahnhof und mit dem Zug zurück nach Immenstadt,

Die Gipfeltour zum genannten **Grünten** (wegen seiner Randlage „Wächter des Allgäus" genannt), beginnt am Parkplatz der Alpe Kammeregg südwestlich und oberhalb von Kranzegg, dauert insgesamt 4 Stunden reine Wegzeit und überwindet 660 Höhenmeter; der Weg verläuft über die Alpe Kammeregg zum Grüntengipfel mit dem Jägerdenkmal und über die Höfle Alpe und den (mit Witztafeln garnierten) Lustigen Wanderweg zurück.

Der 7 km lange, zweistündige Erlebniswanderweg **Carl-Hirnbein-Weg** zwischen Missen (11 km nordwestlich von Immenstadt) und Weitnau heißt nach dem Alpkönig Hirnbein (1807–1871), Landwirt, Politiker und Agrarreformer, der das darbenden Flachsland Allgäu („Blaues Allgäu", wegen des blau blühenden Flachses) mit seinen Hauswebereien zur florierenden Milchwirtschaft („Grünes Allgäu" mit seinen Alpwiesen) führte. Auf dem Weg erfährt man auf zahlreichen Stationen, was im Allgäu aus landwirtschaftlicher, kulturhistorischer und ökologischer Sicht bedeutend und wissenswert ist.

Wintersport

Mehr als ein Dutzend **Schneeschuhtouren** sind in der Region ausgewiesen und markiert, von der fünfstündigen Könnertour bis zur einstündigen Anfängerroute. Zahlreiche **Winterwanderwege** unterschiedlicher Länge sind geräumt und teils auch gesandet. **Langläufer** werden mit mehr als 100 km, teilweise nachts beleuchteten Langlaufpisten mehr als zufrieden gestellt; als besonders schneesichere Loipengegend gelten Knottenried und Diepolz (www.loipenparadies.de). Zahlreiche Bergbahnen und Skilifte schaufeln die **Alpinskifahrer** nach oben: Mittagbahn (2 Sessellifte, 3 Schlepplifte), Alpsee-Bergwelt (1 Sessellift, 3 Schlepplifte), Grüntenlifte (1 Sessellift, 7 Schlepplifte), Adelharz und Breitenstein (4 Schlepplifte), Gunzesried (2 Sessellifte, 5 Schlepplifte); wem das nicht genügt, der besorgt sich den Liftpass „Superschnee Allgäu-Tirol-Kleinwalsertal" und kann dann auf 550 km Pisten bergab brettern.

Sonthofen

Die südlichste Stadt Deutschlands (ihren Stadtstatus erhielt sie allerdings erst 1963) leidet ein wenig an ihrer Lage zwischen Immenstadt, Bad Hindelang und Oberstdorf und viele Touristen sausen auf der B19 auch weiter nach Süden Richtung Alpen und Kleinwalsertal. Und irgendwie haben sie schon recht, denn in Sonthofen ist nur wenig aus der Vergangenheit erhalten. So muss man sich den Anspruch „Basislager" für Sommer- und Wintersport zu sein, mit den Konkurrenten der Region teilen. Findige Planer im Stadtmarketing setzen deshalb auf das Outlet-Pferd und den Werksverkauf – fünf Outlets finden sich also im Ort oder in der unmittelbaren Umgebung.

Erstmals erwähnt wurde die Gegend um Sonthofen 839 als Siedlung Nordhovun (Nordhofen), das wohl das Gegenstück zu Südhofen war (eine Frau vermachte ihren Grundbesitz dem Kloster St. Gallen und erhielt, um die Böden zu bearbeiten und leben zu können, dafür den Niesbrauch auf Lebenszeit). Südhofen verschmolz dann mit Nordhofen, wandelte sich zu Sunthofen und schließlich zu Sonthofen. Im 13. Jh. stand die Gegend unter der Herrschaft derer von Rettenberg, wechselte mehrfach den Eigentümer und gelangte schließlich nach und nach in den Besitz des Augsburger Bischofs. 1429 verlieh Kaiser Sigismund Sonthofen die Marktrechte und die Blutgerichtsbarkeit (das Gericht durfte damit die Todesstrafe verhängen – bis 1817 stand der Galgen öffentlich an der heutigen Nordstraße).

Winterlandschaft rund um Sonthofen

1

Sonthofer Tag

Am **Sonthofer Tag** versammelten sich die aufständischen Bauern des Allgäus am 14. Februar 1525 vor der Stadt und trugen dem Grafen Wolfgang von Montfort ihre Forderungen vor (u.a. das Recht den Pfarrer zu wählen, Zahlung des Zehnten an die Gemeinde und nicht an den Herren, Aufhebung der Leibeigenschaft). Montfort lehnte ab und die Bauern unter ihrem Hauptmann Schnitzer entschieden, 5000 Mann zu stellen – den Sonthofer Haufen – und in den **Bauernkrieg** zu ziehen. Das anfängliche Kriegsglück wendete sich rasch, gegen ein Söldnerheer konnten die Haufen nicht bestehen. Sie wurden zerschlagen und im Juli desselben Jahres 18 ihrer Anführer enthauptet.

1553 erhielt Sonthofen Anschluss an die wichtige Salzstraße von Hall in Tirol; die Transporte brachten Geld in die Stadt. Der Dreißigjährige Krieg sorgte für Plünderungen durch die Schweden und Ausbruch der Pest, die Französische Revolution Ende des 18. Jahrhunderts, brachte napoleonische Truppen in die Gegend um Sonthofen, die sich hier mit den Österreichern fetzten. 1803 fiel Sonthofen an Bayern.

Zwei Männer bestimmen die Zukunft des Allgäus

Johann Althaus (1798–1876) war ein Schweizer Sennermeister aus dem Emmental, der ins Allgäu kam und 1827 den ersten Sonthofer Emmentaler reifen ließ. Bis dahin kannte man im Allgäu zwar die Käserei, die Qualität und die Haltbarkeit der Käse waren aber eher mau. Der Allgäuer Emmentaler wurde zum Begriff, die Wandlung vom blauen zum grünen Allgäu war eingeleitet. Carl Hirnbein (1807–1871) schuf mit seinem ersten „Hotel" am Grünten die Grundlage für den Tourismus im Allgäu.

Wegen der nun fast 200-jährigen Emmentaler-Produktion im Allgäu konnten die Schweizer diese Herkunftsbezeichnung nicht schützen – im Gegensatz z.B. zum Appenzeller.

Sehenswertes in Sonthofen

Allzuviel an fernem Historischen sollte man in Sonthofen nicht erwarten. Es ist eine Industriestadt und ihr mittelalterlicher Kern hat ein Bombardement zum Ende des Zweiten Weltkrieges weitgehend zerstört. Einige wenige Gebäude wurden originalgetreu wiedererrichtet, darunter die Stadtpfarrkirche

St. Michael, deren Langhaus und Turm komplett in Trümmern lag. Rund um die Kirche gruppieren sich auch die wesentlichen Sehenswürdigkeiten.

Kirche St. Michael

Bereits 1449 musste man nach einem Stadtbrand die Pfarrkirche **St. Michael** **1** (Marktstraße 33, Mo–Mi, Fr 9–12 Uhr, Do 14–17 Uhr) neu errichten, im 18. Jh. erfuhr die Innernausstattung eine Barockisierung. Nach der Kriegszerstörung 1945 entschied die Stadt sich für einen langgestreckten, 1949 fertiggestellten Saalbau. Von der reichen ehemaligen Stuckverzierung ist praktisch nichts mehr erhalten, der Hochaltar von 1759 hingegen schon, wie auch die Figuren der Kirchenväter Ambrosius, Gregor, Augustinus und Hieronymus (das Gemälde des hl. Michael ist aber von 1892). Der rechte Seitenaltar

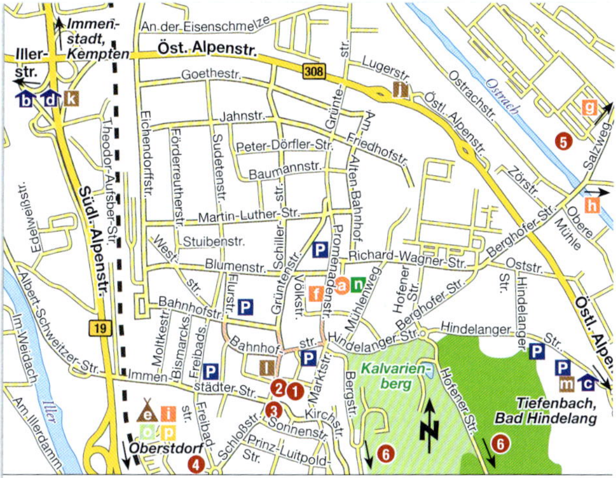

Sehenswert	**Camping**	**Sonthofen**
1 St. Michael	e Camping an der Iller	Fußgängerzone
2 Frauenkapelle		0 — 200 m
3 Stadtmuseum	**Essen und Trinken**	© RKH Verlag Hermann
4 Minimobil	f Alte Post	
5 Gebirgsjägermuseum	g Sepplwirt	**Märkte**
6 Ordensburg	h Fluhenstein	n Spitalplatz
Information	i Riedbergerhorn	**Erlebnisbaden**
a Tourist-Information		o Wonnemar
Unterkunft	**Einkaufen**	**Bergbahnen**
b Kühbergalp	j Held Biker Fashion	p Weltcup-Express
c Zengerle	k Sennerei Gunzesried	
d Waibelhof	l Land-Haus	
	m Authentic Klein	

zeigt eine Maria aus Holz mit Strahlenkranz und Lilie (um 1500). Die **Frauenkapelle** 2 direkt an der Südseite der Kirche überstand den Krieg, ihre Innenausstattung stammt vornehmlich aus der ersten Hälfte des 18. Jh.

Die Museen

Das Heimathaus gegenüber der Kirche – ursprünglich ein Bauernhof aus dem 18. Jh. – beherbergt das **Stadtmuseum** 3 (Sonnenstr. 1, Tel. 08321-3300, Di–Do, Sa/So 15–18 Uhr, 2,50 €). Schwerpunkt der Ausstellung ist die Ortsgeschichte mit Wohnkultur, religiösem Leben und Alltag, von der Arbeit bis zur Freizeit, dokumentiert mit Werkzeugen, Trachten und natürlich den Masken des berühmten, alle drei Jahre aufgeführten Sonthofer Egga-Spieles (s. unten bei Feste).

Das **Minimobil** 4 (Oberstdorferstr. 10, Tel. 08321-87717, www.minimobil-museum.de, Mi–Fr/So 11–17 Uhr, 6 €, Kinder pro Zentimeter Größe 1 Cent) ist ein Verkehrsmuseum der besonderen Art; seine Ausstellung umfasst Autos, Flugzeuge und Schiffe, die einen Überblick geben über die Geschichte des Transportwesens und des Verkehrs – mit über 18.000 Exponaten. Da ist es ein Glück, dass sie nur im Maßstab H-Null (1:87) sind und so auf 400 Quadratmeter passen.

Wer sich für Kriegskunst interessiert sollte das einzige deutsche **Gebirgsjägermuseum** 5 aufsuchen (Salzweg 24, Torgebäude, Tel. 08321-2783024, So 10–12 Uhr, Nov. bis Weihnachten

Ordensburg oberhalb der Stadt

geschl., Personalausweis mitbringen, da das Museum auf Kasernengelände liegt). Es informiert über die 1915 aufgestellte Gebirgstruppe informieren, die seit fast einem Jahrhundert an den Brennpunkten der deutschen Kriege eingesetzt wird, vom Alpenkrieg gegen Italien im Ersten Weltkrieg über Hitlers Angriff auf Norwegen im Zweiten Weltkrieg. Auch im Afghanistankrieg kämpfen Gebirgsjäger.

Ordensburg

Sonthofen war und ist ein wichtiger Garnisonsstandort. Unten im Ort liegen Grünten-Kaserne und Jägerkaserne, oben an exponierter Stelle über dem Ort die General-Beck-Kaserne – die ehemalige **Ordensburg** 6 des Dritten Reichs, heute nach einem Widerstandskämpfer gegen das Hitlerregime benannt (Generaloberst Beck). Die Anlage war eine von drei fertiggestellten Ordensburgen (eine vierte sollte durch den Umbau der Deutschritterburg von Malbork/Marienburg im heutigen Polen entstehen), Adolf-Hitler-Schule und Eliteschmiede des deutschen Faschismus. 1956, die Bundeswehr war gerade gegründet, übernahm diese von der US-Armee, die hier ebenfalls eine Schule eingerichtet hatte, die neue Bleibe für eine ihrer Ausbildungsstätten. Das monumentale Bauwerk vor Gebirgskulisse misst etwa 160 auf 90 Meter und besitzt einen veritablen Palas. Wegen der Umstrukturierungsmaßnahmen der Bundeswehr steht die „Ordensburg" derzeit in Generalsanierung, nach dem (geplanten) Abschluss 2018 sollen sich die beiden Kasernen im Ort auflösen und nach oben ziehen.

Kein Zutritt – die Ordensburg ist militärisches Sperrgebiet.

In der Umgebung Sonthofens

Berghofen

Die wichtigste Sehenswürdigkeit steht 2 km östlich des Zentrums auf dem Moränenhügel „Kirchbichl" über dem malerisch im Grünen gelegenen Sonthofener Stadtteil Berghofen – die **Kirche St. Leonhard** (Burgweg, GPS 47.522550/10.300939, tgl. 8–18 Uhr) mit in der Mitte des Langhauses aufgesetztem spitzigen Turm. Das einschiffige Langhaus geht auf das 14. Jh. zurück, zu Beginn des 15. Jh. wurde wohl der Chor angefügt und im 18. Jh. verlängerte man das Langhaus und stattete es mit Stuck aus. Schönstes Werk ist der Hochaltar von

Hans Strigel d.Ä. aus dem Jahr 1438. Er hat ihn als Flügelaltar ausgeführt, der geschlossen die hl. Katharina, Magdalena, Barbara und Margaretha zeigt, offen die hl. Cyriakus und Dionysius mit dem abgeschlagenen Haupt, Johannes den Täufer und Papst Silvester.

Burgberg und Starzachklamm

Die ehemalige Bergwerkssiedlung **Burgberg** geht auf das 11. Jh. zurück, als hier die namensgebende Burg errichtet wurde und immerhin ein halbes Jahrtausend stand, bevor sie Landsknechte im Dreißigjährigen Krieg abgefackelt haben (ein Wiederaufbau fand nicht statt). Der Eisenerzabbau stand im 15. Jh. in voller Blüte, nahm danach aber stetig ab und endete 1859; 1863 erlosch auch das Feuer im letzten Schmelzofen (die Eisenbahn hatte den Transport für qualitativ besseres Metall ins Allgäu so verbilligt, dass sich Schürfung und Verhüttung nicht mehr lohnten). Die **Erzgruben-Erlebniswelt** mit dem **Museumsdorf** (Tel. 08321-7884646, www.erzgruben.de, Mai–Okt. 10.30–17 Uhr, Führungen durch die Stollen Mitte Juli–Aug. stündlich von 10.30–14.30 Uhr ansonsten 11.30 und 14.15 Uhr, Dauer ca. 2,5 Std., Museumsdorf mit Grubenführung 7,50 €, Kinder 4,50 €, Familien 18 €, festes Schuhwerk erforderlich) erlaubt einen Einblick in das Leben der Hauer und Schmiede und an besonderen Tagen kommt in der komplett neu aufgebauten historischen Schmiede tatsächlich Eisen unter den Hammer und man darf zusehen, wie mühevoll die Herstellung von Werkzeug war. Auch wer sich für Geologie interessiert ist hier richtig – er erfährt alles über die Entstehung des Grünten.

Es gibt keine öffentliche Zufahrt zum Museumsdorf, man wandert hoch ab Burgberg in 1,5 Std. (ab Parkplatz Steinbruch oder Vitalpark), über die Starzlachklamm in 2 Std. (ab Parkplatz Winkel), oder man nimmt das Erzgrubenbähnle (modernes Zugfahrzeug mit Hängern). Es verbindet die Parkplätze mit dem Dorfzentrum von Burgberg und weiter mit dem Museumsdorf (25 Min. Fahrt, hin und zurück 7,50 €).

Die **Starzlachklamm** (Tel. 08321-615291, www.starzlachklamm.de, Apr.–Nov. 8–18 Uhr, witterungsbedingte Schließungen möglich, 2,50 €) hat die auf 1070 Meter Höhe zwischen Grünten und Wertacher Horn entspringende Starzlach in den Fels gegraben. Ihr Wasser war auch Antriebsmittel

Aufstieg auf den Grünten

für die Hammerschmieden von Burgberg. Seit 1932 ist die Klamm für Touristen erschlossen und der abenteuerlich anmutende Steig über Brücken, unter Überhängen und immer wieder rauf und runter ist ein Erlebnis. Am Wasserfall wartet dann der Gumpen auf erfrischungssuchende Wanderer, die im kühlen Nass versinken können (festes Schuhwerk und Badehose!).

Natürlich ist Burgberg auch einer der klassischen Ausgangspunkte für eine **Wanderung auf den Grünten** – den Wächter des Allgäus. Sie beginnt am gebührenpflichtigen Parkplatz der Alpe Weiherle, wenn man von Burgberg Richtung Berggasthof Alpenblick fährt. Der Weg führt hoch zum Grüntenhaus (s. Unterkunft Immenstadt), zum Gipfel mit dem Gebirgsjägerdenkmal und geht dann über die Roßberg-Alpe wieder hinunter (Dauer ca. 4,5 Std., bis auf wenige kurze Abschnitte leichte bis mittelschwere Wanderung, Einkehrmöglichkeit Gasthof Alpenblick, 1030 m, Tel. 08321-3354, www.alpenblick-burgberg.de).

Das 6 km südwestlich gelegene Ofterschwang ist alle zwei, drei Jahre Austragungsort für **Ski-Weltcups** in Slalom und Riesenslalom, ansonsten Basis für Wintersport und Sommerwanderungen, eine Bergbahn bringt die Gäste hoch zum Ofterschwanger Horn.

Service Sonthofen

Information

Tourist-Information [a], Rathausplatz 1, 87527 Sonthofen, Tel. 08321-615291, www.sonthofen.de, Mo–Fr 8–17 Uhr, Sa 9–12 Uhr, Okt.–Mai Mo–Fr 8–12 Uhr u. 13–17 Uhr, Sa 9–12 Uhr, Nov., Dez., März, April Sa geschl. (außer Weihnachtsferien).

Unterkunft

Kühbergalp [b], Kühberg 1, Blaichach, Tel. 08321-66390, http://kuehbergalp.de , DZ/F ab 100 €. 3 km nordwestlich von Sonthofen am Eingang zum Gunzesrieder Tal steht das Berghotel auf einer Alp mit tollem Blick und in absoluter Ruhe; 43 elegant-komfortable Zimmer, Wellessangebote.

Zengerle [c], Hinang 36, Hinang, Tel. 08326-7280, www.gasthof-zengerle.de, DZ/F um 60 € (mit Etagenbad ab 30 €). Kleiner Dorfgasthof mit nur drei Zimmern und einer Ferienwohnung, sehr angenehme familiäre Atmosphäre 6 km südlich Sonthofen, leckere Hausmannskost in der Gaststube.

Waibelhof [d], Tal 74, Gunzesried, Tel. 08321-4580, www.waibelhof.de, DZ/F um 100 €. 300 Jahre alter Bergbauernhof 7 km westlich Sonthofen in schöner und ruhiger Alleinlage mit Wellnessangeboten und Kneippkuren; nur vier Zimmer und Apartments, großzügig ausgestattet und mit allem Komfort, kein Restaurant.

Camping

Camping an der Iller [e], Sinwagstr. 2, Tel. 08321-2350, www.illercamping.de, Zelt mit 2 Personen und Kfz 16–20 €. 1 km südlich des Zentrums am Ufer der Iller, am Rad- und Wanderweg und nahe dem Wonnemar Erlebnisbad kann nichts passieren, da der Platz nach Feng Shui-Kriterien konzipiert wurde.

Essen und Trinken

Alte Post [f], Promenadestr. 5, Tel. 08321-2508, www.altepost-sonthofen.de, Fr–Mi 11–14.30 Uhr und ab 17 Uhr, Sa nur ab 17 Uhr, Menü 15–25 €. Gehobene Gourmetküche in heller, moderner Atmosphäre, Sitzplätze im Freien, Themenwochen.

Sepplwirt [g], Winkel 12a, Tel. 08321-787741, Mi–Mo ab 8.30 Uhr, Menü ab 10 €. Zwischen Berghofen und Burgberg befindet sich die typische Allgäuer Dorfwirtschaft mit rustikaler Atmosphäre und manchmal auch im Ton rustikalem Personal. Große Portionen zu ausgesprochen fairen Preisen und in ausreichender Qualität.

Burg-Gasthof Fluhenstein [h], Fluhensteinweg 22, Tel. 08321-7808909, Di–So ab 11 Uhr, Menü 15 €. Traditionelle Dorfwirtschaft mit schönem Biergarten in der sich der Stammtisch trifft und die Vereine ihre Treffen abhalten – was für die Preise, das Bier und das Essen spricht.

Riedbergerhorn [i], Sonderdorf 8, Bolsterlang, Tel. 08326-83499, www.riedbergerhorn.de, Fr–Mi 17–22 Uhr, Winter 11–14 und 17–22 Uhr, Menü um 20 €. Traditioneller Allgäuer Gasthof in einem Weiler südlich Sonthofen mit gutbürgerlicher Küche und gemütlicher Ausstattung, freitags ist Schweinshaxentag (was für protestantische Betreiber spricht).

Einkaufen

Held Biker Fashion [j], Factory Outlet, Tel. 08321-664631, Östliche Alpenstr. 32, die feine Motorradkleidung geht hier günstig über den Tresen und wer noch eine kleine Anpassung für den perfekten Sitz benötigt – eine Änderungsschneiderei ist ebenfalls verfügbar.

Sennerei Gunzesried [k], Talstr. 32, Blaichach, Tel. 08321-84109, www.gunzesrieder-bergkaese.de. Beste silagefreie Milch von 14 Bauern, die sich schon 1892 zusammengeschlossen haben; am bekanntesten ist der Bergkäse und für Feinschmecker ist das Nonplusultra insbesondere der ein Jahr lang gereifte.

Land-Haus [l], Schlossstr. 4, Tel. 08321-800058, www.trachten-landhaus.de. Landhausmode zu günstigen Preisen im Lagerverkauf.

Authentic Klein [m], Imbergerstr. 17, Tel. 08321-672440, www.authentic-klein.de. Sportbekleidung und Mode im Fabrikverkauf (wer die Marke nicht kennt: Klein stellt u.a. die Anzüge der deutschen Skispringer und Kombinierer her!).

Feste

Vor dem Rathaus zeigt der Brunnen einige Protagonisten des nur alle drei Jahre aufgeführten **Egga-Spieles** (nur für den Fall, dass man zur unrechten Zeit in Sonthofen ist); das nächste Mal zu Fasnacht 2019 (dann 2022, 2025 ...) setzen die Mitspieler die aus alemannischer Zeit tradierten Holzmasken auf und ziehen durch die Stadt. Die Spielfiguren sind streng definiert: Bauer, Bäuerin, Bue (Bub), Föhl (Mädchen), Knecht, Magd, Pferde, Kuh, Molle (Stier), Katze, Hund, Sau, Gockel und Geißbock. Nach dem Umzug beginnt das Spiel, vor der Markthalle bestellen Bauer, Bäuerin, Knecht und Magd ein Feld, aber die Hexe bringt alles durcheinander; am Ende wird sie gefangen und im Funkenfeuer „verbrannt".

Märkte

Jeden Samstag (7–12 Uhr) findet auf dem **Spitalplatz [n]** der Wochenmarkt statt.

Wanderungen

Die **Hörnertour** (3,5 Std., einfache Tour, familiengerecht) startet in Ofterschwang, mit dem Sessellift Weltcup-Express geht es hinauf auf 1320 m zur Bergstation knapp 100 m unter dem Gipfel. Man nimmt den Panoramaweg bis zum Weiherkopf und steigt dort nach Bolsterlang ab (dann mit dem Linienbus wieder nach Ofterschwang).

1

Badespaß im Wonnemar

Bergbahnen

Weltcup-Express [p], Panoramaweg 7, Ofterschwang, Tel. 08321-67030, www.go-ofterschwang.de. Vierer-Sesselbahn, Höhendifferenz 435, Länge 1500 m, Auffahrt 8/9 Min., Dez.–Apr. 8.30–16 Uhr, Mai–Okt. 9–16.30 Uhr, Winter Tageskarte 36 €, Kinder 17 €, Sommer Berg- und Talfahrt 14,50 €, Kinder 8,50 €.

Skifahren

Das Skigebiet am **Ofterschwanger Horn** ist mit Liften von Ofterschwang und von Gunzesried aus erreichbar. Insgesamt sieben Schlepp- und Sessellifte stehen zur Verfügung, auf vier Talabfahrten geht es hinunter.

Erlebnis-baden

Das **Wonnemar [o]** (Stadionweg 5, Tel. 08321-780970, www.wonnemar.de, Mai–Sept. 10–21 Uhr, Winterhalbjahr bis 22 Uhr, Komplettzugang 4 Std. 24 €, Kinder 22 €, Familien 61 €, nur Spass- und Sportbad 13/10,50/37,50 €) bietet Saunawelt, Spa und Sport- und Erlebnisbad mit Rutschenturm, Kinderwelt, Außenbecken, Whirlpools etc.

Bitte schreiben oder mailen Sie (verlag@rkh-reisefuehrer.de), wenn sich in Allgäu Dinge verändert haben oder Sie Neues wissen. Wir beantworten jede Zuschrift. Danke!

Bad Hindelang

Genau so, wie man sich vorstellt, dass ein Allgäuer Dorf in die Landschaft gebettet sein sollte, ist Bad Hindelang – ein Bilderbuch aus bewaldeten Hängen, grünüberwachsenen Bergen, schroffen Gipfeln, Wiesen und Weiden und zufriedenen Kühen im Ostrachtal zwischen Bayern und Tirol. Die Gemeinde Bad Hindelang besteht aus mehreren Ortsteilen: Bad Hindelang selbst, Vorderhindelang, Bad Oberdorf und Hinterstein unten im Tal auf 800–850 m Meereshöhe ausgebreitet, Ober- und Unterjoch am Jochpass auf 1100 m Höhe (Oberjoch bezeichnet sich als Deutschlands höchstgelegenes Bergdorf). Vermögend war man hier von jeher, verlief doch die Salzstraße von Tirol zum Bodensee durchs Tal hoch zum Jochpass. Und schon immer kamen die Menschen wegen der Natur hierher, nicht erst in der Neuzeit. Bereits der Fürstbischof von Trier (1739–1812), zu dessen Sprengel Hindelang gehörte, wusste die Natur und die reiche Jagd zu schätzen und blieb Zeit seines Lebens der Gegend treu. Und die Leute im Tal? Stolz sind sie auf ihre Vergangenheit, auf ihre Kultur und ihr Brauchtum. Dass es gepflegt wird, hat also nur in zweiter Linie etwas mit Tourismus zu tun.

1

Geschichte

Seinen Ursprung nahm Bad Hindelang mit einer Burg der Edlen von Hundilanc, die um 1000 die Gegend besaßen. 1170 tauchte die Ortsbezeichnung Hundilang erstmals in den Schriften auf. 1377 kam Hindelang zur Pfarrei Sonthofen, erhielt 1429 von den Augsburger Fürstbischöfen Marktrechte und wurde 1435 eigenständige Pfarrei. Im Jahr 1540, Hindelang war noch eine verschlafene Ortschaft, ging das ganze Tal an die Grafen von Montfort; diese bauten die Jochstraße nach Tirol und damit den Salzhandel aus – der Reichtum fiel übers Tal, jeden Tag fuhren Dutzende Wagen auf der holprigen Straße. Auch der Erzabbau, die Verhüttung und die Waffen- und Werkzeugproduktion in zahlreichen Schmieden trugen dazu bei. 1529 errichteten die Fugger einen Stutenhof zur Züchtung der

Pferde für ihre Post- und Transportgeschäfte. Ab 1564 fiel alles an die Augsburger Fürstbischöfe, nach der Säkularisation im Jahr 1803 ging Bad Hindelang an das Königreich Bayern.

Nicht Tirol!

1796 versuchten napoleonische Soldaten von Hindelang aus über den Jochberg ins Tannheimer Tal in Tirol vorzudringen. Eine Truppe der Habsburger, unterstützt von Bauern, schlug die zahlenmäßig weit überlegenen Franzosen derart zurück, „dass sich dia erscht am Bodensee zum erschten Mal wieder umdreht händ". Jedes Jahr am 17. September feiern die Tannheimer Tiroler die Wiederkehr des Tages (schulfrei, Läden zu, böllern, beten, feiern).

1880 baute der Alpenverein das Prinz-Luitpold-Haus in die Berge und in Hindelang gründete sich der Verein „Das engere Vaterland", der zwei Jahre später zum „Verkehrs- und Kurverein" umfirmierte – der Beginn des Tourismus. 1890 zählte man bereits 250 Gäste und 3500 Übernachtungen, 1900 erhob der Prinzregent Luitpold den Ortsteil *Oberdorf* zum Bad und Kurort, 1905 hielt das erste Mal ein Postbus der neu gegründeten Kraftpostlinie. In den 1930er Jahren sanierte man die Straße über den Jochpass (und nutzte sie zur Versorgung der Wehrmachtsfront in Italien 1944/45). 1965 bekam Hindelang das Prädikat „Heilklimatischer und Kneippkurort" und 2002 endlich den heißersehnten Titel „Bad".

Sehenswertes in Bad Hindelang

Bad Hindelang

Das **Jagdschloss** (Marktstr. 9) der Augsburger Fürstbischöfe nutzt heute der erste Bürgermeister als Amtssitz – das Rathaus. Der Fürstbischof Erzherzog von Tirol Sigismund Franz ließ es 1660 errichten. Nach einer Odyssee durch die Hände mehrerer Besitzer fiel es schließlich an die Gemeinde. Zu besichtigen ist in der ersten Etage die ehemalige Hauskapelle, der einzige erhaltene frühbarocke Profansaal Schwabens, heute für Trauungen genutzt (Besichtigung in trauungsfreier Zeit möglich, Mo–Fr 8.20-12, Do auch 14-18 Uhr, Tel. 08324-892202). Zu sehen sind Gewölbestukkaturen, ein fürstbischöfliches Wappen und ein wertvoller Kachelofen des Rokoko. Gleich südlich (Schlossplatz 2) steht das ehemalige Gestüt der Fugger – der Stutenhof.

Zwischen den **Rodstationen** war durch die Rodordnung genau festgelegt, in welcher Reihenfolge die Fuhrleute zu fahren hatten (Rod = Reihe).

Die **Salzfaktorei** (Marktstr. 31) wurde als Rodstation 1671 gebaut, hier hielten jeden Tag durchschnittlich 90 Fuhrwerke (im Winter pferdebespannte Schlitten) und ließen vom Faktor ihre Salzladung abgabepflichtig verbuchen.

Bad Oberdorf

Oberdorf schließt gleich östlich an Hindelang an. Unbedingt ansehen sollte man sich die Hindelanger **Filialkirche hl. Jodokus.** (Richard-Mahn-Straße, tgl. 8–18 Uhr). Sie geht auf die Jahre 1937/38 zurück (und zeigt sich im damaligen gar nicht mal so unschönen Baustil) und hieß erst Mariä Himmelfahrt. Als die benachbarte Kapelle St. Jodokus 1950 wegen Baufälligkeit abgerissen werden musste, übernahm das 1938 erbaute Gotteshaus ihren Namen und ihr wunderschönes Kunstwerk, das **Tafelbild „Unsere Liebe Frau im Ostrachtal"** (1493) von Hans Holbein d.Ä. mit ikonenhaftem Einschlag und holländischen Anleihen. Es befindet sich in der Kapelle des nördlichen Seitenschiffes. Der herrliche **Schnitzaltar** (1519) stand ursprünglich in der Dreifaltigkeitskirche (heute evangelisch) und stammt von Jörg Lederer – sein Meisterwerk. Mittelpunkt ist die Krönung Marias unter feinstgeschnitztem Baldachin.

Konrad Zuse im Allgäu

Der Wissenschaftler Zuse (1910–1995) gilt heute anerkanntermaßen als der Vater des Computers. Seine ersten Erfolge in der Anwendung von Rechenmaschinen hatte er in der Rüstungsindustrie des Dritten Reichs. Nach dessen Ende flüchtete er nach Hinterstein und kam schließlich 1946 nach Hopferau im Ostallgäu und entwickelte Hardware und Software weiter (der Welt erste höhere Programmiersprache – das Plankalkül – stammte von ihm). Dort rechnete schließlich der erste kommerziell eingesetzte Computer der Welt. Und was? Die Milchrechnung einer Sennerei!

Hinterstein Das **Kutschenmuseum** (Dammweg, Hinterstein, am „Parkplatz auf der Höh" parken, 15 Min. Gehzeit, tgl. 8–20 Uhr, 2016 wg. Renovierung geschl., Wiedereröffnung für 2017 geplant) versteckt sich abseits der Straße im Naturschutzgebiet „Allgäuer Hochalpen" und ist nur zu Fuß erreichbar. Ist man dort, verbergen sich die Gefährte (Kutschen und Schlitten) in einem Stadel, das der Künstler Martin Weber nach eigenem Gusto ausgestaltet hat und in dem, in historische Gewänder geworfene, Schaufensterpuppen und ausgestopfte Tiere wie Fuchs, Wolf und Pferd die Szenerie bevölkern. Geradezu gruselig ist der Leichenwagen aus Böhmen.

Die Hammerschmieden Hindelang war eines der Zentren der deutschen Waffenproduktion im Mittelalter – in Hochkonjunktur-Zeiten wurden im Jahr bis zu 5000 Landsknecht-Spieße hergestellt, für die damalige Zeit eine gewaltige

Kirche Unserer Lieben Frau im Ostrachtal und St. Jodokus

Produktion. Drei Hammerschmieden kann man heute noch besuchen. Die Albert Scholl Hammerschmiede (Hornweg 3, Tel. 08324-581, www.hammerschmiede-scholl.de, Mo–Fr 10–12 und 13.30–15.30 Uhr), die ehemalige **Obere Hammerschmiede,** ist die älteste im Tal (Ende des 14. Jh.) und wird wie eh und je mit Wasser betrieben – wenn der Hammer fällt, erzittern die Böden und die Ohren klingeln. Heute werden keine Waffen mehr produziert, sondern Pfannen und Werkzeug. Die Franz Scholl Hammerschmiede (Schmittenweg 17, Tel. 08324-1230, www.hammerschmiede-badoberdorf.de, Mo–Fr 8.30–12 Uhr u. 13.30–16 Uhr, Sa 8.30–12 Uhr), die ehemalige **Hartmann's Hammerschmiede,** wurde 1500 erbaut und mit vier Hämmern ausgestattet. Auch hier entstehen hauptsächlich die begehrten geschmiedeten Pfannen – aber auch noch Hellebarden, Saufedern, Schwerter, Morgensterne und Streitäxte, wie sie Sammler eben gerne an die Wand hängen oder wie sie bei mittelalterlichen Festivitäten von den Protagonisten getragen werden. Dritte im Bunde ist die **Nessler Hammerschmiede** (Hintersteinerstr. 23, www.nessler-metallverarbeitung.de, Tel. 08324-1478, Besuch nach telefonischer Anmeldung), ihr heutiger Besitzer ist Kunstschmied und unter den drei hängenden Hämmern in der um 1500 errichteten „Schmitte" entstehen neben Pfannen auch Geländer, Gitter und Grabkreuze

Die Jochbergstraße war jahrzehntelang Schauplatz eines Bergrennens an dem u.a. Rudolf Caracciola und Hans Stuck teilnahmen, heute gibt es zur Erinnerung Anfang Okt. die Memorial & Historic Rallye (www.jochpassrennen.de).

Service Bad Hindelang

Information

Tourist-Information, Unterer Buigenweg 2, 87541 Bad Hindelang, Tel. 08324–8920, www.bad-hindelang.info, Mo–Fr 9–17 Uhr, Sa 10–12 Uhr, Sommer auch So 9–12 Uhr.

Tourist-Information, Jochpass 1, 87541 Oberjoch, Tel. 08324–7709, Mo–Fr 9–13, 14–17 Uhr, Sa 9–12 Uhr.

Unterkunft

Sonne, Marktstraße 15, Tel. 08324-8970, www.sonne-hindelang.de, DZ/F ab 140 € (in der Hochsaison nur Halbpension für 99 €/Person). „Romantik"-Hotel in der Mitte von Bad Hindelang mit 57 Zimmern und Apartments, Wellnesseinrichtungen.

Prinz-Luitpold-Bad, Andreas-Groß-Str. 9, Bad Oberdorf, Tel. 08324-8900, www.luitpoldbad.de, DZ/F ab 155 €. Seit den Anfängen des Allgäu-Tourismus gibt es das Hotel (1864) und die Lage bei der Schwefelquelle machte es zum ersten Kur- und „Wellness"-Hotel der Region; 80 Zimmer unterschiedlicher Kategorie (von der Barock-Suite bis zum einfachen Doppelzimmer), Hallen- und Freibad, Kuranwendungen und ein Publikum, das jedes Jahr wieder kommt.

Haflingerhof, Ornachstr. 29, Oberjoch Tel. 08324-7698, www.haflingerhof.de, Ferienwohnung für zwei mit Frühstück ab 70 €. Vier-Sterne-Biobauernhof mit Pferden, alles allergiegerecht, Topausstattung, Kutschenfahrten und wer will, bekommt die Vollpension à la carte im benachbarten Wirtshaus Kematsried.

Prinz-Luitpold-Haus, Traditions-Berghütte am Hochvogel auf 1846 m Höhe, www.prinz-luitpoldhaus.de, Mai–Sept., Bett im Zimmer 16 € (DAV-Mitglieder, sonst 26 €), Lager 10 € (Nicht-Mitglieder 20 €). 260 Lager und 20 Betten in hochalpiner Umgebung, „Basislager" für die Ersteigung des Hochvogel (2595 m, 3 Std. ab der Hütte), Anmarsch zur Hütte ab Giebelhaus 3 Std. (Bushaltestelle Giebelhaus, Pendelbus, Fahrplan www.wechs.net/busverkehr, Tel. 08324-93230, Einzelfahrt um 5 €).

Camping

Camping Bergheimat, Passstr. 60, Oberjoch, Tel. 08324-7108, www.camping-bergheimat.de, Zelt für zwei und Kfz 54 € mit Kurtaxe (Nutzung der Lifte, teilweise auch der Gästebusse und Bäder frei). Ganzjährig offener Platz in den Bergen an einem Hang in Terrassenlage, Gaststätte mit Allgäuer Küche.

Essen und Trinken

Zur Traube, Am Sohler 14, Vorderhindelang, Tel. 08324-454, 10–21 Uhr, Menü um 12 €. Dorfgasthof, der auch von Einheimischen gerne aufgesucht wird, reelle und schmackhafte Allgäuer Hausmannskost.

Obere Mühle, Ostrachstraße 40, Bad Hindelang, Tel. 08324-2857, www.obere-muehle.de, Mi–So 16–24 Uhr, Mo 18–23 Uhr, Menü ab 35 €. Hotelrestaurant, das sehr feine Küche serviert, mit dem festen Menü ist man besten beraten, bayerischer Rustikalschick in bestem Sinne.

Kematsried, Ornachstr. 31, Oberjoch, Tel. 08324-7365, http://wirtshaus-kematsried.de, Do–Mo 11–21 Uhr, Mi 17–21 Uhr, Menü ab 20 €. Nahe Deutschlands höchstgelegenem Bauernhof werden in gemütlicher Berghofatmosphäre ausgezeichnet zubereitete Gerichte serviert wie Saltimbocca vom Hirschrücken auf hausgemachten Steinpilznudeln aber auch ganz profan köstliche Kässpatzen oder selbstgemachter Leberkäse.

Moorhütte, Passstr. 51, Oberjoch, Tel. 08324-7249, www.moor-huette.de, Mo–Mi 10–18 Uhr, Do–So 10–22 Uhr, Menü Tageskarte um 15 €, abendliches Gourmet-

Bad Oberdorf

1

menü um 30 €. Der Chef hat in Deutschlands bekanntesten Häusern gelernt und so erhält man abends das Beste vom Besten zu erschwinglichen Preisen (der Patron schießt das Wild selbst), tagsüber wird Einfacheres gereicht, gemütliche Berghütten-Atmosphäre, nicht überkandidelt, sondern einfach nur einfach und angenehm.

Giebelhaus, Tel. 08324-8146, www.giebelhaus.de, tgl. 25. Dez. bis 31. Okt., Menü um 10 €. 10 km nördlich von Hinterstein im Hochtal der Galtalpen auf 1087 m (Anfahrt mit einem stündlich verkehrenden Pendelbus oder dreistündiger Anmarsch, im Winter am schönsten mit dem Pferdeschlitten, im Sommer mit der Kutsche, Kontakt unter Tel.08324-8219), Berggasthof mit Tradition seit 1928; eine Reichsmark kostet das Menü heute nicht mehr, die Portionen sind aber nach wie vor reichlich und die Atmosphäre ist urig bis gemütlich.

Einkaufen

Schlitten stellt der Wagner Finkel her und verkauft sie in Finkels Holzlädle (Kurze Gasse 2, Bad Oberdorf, Tel. 08324-2822), für Touristen die kleinen, für die Landwirte und den Holztransport die großen.
Handgeschmiedete Pfannen sind der Renner in Hindelang, Verkauf in den Hammerschmieden (s. oben).

Alphörner erwirbt man beim Instrumentenbauer Herbert Wechs in Hinterstein (Tel. 08324-953783 oder 2448, www.wechs-volksmusik.de).

Die **Bioschaukäserei Obere Mühle** (Tel. 08324-973534, www.obere-muehle.de, tgl. 10–13 und 14–18 Uhr) kann man besuchen und zusehen, wie Bergkäse, Emmentaler, Weißschimmel- und Rotschmierkäse entsteht (und ihn kaufen).

Feste

Beim **Viehscheid** am 11. September (fällt dieser auf einen Sonntag, dann am 10. September) treiben die Senner eintausend braune Rinder ins Tal und in die heimatlichen Ställe – ein Ereignis das ganze Massen ins Ostracher Tal zieht. Auf dem Krämermarkt und im Bierzelt wird danach der Alpabtrieb gefeiert.

Ausgehen

Das **Hindelanger Bauerntheater** (Kurhaus Bad Hindelang) führt seine Stücke seit 1861 auf, immer sind es Laien, die die ländlichen Komödien geben. Die Hintersteiner wollten auch auf die Bühne und gründeten 1924 das **Hintersteiner Bauerntheater** (Festhalle Hinterstein), das im Jahr etwa 15 Mal spielt (Mai–Okt.). Eines ist beiden Bühnen gemeinsam: „Nordlichter" müssen sich schon sehr feinfühlig einhören, um die Pointen der Mundartschauspieler zu verstehen (außer sie besuchen eine der – extra für Gäste von außerhalb „weichgespülten" – Aufführungen). Wegen der Karten wende man sich an die Tourist-Information.

Baden

Die **Prinze-Gumpe** (Auf dem Buck 6, Hinterstein, Eintritt frei) ist ein durch den aus dem Gebirge abfließenden Zipfelsbach gespeistes und deshalb bedingungslos erfrischendes Naturfreibad, das bereits der Prinzregent Luitpold im 19. Jh. zu nutzen wusste. Die Infrastruktur der Anlage wurde 1998 modernisiert, das Restaurant Buck-Winkel bietet Erfrischungen auf seiner Terrasse.

Das **Hochmoorschwimmbad** (Passstr. 53, Oberjoch, Tel. 08324-7709, Mitte Juni bis Anfang Sept., Eintritt frei) gegenüber dem Campingplatz „Bergheimat" besitzt neben dem naturbelassenen Moorwasser-Becken ein Schlammbecken und eine große Liegewiese, versorgen kann man sich in der Moorhütte (Kinderspielplatz).

Naturbad Hindelang, Ostrachstr. 21, Tel. 08324-953056, www.20gradbad.de, Mai–Sept. 9–19 Uhr, Tageskarte 3,90 €, Kinder 2,70 €, Familienkarte 9 €. Modernes Freibad, das mit einer Wärmepumpe auf mindestens 20 Grad gehalten wird und dessen Reinigung biologisch erfolgt, also eine gelungene Mischung aus Frei- und Naturbad, großzügige Liegewiese, Biergarten.

Bergbahnen

Hornbahn, Ostrachstr. 20, Tel. 08324-2404, www.hornbahn-hindelang.de, 8er Gondelbahn, Höhendifferenz 520 m, Bergstation 1320 m, 1423 m Länge, Fahrzeit 5 Min., 9–16/17 Uhr, Sommer Berg- und Talfahrt 14 €, Kinder 8 €, Winter Tageskarte 21 €, Kinder 15 €.

Iselerbahn, Passstr. 44, Tel. 08324-973614, www.bergbahnen-hindelang-oberjoch.de, 6er Sessellift, Höhendifferenz 400 m, Bergstation 1563 m, 1443 m Länge, Fahrzeit 6 Min., 8.30/9–16 Uhr (bei Flutlichtskifahren längere Öffnungszeiten), Sommer Berg- und Talfahrt 11 €, Kinder 7 €, Winter Tageskarte 23 €, Kinder 16 €.

Skifahren

Das **Skigebiet am Jochpass** besitzt sechs Schlepp- und Sessellifte, drei schwere Abfahrten (schwarz), elf mittelschwere Pisten und vier einfache Abfahrten, Ausrüstung mit Schneekanonen und Flutlicht, Funpark. Schneekinderland ist ein Lern-, Action- und Spielbereich mit Märchenwald.

Rodeln

Von der **Hornalpe** (Bergfahrt mit der Gondelbahn) führen drei Rodelbahnen von jeweils 3,5 km Länge ins Tal hinunter.

Wandern

Wer nicht alleine wandern, klettern oder mit den Schneeschuhen stapfen will, wendet sich an das **Hindelanger Bergführerbüro** (Hauptstr. 28, Tel. 08324-953650, www.bergschulen.de).

Auf dem **Schmugglersteig** nach Tirol geht es auf einem für Familien konzipierten Wanderspiel zwischen der Talstation der Iselerbahn und der Talstation der Tiroler Wannenjochbahn (www.tannheimer-bergbahnen.at, zurück dann mit dem Wanderbus). Entscheiden müssen sich die Mitspieler zu Beginn, ob sie lieber Zöllner oder Schmuggler sind, dann werden sie ausgebildet und müssen auf der Wanderung diverse Stationen absolvieren (reine Gehzeit mit Kindern 3–4,5 Std.).

Den **Salewa Klettersteig** gibt es seit 2008 (gebaut von Hindelanger Bergführern und finanziert von der Bergsportausrüstungsfirma Salewa). Er gilt als einer der schönsten des Allgäus (nur für Geübte). Ausgangspunkt ist die Talstation der Iselerbahn (mit ihr hoch oder in ca. 90 Min. zu Fuß). Von der Bergstation sind es 20 Min. zum Einstieg. 1–1,5 Std. dauert der teils anspruchsvolle, teils durch Nordorientierung auch sehr rutschige und für die Arme ermüdende Weg hoch zum Gipfel des Iseler. Der zweite Abschnitt geht rüber zum Gipfel des Gühkund und führt dann zurück zur Bergstation (ab Bergstation insgesamt ca. 4 Std., komplette Klettersteigausrüstung und Helm). Insofern für Familien geeignet, als ein Teil auf dem gut ausgebauten Wanderweg zum Gipfel kommt, während sich der Rest das Adrenalin gibt.

Aussichtspunkt vom Oberjoch

Oberstdorf

Oberstdorf, heilklimatischer Kurort auf über 800 m, liegt in einem ausgedehnten Tal, windgeschützt und mit überdurchschnittlich vielen Sonnenstunden gesegnet. Saftige Weiden, bewaldete Kuppen und felsige Gipfel bestimmen das Panorama rund um den Kessel, in den sieben Täler münden. Im Sommer und im Winter ist das „Dorf" bei Touristen ein gleichermaßen beliebtes Ziel für die Erholungswochen. Fast doppelt so viele Gästebetten wie Einwohner (10.000) hat Oberstdorf und ist in der Hochsaison regelmäßig ausgebucht. Doch die Massen verlieren sich. Mit den Ortsteilen Oberstdorf, Kornau, Reichenbach, Rubi und Schöllang umfasst Oberstdorf eine Markungsfläche von 230 Quadratkilometern und steht damit in Bayern an dritter Stelle – und 75% dieser Fläche sind geschützte Landschaften.

Geschichte

Oberstdorf war ursprünglich eine Alemannensiedlung, deren Bewohner Ackerbau betrieben; später stand in der Gegend ein Meierhof, ein Amtsguthof wohl der Montforts, Kirche und Pfarrei kamen hinzu und 1141 fand Oberstdorf erstmals Erwähnung in den Urkunden. Zahlreiche Adelsfamilien hatten hier Grundbesitz, Rettenbergs, Montforts und Mühleggs, aber auch die Klöster waren beteiligt (Isny, Kempten). Schließlich erwarben 1351 die Herren von Heimenhofen Oberstdorf. Gut 100 Jahre später war dann alles in Besitz der Fürstbischöfe Augsburgs. 1495 erhielt Oberstdorf Marktrecht und ein Hochgericht. 1518 wurde es dann ein erstes Mal Kurort – Hugo von Montfort errichtete ein Bad an der Tiefenbacher Schwefelquelle und wer hineinstieg, dem wurde das „Feber" niedrig.

Panorama Oberstdorf

1865 war für Oberstdorf das Katastrophenjahr: am 6. Mai brannte ein Haus und vom Wind angefacht, griff das Feuer auf die Schindeldächer fast des ganzen Dorfes über, am Ende waren zwei Drittel des Hausbestandes verkohlt, darunter auch die drei Gasthöfe. Doch in den folgenden zwei Jahren entstand Oberstdorf neu – und man war schlau, kalkulierte bereits mit zunehmenden Besucherzahlen und sah Unterkunftsmöglichkeiten vor. Und tatsächlich, ab da ging es Schlag auf Schlag: 1868 der erste behördlich anerkannte Bergführer, 1869 Gründung des Deutschen Alpenvereines, 1872 Gründung des „Verschönerungsvereines", der sich um den Ausbau der Wanderwege kümmerte, Berghütten wurden errichtet, 1883 die Moorseen in der Umgebung für das Baden zugänglich gemacht,1888 erhielt man Eisenbahnanschluss, 1890 kam es zu ersten Kneippschen Anwendungen und 1891 würdigte schließlich das „Handbuch für Sommerfrischler und Bergfahrer" Oberstdorf als klimatischen. Kurort. Fast am Ziel. 1902 war es dann endgültig passiert – der Skilauf eroberte die Alpen. 1910 fanden die ersten Allgäuer Skimeisterschaften statt.

Rekordsprung: Auf der Haldenschanze springt Bruno Biehler aus Leutkirch 22 Meter weit und wird Sieger – 1910; heute ist Oberstdorf einer der Austragungsorte der Vierschanzentournee.

Sehenswertes in Oberstdorf

Das **Heimatmuseum** **1** (Oststr. 13, Tel. 08322 5470, www.oberstdorf-heimatmuseum.de, Di–Sa 10–12 Uhr u. 14–17.30 Uhr, bei Regenwetter auch So, April/Mai/Nov./Dez. eingeschränkte Öffnungszeiten, 3 €) residiert seit 1932 in einem Haus aus dem 17. Jh., das den Brand 1865 überdauerte. In über drei Dutzend Räumen ist die Geschichte Oberstdorfs aufgefächert, die Landwirtschaft in den Bergen und die Entstehung des Tourismus. Einer der Schwerpunkte bildet natürlich das Brauchtum mit dem „Wilde Mändle".

Die Wilden Männer von Oberstdorf:

Der **Wilde-Mändle-Tanz** ist ein ehemals in den gesamten Alpen verbreiteter archaischer Brauch, der sich aber nur in Oberstdorf in seiner ursprünglichen Form erhalten hat. Die älteste bekannte Beschreibung stammt aus dem Jahr 615, niedergeschrieben von einem Abt. Als 1648, nach dem Ende des Dreißigjährigen Krieges, die Pest in Oberstdorf wütete und 800 Opfer forderte, tanzten die Burschen den Wilde-Mändle-Tanz und trieben den schwarzen Tod aus dem Dorf. Nur alteingesessene Oberstdorfer haben die Ehre, am Tanz mitzumachen. Sie kleiden sich in ein Gewand aus Tannenbart – eine Moosflechte aus dem Hochgebirge – lediglich die Augen sind zu sehen. Den Kopf ziert ein Kranz aus der Stechpalme, die Hüfte ein Gurt aus Tannenzweigen. Wie aus dem Urwald entsprungen sehen die Gestalten aus und erst recht, wenn sie zu der einfachen, aber sehr schnellen Melodie tanzen und springen. Alle fünf Jahre (2015, 2020 ...) treten die wilden Männer in Oberstdorf auf (als Spielaufführung in einer Veranstaltungshalle und auch auf freiem Feld, Juni bis Sept., zwei Mal im Monat). Träger der Veranstaltung ist der Trachtenverein, der den Wilde-Mändle-Tanz nicht als Touristenattraktion sieht, sondern als Auftrag, die Kultur vergangener Zeiten zu wahren (www.trachtenverein-oberstdorf.de).

Die **katholische Seelenkapelle** 2 ist eines der wenigen Gebäude, das dem Brand von 1865 entging. Erbaut hat man sie Ende des 15. Jh. als Beinhaus der östlich stehenden Pfarrkirche, 1931 wurde sie zur Kriegergedächtniskapelle für die Toten des Ersten Weltkrieges umgewidmet. Die Bemalung der Nordseite stammt aus der Mitte des 16. Jh. Von der **Pfarrkirche** 3 St. Johannes der Täufer sind nur noch der Turm und Teile der Langhauswände von dem 1419 errichteten Vorgängerbau erhalten.

Loreto-kapellen

Hauptsächlich im 17. Jh. entstanden im deutschen Sprachraum **Loretokapellen** 4 – einmal als Pilgerstätten, zum anderen als Kernplätze der Missionierung im Zuge der Rekatholisierung der an Protestanten verlorenen Regionen. Sie nahmen Bezug auf die „Casa santa" der Heiligen Familie von Nazareth am Wallfahrtsort Loreto in Mittelitalien.

Auch nach Oberstdorf zogen nun die Wallfahrer, hatte es doch gleich drei der Kapellen zu bieten. Die erste – **die Appachkapelle** – 1493 geweiht, steht unterhalb des Krappberges 1 km südlich von Oberstdorf als oktogonaler Zentralbau. Der Name könnte sich auf den Bach Stillach beziehen, der hier einmal vorbeifloss, des Öfteren für Überschwemmungen sorgte und mit dem Kapellenbau besänftigt werden sollte. Im Inneren sind Fresken aus der Mitte des 16. Jh. zu sehen, die 1994 freigelegt wurden. 1643 kam ein Kreuzweg mit (unüblichen) zehn Bildstöcken hinzu und die Geschichte der Oberstdorfer Wallfahrten begann. Der Grundstein für die **Kapelle Maria Loreto** kam 1657 in die

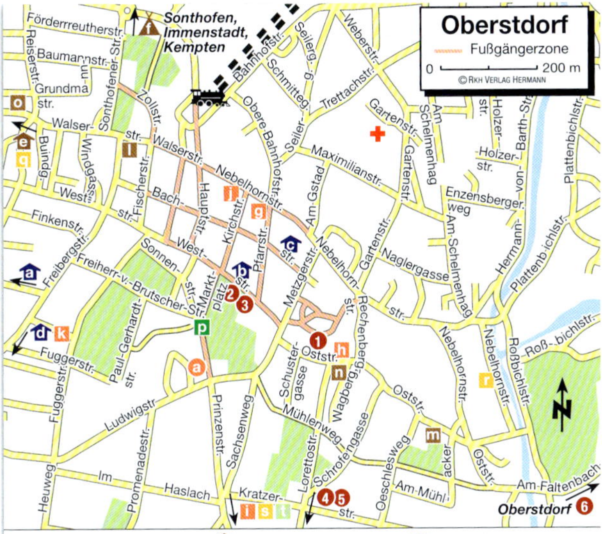

Sehenswert

1 Heimatmuseum
2 Kath. Seelenkapelle
3 Pfarrkirche
4 Loretokapellen
5 Heini-Klopfer-Schiflugschanze
6 Schattenbergschanze

Information

a Tourist-Information

Unterkunft

a Alpenhof
b Mohren
c Landgasthof Augustiner
d Landhaus Freiberg

Jugendherberge

e Jugendherberge Oberstdorf

Camping

f Camping Oberstdorf

Essen und Trinken

g Zum Schmied
h Wilde Männle
i Laiter
j Essatelier Strauss/ Allgäuer Stuben
k Maximilians

Einkaufen

l Penninger
m Oberstdorfer Holzschnitzerei
n Allgäuer Gebirgstracht
o Korbflechterei

Märkte

p Wochenmarkt

Bergbahnen

q Söllereckbahn
r Nebelhornbahn
s Fellhornbahn

Golfen

t Golfclub Oberstdorf

Wallfahrtsgottesdienste
in Maria Loreto: Dienstag 19 Uhr, Samstag 9 Uhr.

Erde; sie ist das eigentliche Heiligtum der Wallfahrten. Ihr verehrtes Gnadenbild aus Ton aus dem 16. Jh. schmückte ursprünglich die Appach-Kapelle und steht heute im Zentrum des Rokokoaltars (1741); es stammt aus den Händen des Füssener Meisters Anton Sturm und ist wundertätig, zumindest vermerken dies die Annalen. Schon beim ersten Gottesdiensttag am 1. Oktober 1658 ist „... dabey das erste Wunderzeichen geschehen mit einem todten Kind des Michael Bratt welches wieder lebendig worden und ohn Tauf gestorben ist, aber nach der Tauf wieder gestorben sein soll."

1661 wollte man den zahlreichen Wallfahrern eine Unterkunft bieten und es entstand an der Stelle des Zollhauses das Benefiziatenhaus (Lorettostr. 40) als Pilgerherberge. 1671 ließ man schließlich das dritte Kirchlein errichten – **die Kapelle St. Joseph,** der Abschluss des Kreuzweges. 1673 fand die erste der großen Lechtaler Prozessionen statt, die aus dem Lechtal herüberzogen und erst 1803 mit der Säkularisation eingestellt wurden.

Speditionsgeschäfte: Loreto bei Ancona wurde zum Wallfahrtsort, weil, so sagt die Legende, Engel das Geburtshaus der Muttergottes, zum Schutz vor türkischen Heidenhänden, im Jahr 1291 ausflogen und es nach einigen Zwischenstationen in Kroatien und Italien (wo man sie mehrfach beim Transport sichtete) 1295 nach Loreto brachten.

In der Umgebung von Oberstdorf

Breitachklamm

Sieben Kilometer westlich von Oberstdorf ist die **Breitachklamm** fast 100 Meter tief in die Erde gegraben (Klammstr. 45, Tiefenbach bei Oberstdorf, Busanfahrt vom Bushof Oberstdorf zum oberen Eingang an der Walserschanze und zum unteren bei Tiefenbach, Tel. 98322-4887, www.breitachklamm.com, 8–17 Uhr, Winter 9–16 Uhr, während der Schneeschmelze ist die Klamm gesperrt, 4 €, Kinder 1,50 €). Senkrecht stehen die Felswände, dunkel ist es, feucht und es gischtet und sprüht, Moose bewachsen die Steine und Farnwedel sattgrün. Seit

Jan.–März geht es nachts auf **Fackelwanderungen** durch die Klamm (Di, Fr 19 Uhr, 5 €, Kinder 2,50 €) und im ganzen Winter sind die fantastischen, bizarren Eisgebilde überaus eindrucksvoll.

1905 ist das Naturwunder eine Touristenattraktion, die mit 7000 Sprengschüssen und einem Jahr Bauzeit an den Pfaden und Steigen, an den Brücken und Leitern gangbar wurde. Die Breitach quillt aus drei Zuflüssen im Kleinwalsertal und murmelt zu Tale. In der Schneeschmelze aber, oder nach starken Regenfällen, wird sie zum Untier: 1995 verlegte ihr ein Felssturz den Weg und sie staute sich zu einem 200 m langen See auf. Am 23. März 1996 brach sie durch, tobte durch die Schlucht und zerstörte alle Einrichtungen. Entstanden ist die Klamm vor 10.000 Jahren, als der Breitachgletscher abschmolz und seine Wasser sich in das Kalkgestein fräste. Es blieb eine 2500 Meter lange Schlucht, eine der tiefsten Europas. Die Wanderung durch die Klamm dauert talwärts und bergwärts jeweils eine Stunde, an beiden Seiten sind Kassenhäuschen. Eine **Rundwanderung** vom Gasthof Breitachklamm (Klammstr. 45/46, Tiefenbach bei Oberstdorf, Tel. 08322-4643, www.gasthaus-breitachklamm.de, Do–Di 9/10–18 Uhr,Fr–So bis 20 Uhr) über die Talkasse durch die Klamm zur Bergkasse und über den Zwingsteg und die Dornachalpe zurück zum Gasthof dauert ca. 1,5 Std. Am unteren Eingang informiert ein **naturkundliches Zentrum** über das Naturwunder.

1

Breitachklamm

Sturmanns Höhle

Warm anziehen! Sturmanns Höhle ist auch im Sommer vier Grad kalt!

Sturmanns Höhle (Haubenegg, Obermaiselstein, Tel. 08326-38309, www.sturmannshoehle.de, Sommer 9.30–16.30 Uhr, Winter 11–16 Uhr jeweils stündlich Führungen, ca. 30 Min. Dauer, 4 €, Kinder 2,50 €) liegt einen guten Kilometer südlich des Ortszentrums von Obermaiselstein (10 km nordwestlich von Oberstdorf) und erlaubt tiefe Einblicke ins Erdinnere, so wie es sich vor 120 Mio. Jahren schon präsentiert hat. 180 Stufen muss man bewältigen und auf 300 m passiert man Drachentor, Höhlenrachen und -bach und schließlich den Höhlenkessel. Zu Fuß kommt man vom Haus des Gastes in Obermaiselstein (Tel. 08326-277, kostenfreier Parkplatz) in 20 Min. zum Kassenhäuschen (hier sehr kleiner Parkplatz) und dann in weiteren 10 Min. (ca. 50 Höhenmeter) hoch zum Höhleneingang.

Schanzen

Die **Heini-Klopfer-Skiflugschanze** **5**, (www.skiflugschanze-oberstdorf.de), 4 km südlich von Oberstdorf am Südufer des Freibergsees, ist der Welt drittgrößte Schanze. Der Sprungrekord steht bei 225,5 Meter, der Name kommt vom Architekten und Skispringer Klopfer, der auf der von ihm geplanten Vorgängerschanze 90 Meter erreichte. Berühmt ist der heutige Sprungturm, der freitragend und schräg in den Himmel ragt (in ihm ein Schrägaufzug für die Springer). Das Auftaktspringen der Vierschanzentournee findet allerdings nicht hier statt, sondern auf der **Schattenbergschanze** **6** an den Flanken des Nebelhorns. Deren Anlage besteht aus der Groß-, einer Normalschanze und drei Übungsschanzen, der Auslauf endet in der Erdinger-Arena.

Fahrspaß: Von Obermaiselstein führt mit Steigungen bis 16% eine steile Passstraße über den 1407 m hohen **Riedbergpass** (Deutschlands höchster!) hinüber nach Österreich in den Bregenzer Wald (das 1420 m ausweisende Straßenschild schummelt!). Die Passstraße ist die kürzeste Verbindung vom (österreichischen) Kleinwalsertal in die Bezirkshauptstadt Bregenz und ist ganzjährig befahrbar.

Wanderungen

Sieben Täler münden in den Talkessel von Oberstdorf und mit ihren Verzweigungen bilden sie eine erkleckliche Zahl an Wanderzielen.

1

Stillachtal

Morgennebel in Einödsbach

Das **Stillachtal** zieht sich nach Süden und wird weiter oben zum südwestlich verlaufenden Rappenalptal. Im Tal befinden sich die Heini-Klopfer-Schanze am Freibergbadesee und die Talstation der Fellhornbahn, die Winter- und Sommerurlauber den Übergang zum Kleinwalsertal bzw. zur Kanzelwandbahn ermöglicht. Im Tal liegt mit **Einödsbach** (1114 m) auch die südlichste Siedlung Deutschlands (nur mit dem Bus anfahrbar).

Die Stellung wahrt heute wohl nur noch ein Gasthaus (mit Schlafmöglichkeit). Der Name „Einödsbach" spricht hier im wahrsten Sinne des Wortes für sich!

Von ihr geht es in knappen vier Stunden über die Petersalpe und über die Enzianhütte (1804 m, Tel. 0170-7931655, www.enzianhuette-oberstdorf.de, Juni–Mitte Okt., Unterkunft auch mit Doppelzimmern und Verpflegung) zur herrlich gelegenen **Rappenseehütte** (2091 m, Tel. 0171-2631250, www.rappenseehuette.de, Mitte Juni–Sept., Unterkunft in Mehrbettzimmern und Lager, Verpflegung). Hier beginnt der **Heilbronner Weg** – ein leichterer Klettersteig, der dennoch nur gut ausgerüstet und nur von trittsicheren Wanderern begangen werden sollte. Er führt in zehn Stunden Gehzeit, am Hohen Licht (2652 m) und der Mädelegabel (2646 m) vorbei, hinunter nach Spielmannsau in das Trettachtal. Er wurde vor über 100 Jahren konzipiert und war einer der ersten versicherten Steige im Allgäu. Wer am selben Tag absteigen will, sollte dies über die Waltenberghütte und das **Bacherloch** machen, ein kleiner Talkessel, in den im Winter die Lawinen abgehen; wegen seiner Schattenlage schmilzt der Schnee dort auch im Sommer nicht. Wer von Einödsbach in das **Rappenalptal** wandert, gelangt schließlich zum Sattel **Haldenwanger Eck,** dem südlichsten Fleck Deutschlands (1931 m, gute 3 Std.) am Dreiländerpunkt Bayern, Tirol, Voralberg mit der Grenzmarkierung Nr. 147 auf 1883 m Höhe.

Trettachtal

Das autofreie **Trettachtal** verläuft etwas östlicher als das Stillachtal aber ist auch südlich ausgerichtet und setzt sich in Traufbach- und Gerstrubental (auch Dietersbachtal genannt) fort. Es gilt als eines der schönsten Täler der Region mit grünen Weiden, umstanden von 2000er Gipfeln. Ein schöne und leichte, wenn auch mit 5 Std. hin und zurück (170 Höhenmeter) recht lange Wanderung, führt ab Oberstdorf (Parkplatz Renksteg) ins Tal hinein. Es geht am Golfplatz vorbei zum **Christlessee.** In dessen Umgebung sind mehrere Quellen gefasst und versorgen mit ihrem absolut reinen und unbehandelten Mineralwasser die Haushalte von Oberstdorf. Wie blaues Glas liegt die Wasserfläche und reflektiert ganzjährig die Sonne; mit einer durchgehenden Wassertemperatur von vier Grad friert der See nie zu. Vorbei an der Kapelle Christi Geburt (1695, beachtenswert ist die bäuerliche Bemalung des Flügelaltars von 1658), gelangt man nach **Spielmannsau** mit seinem Berggasthof (s. bei Unterkunft). Zurück geht man auf demselben Weg oder wählt eine der Varianten.

Wer noch weiter will, wandert auf einem **Rundweg** (2 Std., 200 Höhenmeter) nach Gerstruben ins gleichnamige Tal und an den schönen Wasserfällen der **Höll-tobel-Klamm** vorbei über den Christlessee wieder zurück nach Spielmannsau oder direkt nach Oberstdorf. **Gerstruben** ist ein

Großer Krottenkopf

Der höchste Gipfel des Allgäus (2657 m) steht auf österreichischem Boden und ist am besten von der Kemptener Hütte aus zu erreichen (Tel. 08322-700152, www.kemptner-huette.de, Mitte Juni–Mitte Okt., Verpflegung, Unterkunft). Der Aufstieg beginnt in Spielmannsau, die Hütte ist nach 2,5 Std. erreicht. Der Anstieg zum Gipfel dauert ab der Hütte weitere 3 Std. (Abstieg zur Hütte 2 Std.).

romantisch-idyllischer Gebirgsweiler mit nur fünf Häusern und einer Kapelle. eine Gründung von Walsern (www.gerstruben.de). Einst das höchstgelegene Dorf Deutschlands (1155 m), heute ein Museumsdorf, da die Bergbauern die Siedlung Ende des 19. Jh. aufgegeben haben. Zu beschwerlich war das Leben hier oben, im Winter wochenlang abgeschnitten von allem. Die Häuser sind zwischen 400 und 500 Jahre alt, eines von ihnen, das **Jakobe-Haus** (meist Do 17–18 Uhr, aber nicht verlässlich), ist zum Museum umfunktioniert und zeigt sich so, wie es einst die Besitzerfamilie Jakob bewohnt hatte – der Traum einer Berghütte und ein Alptraum für das tägliche Leben. Wer die Öffnungszeit verpasst hat, labt mit Panoramasicht Leib und Seele im **Gerstrubener Gasthof** (Tel. 08322-959290, 9–18 Uhr, außer im Sommer Mo Ruhetag).

Und wer *dann* noch weiter will, nimmt die **Höfats** (2259 m) in Angriff, ein Massiv aus vier Einzelgipfeln, mit bis zu 80 Grad extrem steilen, grasbewachsenen Flanken, nur etwas für wirklich Geübte und Trittsichere, besonders wenn die Wiesen nass sind. Das eindrucksvolle Felsgebilde (das vielleicht wildeste des Allgäus) war bis in die 1920er Jahre berühmt für seinen Edelweißreichtum, bis schließlich extra zu dessen Schutz und wegen der vielen Todesstürze von „Edelweiß-Wilderern" die Allgäuer ihre Bergwacht gegründet haben. Hinauf zum Westgipfel (2257 m) dauert es von Gerstruben aus 3,5 Std.

Oytal

Im für den Autoverkehr gesperrten **Oytal** fließt der Oybach von Osten kommend Richtung Oberstdorf und Iller an steilen Grashängen und felsiger Hochgebirgskulisse vorbei. Eine der schönsten (und mit 8 Std. anstrengendsten) Wanderungen des Allgäus beginnt allerdings nicht im Tal, sondern in luftiger Höhe an der Bergstation der Sektion II der Nebelhornbahn (Höfatsblick), der Weg zum **Laufbacher Eck.** Der Höhenweg oberhalb 2000 m verläuft zuerst zum Zeigersattel oberhalb des Seealpsees, an den beiden Seeköpfen vorbei zum Schochensattel und mit Wegversicherungen unterhalb des Schochen zum Laufbacher Eck. Über den Himmeleck-Sattel geht es dann hinunter zur **Käser-Alpe** (1406 m, Tel. 08326-366592 , Juni–Okt., Brotzeit und selbstgemachter Käse) am Talschluss des Oytales. Ein weiteres Highlight ist der **Stuibenfall** unterhalb der Käser-Alpe. Nach guten Regenfällen weist eine hohe Gischtwolke den Weg (die auch Namensgeber war: „Stiebender Fall"). 25 Meter fällt das Wasser vom Alpboden der Käser-Alpe herunter. Nächste Station ist das **Oytalhaus** (Oytal 1, Tel. 08322-80381, www.oytalhaus.de, tgl. ab 10 Uhr, Winter Sa geschl., Menü ab 15 €) mit sehr guter Küche (unbedingt die Maultaschen vom Wild probieren!). Wer die sich ziehenden Latscherei von hier nach Oberstdorf (5 km) vermeiden will, mietet sich einen der Bergroller aus (ab 15 Uhr, Miete 6 €) mit denen es wesentlich schneller bergab geht (alternativ kann man auch eine der Kutschen/Schlitten mieten, mit denen Gäste von Oberstdorf hochgefahren sind). Doch vor der Abfahrt sollte man noch einen Blick ins kleine **Alpinmuseum** (Tel. 08322-80381, 9–17 Uhr) werfen. Ein Film zeigt die Allgäuer Alpen aus der Vogelperspektive und Kinder können währenddessen die Natur in Fühlkästen „begreifen".

Oberhalb des Oytales verläuft der **Hindelanger Klettersteig.** Er ist lange und anstrengend, aber man wird mit Rundblicken von der Zugspitze bis in die Schweizer Zentralalpen, auf den Allgäuer Hauptkamm und in die Talebenen belohnt. Die Gesamttour dauert etwa 6,5 Std. davon ist ab dem Nebelhorn (2224 m, Auffahrt mit der Bergbahn) ein 5 km langer Abschnitt als Gratwanderung, der nur teilweise versichert ist, zu bewältigen. Da es immer wieder auf und ab geht, kommen ganz schön viel Höhenmeter zusammen. Insgesamt bestehen die

Blick vom Nebelhorn auf den Seealpsee

Sicherungen aus 110 m Leitern und 800 m Drahtseile. Nur geübte und für einen Klettersteig ausgerüstete Wanderer sollten ihn in Angriff nehmen. Vom Großen Daumen (2280 m) geht es abschließend hinunter zum Laufbichelsee und vor dem See über das Koblat zurück zur Nebelhornbahn.

Rohrmoostal Das **Rohrmoostal** (auch Starzlachtal) beginnt westlich von Oberstdorf südlich des Ortsteiles Tiefenbach und wird von der Starzlach durchflossen. Im Winter ist es wegen seiner Schneesicherheit das Ziel von Langläufern und Schneeschuhgehern, im Sommer von Spaziergängern, Wanderern und Mountainbikern. 12 km sind es auf der im letzten Drittel mautpflichtigen Straße (Kfz 5 €) von Oberstdorf hinein in den Besitz der Fürsten von Waldburg-Wolfegg, der seit dem Jahr 1500 über 5000 ha umfasst. Auf 1070 m ist der nun wirklich überschaubare Weiler **Rohrmoos** Ausgangspunkt für diverse Wanderungen. Vor dem Abmarsch sollte man unbedingt einen Blick in die beim Berggasthof Rohrmoos (s. bei Unterkunft) stehende **Kapelle St. Anna** werfen – es ist die älteste Holzkapelle Süddeutschlands, 1568 errichtet. Das einschiffige Kirchlein mit seiner Schindelfassade und einem Türmchen, das den Namen gar nicht verdient, ist ein kulturgeschichtlicher Leckerbissen: die volkstümliche Bemalung des Inneren von 1587 gilt in ihrer Vollständigkeit als einzigartig. Besonders eindrucksvoll ist das Gemälde des jüngsten Gerichtes an der Westwand, einem zeitgenössischen holländischen Stich nachempfunden. Oberhalb der Altarplatte am Sockel sind die Wappen der Fürsten von Waldburg und Zimmern zu sehen.

Geisalpbach Die Ufer des **Geisalpbaches** sind zwar geographisch ein Tal, nicht aber namenshistorisch (die Einheimischen hatten es nie als Tal gesehen). Doch wenn man auf sieben Täler kommen will, die in den Kessel münden, muss man die Schlucht des Baches zum siebten Tal erheben (das im Übrigen nach demselben Prinzip wie die anderen Täler das Geröll in der Eiszeit ausgeschliffen hat). Eine schöne Wanderung verläuft von Reichenbach (867 m) durch den beeindruckenden **Gaisbachtobel** und über die **Gaisalpe** (60 Min. ab Reichenbach, auch Untere

Richteralpe, 1149 m, Tel. 0171-5538613, Mai–Okt., Brotzeit) zu Füßen des Rubihornes hoch zum Unteren Gaisalpsee (1 Std. ab Gaisalpe, 1508 m, von hier Abzweig hoch zum Rubihorn 2 Std.) und weiter über den Oberen Gaisalpsee (1769 m) zur **Bergstation Höfatsblick** (3 Std. ab Gaisalpe, 1927 m) der Sektion II der Nebelhornbahn.

Breitach und Iller

Das **Breitachtal** oder **Kleinwalsertal** ist das größte der einmündenden Täler, das, nach Südwesten, in die österreichische Urlaubsregion führt (s. unten). Im Norden verlässt das **Obere Illertal** den Oberstdorfer Kessel Richtung Sonthofen.

Service Oberstdorf

Information

Tourist-Information [a], Prinzregenten-Platz 1, 87561 Oberstdorf, Tel. 08322-7000, www.oberstdorf.de, Mo–Fr 9–17 Uhr, Sa 9.30–12 Uhr.

Unterkunft

Alpenhof [a], Fellhornstr. 36, Tel. 08322-96020, www.alpenhof-oberstdorf.de, DZ/F ab 200 €. Mindestaufenthalt während der Hochsaison sieben Tage. Großhotel der Best-Western-Kette mit dennoch persönlicher Führung und allen Annehmlichkeiten.

Mohren [b], Marktplatz 6, Tel. 08322-9120, www.hotel-mohren.de, DZ/F einfache Kategorie je nach Saison 150–280 €. Urlaubshotel der Vier-Sterne-Kategorie im Zentrum mit einladendem Äußeren und elegantem Inneren, 66 Zimmer, kleines Wellnesszentrum.

Landgasthof zum Augustiner [c], Bachstr. 4–6, Tel. 08322-9873979, www.landgasthof-zum-augustiner.de, DZ/F um 100 €. Gasthof im Zentrum mit 14 Zimmern im Landhausstil, Restaurant mit bayerischer Küche (Di geschl.).

Landhaus Freiberg [d], Freibergstr. 21, Tel. 08322-96780, www.landhaus-freiberg.de, DZ/F ab 170 €. Deutschlands vielleicht kleinstes Vier-Sterne-Hotel, südlich des Freibergsees, im Designstil mit nur acht Zimmern und ausgezeichnetem Restaurant; überschaubarer Fitnessbereich.

Rohrmoos, Rohrmoos 5, Tel. 08322-4417, www.rohrmoos.de, DZ/F um 100 €. Berggasthof 12 km westlich von Oberstdorf im gleichnamigen Tal, sieben angenehm und gemütlich möblierte Zimmer und ein gutes Restaurant mit holzgetäfelten Stuben und alpenländischer und internationaler Landküche („Rohrmooser Powidl-Datscherln").

Spielmannsau, Trettachtal, Tel. 08322-3015, www.spielmannsau.de, DZ/HP um 100 € (bei fünftägigem Aufenthalt). Berggasthof 7,5 km südlich von Oberstdorf auf 1000 m im Trettachtal in absolut ruhiger Lage, da nur angemeldete Hotelgäste mit dem Auto anfahren dürfen; 16

teils komfortable, gemütliche Zimmer, gutes Frühstück und Regionalküche.

Jugendherberge

Mountain Hostel, Trettachtal/Spielmannsau 3, Tel. 08322-9870580, www.mountain-hostel.de, Ü/F 21-25 €. Hostel in einem Holzblockhaus von 1921 in toller ruhiger Lage am Talschluss, Schlafen in Mehrbettzimmern, Möglichkeit zur Selbstversorgung

Jugendherberge Oberstdorf [e], Kornau 8, Tel. 08322-98750, www.oberstdorf.jugendherberge.de, Bett/F ab 24,50 €. Die südlichste Jugendherberge Deutschlands liegt auf 930 m an einem idyllischen und ruhigen Sonnenhang 4 km westlich von Oberstdorf, 200 Betten, Familienzimmer mit eigenem Bad.

Camping

Camping Oberstdorf [f], Rubingerstr. 16, Tel. 08322-6525, www.camping-oberstdorf.de, Zelt mit 2 Personen und Kfz um 20 €. Ganzjährig geöffneter Platz, 1 km nördlich des Zentrums in der Natur, gute Basis für Wanderer und Wintersportler (Langlauf), Imbissmöglichkeit, Kiosk.

Essen und Trinken

Zum Schmied [g], Pfarrstr. 13, Tel. 08322-2872, www.wirtschaft-zum-schmied.de, 10–24 Uhr, Menü um 15 €. Dorfgasthof im Ort mit gemütlicher Holzeinrichtung und Stammtisch-Atmosphäre, gradlinige Küche zu fairen Preisen.

Wilde Männle [h], Oststr. 15, Tel. 08322-4829, www.wm-oberstdorf.de, Fr–Mi 10–1 Uhr, ab 15 €. Allgäuer Spezialitätenküche mit Gerichten wie Bauernenten-Gröst'l, Maultaschen, Bratensulz, Brauereigulasch oder Schweinebraten in Dunkelbiersauce, auch vegetarische Gerichte.

Laiter [i], Laiter 5, Tel. 08322-4860, www.laiter.de, Di–So ab 10 Uhr, Menü 10–15 €. Ausflugsgaststätte mit schöner Terrasse mit Blick auf die Berge südlich des Freibergsees, die Forellen kommen aus dem eigenen Teich, das Fleisch vom eigenen Bergbauernhof, die Schlachtung findet in der Hausmetzgerei statt und wenn es Wild sein soll, der Chef jagt selbst – was will man mehr!

Essatelier Strauss/Allgäuer Stuben [j], Laiter 5, Tel. 08322-4860, www.laiter.de, Di–So ab 10 Uhr, Menü 10–15 €. Ausflugsgaststätte mit schöner Terrasse, Blick auf die Berge südlich des Freibergsees, die Forellen kommen aus dem eigenen Teich, das Fleisch vom eigenen Bergbauernhof, die Schlachtung findet in der Hausmetzgerei statt und wenn es Wild sein soll, der Chef jagt selbst – was will man mehr!

Maximilians [k], Freibergstr. 21, Tel. 08322-96780, www.das-maximilians.de, Mo–Sa ab 18 Uhr, dreigängiges Menü ab 40 €. Michelinstern, Gault-Millau-Hauben, Varta-Stern – wer herkommt ins Restaurant des Landhotel Freiberg isst mehr als drei Gänge und lässt sich auch bei der Weinauswahl nicht lumpen, elegante, helle Einrichtung, zuvorkommendes – und wie die Küche – prämiiertes Personal. Gerichte wie „Allerlei von der Schwarzwurzel –

Ravioli, Törtchen, gebrannte Creme, Süppchen" oder „Kalbsbries & Kalbskopf mit weißem Karottenmousseline, Gemüse und Specknockerl".

Alpe Schlappold

Die Alpe (Tel. 0151-16584673, Mai–Okt.) auf 1710 m erreicht man am einfachsten mit der Fellhornbahn und anschließendem 30 Min. Spaziergang auf gutem, kinderwagengeeignetem Weg. Seit 300 Jahren wird hier oben genossenschaftlich organisiert **Käse** hergestellt, bis zu 1000 Liter Milch werden jeden Tag verarbeitet und die übrig gebliebene Molke nährt auch noch die Bergschweine. Wer den hochgelobten und prämierten Käse haben will, muss schon hochkommen. Dann kann er den Hochalpbergkäse probieren und ein rechtes Stück auch mit nach Hause nehmen. Nur im Winter, wenn die Alp zu ist, wird er versendet (übers Telefon oder das Internet bestellen, www.alpe-schlappold.de).

Einkaufen

Die Firma **Penninger [l]** (mit Stammsitz in Niederbayern) hat in Oberstdorf einen seiner Läden [l] (Schraudolphstr. 8, Tel. 08322-959322, www.penninger.de, Mo–Fr 10–18 Uhr, Sa 10–13.00 Uhr); das Schönste für „Schnapsliebhaber" ist die kostenlose Verkostung der Spezialitäten

Im Laden der **Oberstdorfer Holzschnitzerei [m]** (Oststr. 36, Tel. 08322-3929, www.oberstdorfer-holzschnitzerei.de) wird Holzbildhauerei in allen erdenklichen Größen und mit weltlichen und sakralen Themen verkauft; Schwerpunkt sind die Krippen.

Allgäuer Gebirgstracht [n] bietet Leder-Eberhart an (Oststr. 18a, Tel. 08322-3329, www.leder-eberhart.de): für den Herren weißes Hemd, Edelweißhosenträger, grauer Kerntuchjanker, graue Strümpfe, Bundschuhe, Lederhose.

Zu jeder Tracht gehört ein **Gamsbart** an den Hut, doch keinesfalls eine Fälschung (die es bereits für wenige Euro gibt). Otto Schall (Karatsbichlweg 10, Tel. 08322-4780) ist der einzig verbliebene „Gemsbartbinder", und eines seiner Kunstwerke kostet schon mal 1000 € (für einen Bart braucht es fünf Gemsen und er besteht aus bis zu zehntausend Haaren, die den Tieren – meist Lawinenopfer – herausgezupft werden); und man ist sicher, dass es keine wasserstoffperoxidgebleichten Rosshaare sind.

Der Brunnenmacher (Söllengasse 1, Schöllang, Tel. 08326-8132, www.gartenmoebel-tannheimer.de) Toni Tannheimer ist einer der wenigen noch verbliebenen Handwerker, die für das rechte Almfeeling sorgen können. Auch im Vorgarten macht sich so ein Brunnenn nicht schlecht – und wem er zu groß ist, hier gibt's auch schöne Gartenmöbel.

Märkte

Mai bis Okt. findet der **Wochenmarkt [p]** immer am Samstag (8–13 Uhr) auf dem Marktplatz und in der Prinzenstraße statt, im Winter am Samstag im Oberstdorfhaus.

Feste

Der **Oberstdorfer Musiksommer** (www.oberstdorfer-musiksommer.de) ist eine Institution und wird im Jahr 2017 zum 25. Mal ausgetragen. Während der drei Wochen im August finden zahlreiche Konzerte, Meisterkurse und eine Orchester-Akademie statt.

Die **Viehscheid** von Oberstdorf und Schöllang wird gebührend mit Musik und Bier im Festzelt begangen. Sie findet an zwei aufeinanderfolgenden Tagen um den 10. September herum statt, in Oberstdorf wird das Vieh (bis zu 1000 Stück) an seine Besitzer am Ried (Renksteg), in Schöllang (bis zu 700) am südlichen Ortseingang übergeben.

Baden

Das **Moorbad** (Am Rauhen 3, Mai–Okt. 9–19 Uhr, Juli/Aug. bis 20 Uhr, 2,50 €, Kinder 1,50 €) 2 km südlich vom Zentrum ist ein gefasstes Naturfreibad mit bester Infrastruktur (Café, Sonnenterrasse, Kiosk, Spielgeräte, Planschbecken, Tischtennis, Kneipp-Tretbecken etc.), rund um den Moorweiher erklärt ein Moorlehrpfad Pflanzen, Tiere und Geologie.

Das **Moorschwimmbad Reichenbach** (Reichenbach 70, Tel. 08326-1509, im Sommer ab 9 Uhr bis Dämmerung, 3,50 €, Kinder 1,80 €) befindet sich 4 km südlich von Oberstdorf inmitten der Felder und ist ebenfalls ein Naturfreibad (mit Planschbecken, Spielplatz); für das leibliche Wohl sorgt das **Moorstüble** mit z.B. Kaiserschmarrn oder Bratensülze und mit seinem schönen, ländlichen Biergarten mit idyllischer Sicht (Tel. 08326-1509, www.moorstueble.de, Mitte Nov. 6 Wochen Betriebsferien, Menü ab 10 €).

30 Min. Fußmarsch (2,5 km) vom Parkplatz Renksteg (Birgsauerstraße) und man befindet sich am größten Allgäuer Hochgebirgssee auf 930 m, dem romantisch von Wald umgebenen **Freibergsee** (Mai–Sept./Okt. 8–20 Uhr, 3,80 €, Kinder 2,20 €, Bootsverleih 9 €/45 Min.) mit Gaststätte/Café (Tel. 08322-6069495, www.naturbad-freibergsee.de, Allgäuer Küche, Menü ab 12 €) und Kanuverleih. Das Baden an den schilfbestandenen Abschnitten ist verboten, um die Enten nicht zu stören.

Bergbahnen

Söllereckbahn [q], Tel. 08322-987570, www.familienberg-soellereck.de, 6er Kabinenbahn, 9–16.30, Bergstation 1358 m, Höhendifferenz 345 m, 2025 m Länge, Auffahrt 6 Min., Winter Tageskarte 32 €, Kinder 17,50 €,Sommer Berg- und Talfahrt 16 €, Kinder 8,50 €.

Nebelhornbahn [r], Tel. 08322-96001421, www.das-hoechste.de, Kabinenbahn (60/30 Personen) in drei Sektionen, Talstation 828 m, Mittelstation 1280m, Bergstation 1932 m, Gipfelstation 2224 m, 5,7 km Länge, Auffahrt 30 Min. (inkl. 2x umsteigen), 8.30–16.30 Uhr (Winter bis 16 Uhr), Winter Tageskarte 43,50 €, Kinder 17,50 €, Sommer Berg- und Talfahrt 22,50 €, Kinder 15,50 €.

Die Nebelhornbahn wurde 1930 mit zwei Sektionen eröffnet und 1991 als Drei-Sektionen-Bahn erneuert.

Fellhornbahn [s], Tel. 08322-96002421, www.das-hoechste.de, Kabinenbahn mit zwei parallel verlaufenden Bahnen, eine im unteren und die andere im oberen Abschnitt; Talstation 920 m, Mittelstation 1780 m, Bergstation 1967 m, 1714 m Länge, Auffahrt ca. 10 Min., 8.30–17 Uhr, Winter bis 16.30, Winter Tageskarte mit Skigebiet Kanzelwand im Kleinwalsertal 44,50 €, Kinder 17,50 €, Sommer 2-Länder-Tageskarte 27,50 €, Kinder 11,00 €.

Sommerrodeln

Am Söllereck: 850 m lange Bahn mit Sprüngen und Wellen für die zweisitzigen „Rodel", die eine Geschwindigkeit von 40 km/h erreichen (Tel. 08322-987570, www.familienberg-soellereck.de, Einzelfahrt 4,50, Kinder 3,50 €), Kinder ab 8 Jahren dürfen selbst fahren.

Kletterwald

Neben der Bergstation der Söllereckbahn befindet sich auf 1400 m Höhe Deutschlands höchstgelegener **Kletterwald** (Kornau-Wanne 8, Tel. 08322-98756, www.familienberg-soellereck.de, Mai–Okt. 10–¬17 Uhr, Juli/Aug. bis 18 Uhr, 3 Std. 24 €, Kinder 14/18 €) mit sieben Parcours unterschiedlichen Schwierigkeitsgrades, jeweils mit 7–10 Elementen.

Golfen

Der **Golfclub Oberstdorf [t]** (Gebrgoibe 2, Tel. 08322-2895, www.golfclub-oberstdorf.de) 5 km südlich Oberstdorf ist ein 9-Loch-Platz (Herren Par 70, 5400 m, Damen Par 70, 4800 m) auf 1000 m Höhe, zur Bespielung ist die Mitgliedschaft in einem Golfclub (DGV) und ein Handicap von mindestens -54 nachzuweisen.

Skifahren

Am **Söllereck** gibt es eine Kabinenbahn, drei Schlepplifte, 12 km Abfahrten und eine Schienenrodelbahn, die auch im Winter offen hat (s. Sommerrodeln).

Am **Nebelhorn** geht es mit der Seilbahn in drei Etappen nach oben, weitere vier Lifte erlauben Abfahrtsvarianten, die Gesamtstrecke hinab hinterlässt weiche Knie, Rodelbahn ab Seealpe nach Oberstdorf 3000 m.

Das Skigebiet am **Fellhorn** ist mit dem österreichischen Skigebiet Kanzelwand im Kleinwalsertal zusammengeschlossen – ein Großgebiet, das keine Wünsche offen lässt: 4 Kabinenbahnen, 5 Sessel- und 5 Schlepplifte, 25 Skipisten und -routen, Talabfahrten mit bis zu 4,4 km Länge, alle Schwierigkeitsgrade, Funparks und zahlreiche Hütten mit programmatischen Namen wie Adlerhorst oder Balzplatz.

Kleinwalsertal

15 km lang,
6,5 km breit,
5000 Einw.,
97 km² Fläche

Immer weiter in die Höhe führt die Bundesstraße vom 800 m hoch liegenden Oberstdorf in das zu Vorarlberg gehörende und an der Walserschanze beginnende österreichische Breitachtal bzw. Kleinwalsertal. Wie Perlen sind die Orte aufgereiht: Riezlern (1088 m), Hirschegg (1124 m), Mittelberg (1214 m) und schließlich am Talschluss Baad (1244 m). Auf beiden Seiten türmen sich die Berge, im Westen die Gottesackerwände, der Hohe Ifen (2232 m) und das Walmendinger Horn, im Osten Söllereck, Fellhorn, Kanzelwand, Hammerspitze und der 2387 m hohe Elfer. Im Süden endet das Tal an den Flanken des Widderstein (2536 m). Was das Tal zu bieten hat? Eine Menge Natur mit einer Menge Heu. Die Zielgruppe? Reisende aus aller Welt. Im Sommer und im Winter sind die Hotels, Pensionen und Fremdenzimmer proppenvoll, anders jedoch in der Nebensaison, da sagen sich hier Hase und Fuchs „Gute Nacht“. Dann haben gerade mal zwei oder drei Hotels auf, um wenigstens die nötigste Beherbergung zu gewährleisten.

Das Tal ist deutsches Zollgebiet und schon vor der Einführung des Euro galt die D-Mark hier als gültiges Zahlungsmittel (wenngleich damals die Banken dem deutschen Fiskus gegenüber vernachlässigbar auskunftsfreudig waren). Im Kleinwalsertal gilt der deutsche Mehrwertsteuersatz.

1

In den Annalen beginnt die Existenz des Tales im Jahr 1059, als Kaiser Heinrich IV. seinem bischöflichen Namensvetter aus Augsburg das Jagdrecht im Kleinwalsertal zusprach, ein wildes, unbesiedeltes Gebiet. Das änderte sich gegen Ende des 13. Jahrhunderts: aus dem Schweizer Oberwallis wanderten die Menschen verstärkt ab und suchten sich im gesamten Alpenraum neue Bleiben, zu eng war ihr ursprüngliches Siedlungsgebiet geworden. Da sie neue Techniken entwickelt hatten um auch höhere Lagen zu bewirtschaften, waren sie gern gesehene Neubürger und die jeweiligen Herrscher der Landstriche stellten sie von Steuerzahlungen frei und gewährten ihnen weitere Sonderrechte. Da die Walser so auch der Leibeigenschaft entkommen konnten, suchten immer mehr das neue Glück. 1302 errichteten sie eine erste Kapelle (die Inschrift an einem Stein ist an der Pfarrkirche von Mittelberg noch zu sehen). Das Tal fiel 1451 an Österreich. Zuvor hatten die Walser wegen einer Streitigkeit einen Tiroler Ritter festgesetzt, Herzog Sigismund von Tirol eilte ihm zur Hilfe und unterwarf gleich das ganze Tal. Nur zweimal gehörte es in der Folge nicht zu *Felix Austria*. Zwischen 1806 und 1814 war das Kleinwalsertal einmal kurz bayerisch und ab 1938 „für 1000 Jahre" Großdeutsch.

1000-Mark-Sperre

Das Deutsche Reich drangsalierte Österreich ab 1933 mit der 1000-Mark-Sperre (jeder Deutsche musste vor einer Reise nach Österreich 1000 Mark Gebühr an das Reich zahlen). Der deutsche Tourismus fuhr gegen Null, ganze Regionen in Österreich verarmten. Kein Wunder, dass der Jubel beim Anschluss 1938 groß war. Allerdings – das Kleinwalsertal war von der Gebührenzahlung ausgenommen und die Sommerfrische boomte im Tal zwischen 1933 und 1938.

Sehenswertes im Kleinwalsertal

An Historischem hat das Kleinwalsertal praktisch nichts zu bieten, hier dreht sich alles um Wandern, um Skifahren und um Wellness.

Riezlern

3 km nach der Grenze ist schon der Hauptort des Kleinwalsertales erreicht. Während der Saison ist in dem Dorf Tag und Nacht Betrieb, schließlich will

Heu ist ein Allheilmittel (Heubäder in trockenem Heu oder als Kräuteraufguss im „Sissi-Whirlpool") zur Stärkung der Befindlichkeit und Gourmetingredienz bei diversen Gerichten (z.B. Heusuppe oder auch Heu-Eis).

Knigge: Nie einen Kleinwalser als Allgäuer anreden, er war, ist und bleibt Walser!

man „was vom Urlaub haben" und der Tag hat 24 Stunden. Hier steht auch die Talstation der Kanzelwandbahn, die das Tal mit dem Skizirkus vom deutschen Fellhorn verbindet. Das **Heimatmuseum** (Walserstr. 54, Riezlern, Tel. 0043-5517-5315285, derzeit wegen Umbau und Neukonzeption geschlossen, Wiedereröffnung voraussichtlich 2018) dokumentiert Geschichte, beschreibt die Bewohner und das Brauchtum, die Walser Wohnkultur und besitzt eine originale Alphütte. In Unterwestegg (von Oberstdorf kommend vor Riezlern) steht die neugotische, außen schmucklose **Kapelle Maria Hilf.** Errichtet wurde sie von acht benachbarten Bauern an der Stelle eines Bildstockes. In ihrem Inneren birgt sie seit 1907 einen spätgotischen Flügelaltar von 1520, der ursprünglich aus dem Pustertal stammte und mit Unterstützung des österreichischen Thronfolgers Franz Ferdinand (mit dessen Ermordung in Sarajewo der Erste Weltkrieg begann) für das Kirchlein erworben wurde. Mit einem Gitter geschützt steht das Meisterwerk im Chor, heute wird es dem Brixener Künstler Ruprecht Potsch zugesprochen.

Hirschegg Im Herzen des Tales gelegen ist es hier schon ruhiger, auch während der Saison läuft das Leben etwas gemächlicher ab und die Höfe zeigen sich zum Teil noch im alten Walser Stil mit getrennten Gebäude für Wohnen und Wirtschaft. Im Walserhaus bei der Tourist-Information präsentiert das **Skimuseum** (Walserstr. 264, Tel. 0043-5517-51140, tgl. 9–17 Uhr, Nebensaison Mo–Fr 9–17 Uhr) eine Ausstellung in der ersten und zweiten Etage zur Entwicklung des alpinen Skilaufes.

Mittelberg Mittelberg ist der älteste Ort des Tales unterhalb des beängstigend zerklüfteten Widdersteines (2536 m). Drei Seitentäler zweigen hier ab: Wildental, Gemsteltal, und Bräguntal. Eine Kabinenbahn geht fast ganz hoch zum Walmendingerhorn (Bergstation 1940 m).

Baad Am Ende des Tales ist es am ruhigsten, das Bergdorf besteht aus meist vereinzelt stehenden Häusern, praktisch alle sind Pensionen, Hotels oder zumindest

Mittelberg

Gasthaus. Die nächste Liftstation ist bei Mittelberg, wer also seine Alpinski vor dem Haus anschnallen will, ist hier falsch. Doch im Sommer und Herbst ist es herrlich, man fällt von der Türe in die Berge.

Wandern

Eine wegen ihrer zerklüfteten Felsenwelt beeindruckende, mittelschwere Wanderung startet an der **Auenhütte** (1260 m, Parkplatz tagsüber 3 €, 24 Std. 6 €) und führt über die **Ifenhütte** (www.ifenhuette.at, 1586 m, wer mit der Ifenbahn hoch kommt spart 1 Std.) und die **Bergadler-Hütte** (2026 m, letzte Einkehrmöglichkeit, nur Verpflegung, Abstecher von hier auf den Hohen Ifen hin und zurück 2 Std.) hoch zum Hahnenköpfle (2143 m) auf das **Gottesackerplateau,** eine karstige Hochebenen voller Schriefen, die Wind und Wetter in das Kalkgestein geschlagen haben; das Plateau ist allerdings nur auf den ersten Blick eine Steinwüste – eine reiche, wenngleich niederwüchsige Pflanzenwelt hat hier ihre Heimat gefunden und steht unter Naturschutz (auf dem Plateau genau auf die Markierungen achten!). Hinunter geht es durch das Gottesackerloch und das Kürental (6 Std., 850 Höhenmeter).

Die mittelschwere bis schwere und anstrengende Wanderung auf den **Großen Widderstein** sollten sich nur Geübte vornehmen (8 Std., 1300 Höhenmeter). Sie beginnt im Ortsteil **Bödmen** von

Mittelberg (1150 m) und führt durch das Gemsteltal nach Süden hoch zum **Gemstelpass** (1972 m) und weiter zur **Widdersteinhütte** (2,5 Std. ab Bödmen, 2015 m, Tel. 0043-664-3912524, www.widdersteinhuette.at, Juni–Okt. 6–24 Uhr, Verpflegung und Unterkunft) zu Füßen des Gipfels. Von hier sind es noch 1,5 Std. teils auf ausgesetztem Pfad zum Gipfel des Großen **Widderstein** (2536 m). Der höchste Berg des Kleinwalsertales garantiert einen Ausblick in die unendliche Weite. Der Abstieg erfolgt westlich über den Hochalppass (1938 m) und durch das landschaftlich grünherrliche Bärgunttal mit der **Bärgunthütte** (1308 m, Tel. 0043-664-3110453, www.baergunthuette.de, Pfingsten bis Okt., Verpflegung, Sennerei) nach Baad.

1

Service Kleinwalsertal

Information

Kleinwalsertal Tourismus, Im Walserhaus/Walserstr. 264, A-6992 oder D-87568 Hirschegg, Tel. 0043-5517-51140, www.kleinwalsertal.com, Mo–Sa 8.30–18.30 Uhr, So 8.30–16 Uhr.

Verkehr:

Der Walserbus fährt tagsüber alle Orte im Tal an, frühmorgens und abends fährt im Allgemeinen nur die Linie 1 ab Oberstdorf/Bushof (Deutschland) bis Baad am Talschluss entlang der Hauptstraße; die Nutzung ist mit der Gästekarte Kleinwalsertal zwischen Walserschanze und Baad (also auf österreichischem Gebiet) kostenfrei.

Unterkunft

Ifen Hotel, Oberseitestr. 6, Hirschegg, Tel. 0043-5517-6080, www.travelcharme.com, DZ/F um 250 € (Arrangements beachten). Die Fassade ist dem Berg Ifen nachgebildet (was nicht vor der Pleite 2005 geschützt hat, so dass die Raiffeisenbank das Hotel übernehmen musste); alles so, wie es bei einem Hotel dieser Kategorie sein sollte, und ein wirklich ausreichender Spa-Bereich mit 2300 Quadratmetern.

Alp Chalet, Walserstr. 57, Hirschegg, Tel. 0043-5517-5451, www.alp-chalet-kleinwalsertal.de, DZ/F 55-120 €. Frühstücks-Pension mit relativ komfortablen Zimmern und Ferienwohnungen, kleine Sauna, Parkplätze vor dem Haus.

Camping

Camping Vorderboden, Baad, Tel. 0043-5517-6138, www.camping-vorderboden.de, zwei Personen mit Zelt und Kfz etwa 26 € (ab 4 Nächte inkl. Bergbahnen). In 1250 m Höhe gelegener Rasenplatz (Ende Mai–Okt.) mit Schatten, herrlichem Panorama und Einkaufsladen.

Essen und Trinken

Kilian Stuba, Oberseitestr. 6, Hirschegg, Tel. 0043-5517-6080, 12–15 und ab 18 Uhr, Menü um 50 €. Zwei-Hauben- und Stern-prämiierte Küche im Fünf-Sterne-Hotel Ifen in eleganter Atmosphäre, Perfektes wie Hummer mit Alpenkräutern oder Hüttenkäsemousse mit Gebirgsbachforelle.

> 1% der Bevölkerung Vorarlbergs lebt im Tal, doch von den Haubenlokalen (prämiierte Restaurants) des Bundeslandes besitzen die Walser 10%.

Walser Stuba, Eggstr. 2, Tel. 0043-5517-53460, www.walserstuba.at, 12–14 und ab 18 Uhr, Menü ab 35 €. Eine Haube vom Gault Millau, regionale Küche unter neuzeitlichem Aspekt („entschlackt"), hochgelobt, rustikale Atmosphäre und Gerichte wie „Gepökeltes Bäckle vom Allgäuer Schwein mit Enzianschaum", auch Hotel.

Hoheneck, Walserstr. 65, Mittelberg, Tel. 0043-5517-55225, www.hoheneck.at, 11–22 Uhr, Di 17–20.30 Uhr, Menü ab 20 €. Ursprünglich ein Almgebäude, abgetragen und am heutigen Ort aufgebaut, gemütliches Ambiente, bürgerliche Küche, Tipp: Walser Fleischkrapfa.

Ausgehen

Das **Casino Kleinwalsertal** (Walserstr. 31, Riezlern, Tel. 0043-5517-5023240, www.casinos.at, Jacketzwang) öffnet täglich ab 18 Uhr, neben den üblichen Spielen wie Roulette und Black Jack gibt es als Leckerbissen auch immer wieder Schafkopfturniere.

Im **Jolly Club** (Walserstr. 31, Tel. 0043-5517-5023240, Eintritt 5 €) im Casinokomplex gibt es jeden Samstag DJ-Musik und einen Black Jack Tisch zum Erholen.

In der **Bar-Lounge Steinbock Alm** (Bödmerstr. 46, Mittelberg, Tel. 0043-5517-20311, www.hotel-steinbock.at) trifft man sich (nur im Winter) zum Après-Ski/Vorglühen (15.30–18 Uhr) und ab 20 Uhr zu weiteren Drinks.

Einkaufen

Käsestadl, Walserstr. 248, Hirschegg, Tel. 0043-5517-3721, http://kaesestadl.at. Bioladen mit dem Besten, was die Region an Lebensmitteln bietet, fein ausgesucht und mit viel Witz vom Paul Joachim – einem Kleinwalser Original – und seiner Tochter Nadine verkauft.

Walser Buura, Verkaufsstand an der Walserstraße (Räucherkammer/Metzgerei Beck) an der Breitach-Brücke. Die Walser Buura (Bauern) haben sich als Erzeugergemeinschaft zusammengeschlossen und vermarkten ihre Produkte direkt (www.walserbura.de); selbstredend bestehen strengste Auflagen für die Herstellung von Wurst und Käse, um die Qualität zu wahren, wegen der die Bauern angetreten sind; Fleisch und Wurstwaren vom Kalb, Rind, Schwein, Lamm, Bergkäse, Milch und Milchprodukte, Felle von Schafen und Ziegen, Wolle und Gebirgshonig.

Hoflaada, Stützeweg 1, Mittelberg, Tel. 0043-676-5922836, www.hoflaada.at, Mi–Sa 14–17 Uhr. In einem umgebauten Pferdestall werden Produkte aus dem Tal verkauft.

Walser Krönele

Das prunkvollste Kleidungsstück einer Walser Frauentracht ist die Krone, nur bei besonderen Anlässen wie Prozessionen wird sie getragen. Bei der Hochzeit schmückt sie ein letztes Mal das jungfräuliche Haupt, dann wird sie verpackt und für die nächste Tochter aufgehoben. Bis zu 100 Stunden dauert es, diese prächtige Kopfbedeckung herzustellen und nur noch wenige Frauen beherrschen die Fertigkeit, sie zu machen.

Märkte Der **Wochenmarkt** findet Mai–Okt. in Hischegg zwischen Walserhaus und Heuberg-Arena jeden Freitag (9–12.30 Uhr) statt.

Feste Die **Viehscheid** im September (an einem Montag in der Mitte des Monats) findet nach dem Alpabtrieb auf dem unteren Kanzelwandparkplatz bei der Breitachbrücke von Riezlern mit Musik, Bier und Schmankerln statt, fast 700 Tiere (Rinder und Pferde) werden ihren Besitzern zurückgegeben.

Bergbahnen Der **Winterskipass SKI²** ist an allen Bahnen und Liften im Kleinwalsertal und in Oberstdorf gültig. Er kostet für einen Tag 46 € (Jugend 35,50 €, Kinder 17,50 €), für drei Tage 126,50€ (Jugend 97,50 €, Kinder 43) und für sieben Tage 247 € (Jugend 190 €, Kinder 84 €).Die Pisten summieren sich auf 124 km, die längsten sind Nebelhorn 7,5 km und Ifen mit 6 km. Insgesamt 47 Bahnen und Lifte schaufeln die Menschen nach oben. Neben den Talliften (alle 9–16 Uhr, ab Feb. 16.30 Uhr) von Riezlern, Hirschegg und Mittelberg mit jeweils sechs Schlepp- oder Sessellifts gibt es drei Skigebiete, die zu Gipfeln führen: **Ifen** (2 Sessel-, 2 Schlepplifte 21 km Pisten), **Walmendiger Horn** (1 Gondelbahn, 3 Sessel- und Schlepplifte, 10 km Pisten), **Kanzelwand/Fellhorn** (3 Gondelbahnen, 13 Sessel- und Schlepplifte, 26 km Pisten).

2 Unterallgäu – Memmingen und Umgebung

Das Herz von „Bayerisch-Schwaben" liegt zwischen den Flüssen Iller und Wertach. Im Norden noch breite Ebenen, wandeln sich die Landschaften nach Süden hin zu einem Hügelland mit sattgrünen Weiden – das Alpenvorland. Die Höhenlage beträgt zwischen 500 und 800 m. Im Norden regnet es etwas weniger, im Süden – bereits unter Föhneinfluss – etwas mehr. Mit Memmingen besitzt das Unterallgäu eine Stadt die als zentraler Verteiler für das Allgäu gelten kann und mit Bad Wörishofen einen der weltberühmtesten Kurorte – Kneipp sei Dank!

Tour-Tipp

Dauer: Zwei Tage. Strecke: 180 km

Startpunkt ist **Buchloe,** das selbsternannte Tor zum Allgäu. Ein Blick in die Pfarrkirche und dann auf nach **Kirchheim** (Km 35), wo der Zedernsaal des Fuggerschlosses zu besichtigen ist. In **Mindeleim** (Km 50) warten die Burg und die überschaubare Altstadt auf einen kurzen Spaziergang. Mittagessen vielleicht in **Türkheim** (Km 65) im Schlossgarten mit anschließender Betrachtung herzoglicher Stadtbaukunst; danach fährt man nach **Bad Wörishofen** (Km 75) zum Kneippen. Am nächsten Tag unbedingt einen Spaziergang auf den Spuren des berühmten Pfarrers unternehmen (oder eine Kur genießen). Noch am Vormittag geht es dann nach **Memmingen** (Km 115) zur Stadtbesichtigung. Am Nachmittag stehen die Klöster **Buxheim** (Km 120) und **Ottobeuren** (Km 135) auf dem Programm. Abends ist man dann wieder in **Buchloe** (Km 180) am Ausgangspunkt.

Auf zwei Rädern das Allgäu entdecken

Memmingen

Mit 40.000 Einwohnern ist Memmingen für Allgäuer Verhältnisse schon fast eine Großstadt. Ihr mittelalterliches Gepräge hat sich die ehemalige Freie Reichsstadt mit zahlreichen historischen Gebäudeensembles aber dennoch erhalten können. Ein Spaziergang, vorbei an malerischen Türmen und Toren, entführt in die Vergangenheit und deren Kultur. Dass neben dem Geist aber auch der Magen nicht zu kurz kommt, dafür sorgen über 150 Gaststätten, Cafés und Imbissbuden. Die Altstadt ist wie ein Oval angelegt, um sie herum zieht sich entlang der früheren Befestigungsanlagen eine Ringstraße, die im Osten an den Gleisen der Bahn entlang läuft, so dass es vom Bahnhof nur ein Katzensprung hinein ins Getümmel ist. Schließlich haben die Memminger den Bau der Eisenbahn Mitte des 19. Jh. selbst finanziert. Wer mit dem Wagen anreist: in der Altstadt befinden sich mehrere Parkhäuser.

Geschichte von Memmingen

Begonnen hat hier alles mit einer alemannischen Sippe, die sich an einer römischen Straße, am Platz einer ehemaligen Militärsiedlung aus dem 4. Jahrhundert, niedergelassen hatte. Um 800 stand dann wohl ein königlicher Fronhof am Flüsschen Ach und 1128 gelangte „mammingin" zum ersten Mal in die Urkunden; unter Welf VI. erlangte Memmingen 1160 die Stadtwürde. Knapp 30 Jahre später war die welfische Herrschaft beendet und Memmingen wurde staufisch und 1268 schließlich Freie Reichsstadt. Der Handel blühte, sogar bis nach Indien und Venezuela. Memminger Händler schickten 1506 die ersten Schiffe übers Meer. 1525 wandelten sich die Memminger zu Protagonisten der europäischen Geschichte. Ausgerechnet die Kramerzunft versammelte in ihrem Haus die oberschwäbischen „Bauernhaufen". Es entstanden die Zwölf Bauernartikel – die erste Menschenrechtserklärung Europas – und die Bundesordnung, die die Basis für die erste verfassungsgebende Versammlung Deutschlands bildete. Und man war nun protestantisch bzw. reformatorisch. Der Bauern-

Der Stadtbach, der Memmingen wie eine Lebensader durchzieht

krieg begann auch für Memmingen. Schon vorher war es zwar immer wieder zu Aufständen der Bauern gekommen, nun war ihr Begehren schriftlich gefasst und konnte verbreitet werden.

Dem Kaiser Karl V. passten die freiheitlichen Gedanken der Stadt im Allgäu gar nicht. So machte er alles rückgängig und ersetzte 1552 die demokratische Zunftregierung mit dem „Geheimen Rat", einer Patrizierherrschaft; damit hatten die Patrizier prinzipiell das Sagen. Mit dem Dreißigjährigen Krieg kam schließlich richtig Not über die Stadt, vier Belagerungen und drei Erstürmungen musste sie als stärkste und begehrteste Festung in Oberschwaben überstehen; Wallenstein zog 1630 ein, Gustav Adolf 1632. 1635 nahmen wieder die Kaiserlichen die Stadt. Nach dem Krieg erholte sie sich nicht mehr richtig und konnte nicht an ihre Glanzzeit anknüpfen, stattdessen musste sie erneut leiden: im Spanischen Erbfolgekrieg und unter den napoleonischen Eroberungen. 1803 fiel Memmingen an Bayern und verlor auch noch seinen Status als Freie Reichsstadt. Im April 1945 zerstörte ein amerikanisches Bombardement auf den Memminger Fliegerhorst erhebliche Teile der Stadt (30% der Wohnbebauung).

Der Memminger Mond

Um den Memminger Mau, den Memminger Mond, ranken sich diverse Legenden. Von der kleinen, etwas einfach gestrickten Magd, die fragte, ob denn der Mond von Memmingen auch über Lindau scheine, bis zu den nicht unbedingt weiser denkenden männlichen Bürgern, die den sich in Löschkübeln spiegelnden Mond zu Beleuchtungszwecken mit Netzen herauszufischen suchten. Auf alle Fälle ist der Mond eine ureigene Memminger Angelegenheit und sozusagen urheberrechtlich geschützt. Damit man ihn aber nun tatsächlich mitnehmen kann, ist er heutzutage als süße Nascherei oder als Wandschmuck aus Glas oder Ton in eine souvenirfähige Form gebracht.

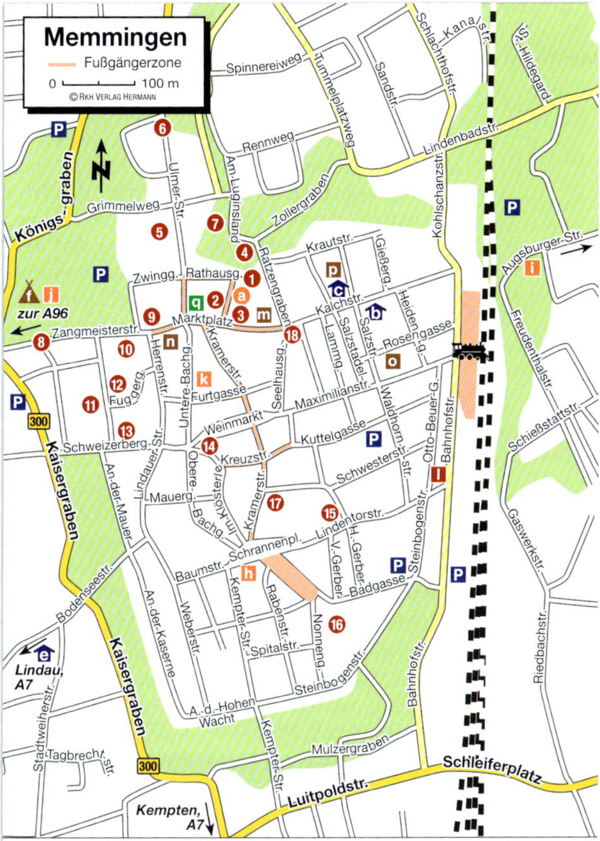

Sehenswert

1 Rathaus
2 Steuerhaus
3 Großzunfthaus
4 Hexenturm
5 Paris-Haus
6 Ulmer Tor
7 Bettelturm
8 Schwalbenschwanzturm
9 Hermansbau
10 Martinskirche
11 Strigel-Museum
12 Kinderlehrkirche
13 Fuggerbau
14 Kramerzunfthaus
15 Siebendächerhaus
16 Frauenkirche
17 Stadttheater
18 Kreuzherrensaal

Information

a Tourist-Information

Unterkunft

b Weisses Ross
c Zum Schwanen
e Bruckwirt

Camping

f Park Camping Iller

Essen und Trinken

h Weinhaus zum Goldenen Löwen
i Wirtshaus zum Hoigata
j Engelkeller
k Weber am Bach

Ausgehen

l M1 Club

Einkaufen

m Zinngießerei Gossner
n Confiserie Heilemann
o Allgäuer Trachtenstad
p Zigarren Sturm

Märkte

q Wochenmarkt

Sehenswertes in Memmingen

Marktplatz

Der Stadtspaziergang beginnt am Marktplatz bei der Tourist-Information mit einem Blick auf das freistehende **Rathaus 1**, im Renaissance-Stil – Ausdruck höchsten bürgerlichen Stolzes. 1589 erhielt das Gebäude aus dem 14. Jh. seine heutige Form mit den zwei Eckerkertürmen und dem, den Erker der Mittelachse nach oben verlängernden, Hauptturm (Änderungen fanden 1765 statt). Auf dem Marktplatz vor dem Rathaus demonstrierten 1524 die Memminger für die Einführung der Reformation. Das Steuerhaus **Steuerhaus 2** kontrapunktiert seit 1495 mit seinen horizontalen Linien, der 1909 angebrachten historisierenden Renaissance-Malerei und dem einladenden Arkadengang das himmelhochstrebende Rathaus. Dritter im Bunde ist das **Großzunfthaus 3**, das Geschlechterhaus der Patrizierfamilien an der Ostseite des Marktes, die mit der Zunftrevolution 1347 in eine eigene Zunft gezwungen waren, um ihre Interessen gegenüber den Handwerkszünften vertreten zu können. Das Gebäude entstand 1719 und ersetzte den alten Versammlungsraum der Adeligen von 1453.

Befestigungsanlagen

Hinter dem Rathaus ist der Zollergarten eine kleine grüne Oase (an seiner südlichen Seite sind die Reste der Stadtmauer des 12. Jh. zu sehen). Am südöst-

Das Steuerhaus am Marktplatz

Wer der Stadtmauer vom Ulmer Tor aus nach Südwesten folgt, passiert das Westertor, das Lindauer Tor und im Süden schließlich das Kempter Tor – von den ehemals acht Stadttoren sind fünf noch erhalten.

lichen Ende steht auch der **Hexenturm** **4**, der älteste noch erhaltene Stadtturm (Unterbau von 1150), Teil des Verteidigungswerkes und gleichzeitig Gefängnis. Den Zollerngarten durchquerend und weiter nach Westen gehend gelangt man zum **Paris-Haus** **5** aus dem Jahr 1736, der erste Palast der Stadt im Stil des Hochbarocks. Ginge man die Ulmer Straße nach Norden, gelangte man durch das als Turm ausgeführte **Ulmer Tor** **6** – auf den Spuren Wallensteins und Gustav Adolfs, die hier in die Stadt einzogen. Südöstlich davon war das Stadttor **„Der Einlaß"**, 1475 errichtet, in der Nacht die einzige Zugangsmöglichkeit zur Stadt, gesichert von der Geschützkasematte **Betteltürm** **7** gleich nördlich davon. Südwestlich vom Ulmer Tor sicherte der **Schwalbenschwanzturm** **8** die Stadt.

2

Stadtmuseum Zurück am Markplatz und am Steuerhaus vorbei gelangt man zum **Hermansbau** **9**, der heute das Stadtmuseum beherbergt, ein Rokokopalais eines reichen Händlers von 1766 und gastliches Haus für gekrönte Häupter. In ihm logierten Bayerns Ludwig I., der Habsburger Kaiser Franz I. und Zar Alexander. In den prächtigen Räumen widmet sich das **Museum** (Hermansgasse, Tel. 08331-850134, Di–Sa 10–12 Uhr u. 14–16 Uhr, So 10–16 Uhr, Winter Di–So 10–13 Uhr u. 14–17 Uhr, 3,30 €) der Geschichte, u.a. mit einem Schwerpunkt auf die Zünfte der Stadt. Eigene Abteilungen zeigen Kunstwerke des Memminger Barockmalers Johann Heiß (1640–1704) und Fayencen der Manufaktur Künersberg, die in Memmingerberg (eine Gemeinde bei Memmingen) von 1744 bis 1765 tätig war und hochbegehrte Keramik herstellte. Ebenfalls im Hermansbau befindet sich das Heimatmuseum Freudenthal/Altvater mit einer Ausstellung zum Sudetenland.

Martinskirche Die mit ihrem 65 Meter hohen Turm, quadratischem Querschnitt und oktagonalen Aufbau weithin sichtbare **Martinskirche** **10** – die auch das höchstes Bauwerk der Stadt ist – spielte in der Geschichte Memmingens eine bedeutende Rolle. Endgültige Fertigstellung war das Jahr 1524. Der Maler Bernhard Strigel malte in jenem Jahr als

Schlusspunkt die Zifferblattrahmung der Turmuhr – just das Jahr der Memminger Proteste für die Reformation. Die Grundsteinlegung der dreischiffigen Basilika an der Stelle von Vorgängerbauten fand um 1325 statt, das eigentliche Bauwerk wurde um 1500 vollendet. In der Martinskirche nahm mit dem Prediger Christoph Schappeler die Reformation ihren Ausgang – nicht Latein sprach er bei den lithurgischen Handlungen, sondern Deutsch. Viele Ausstattungsteile der Kirche wurden beim von der Bürgerschaft verfügten Bildersturm und dem Wechsel zum Protestantismus 1531 zerstört, doch immer noch geben einige Einbauten Zeugnis von der einstigen Pracht. Das spätgotische Chorgestühl (1507) gilt als eines der schönsten Süddeutschlands (Memminger Meister haben es geschnitzt) und die Fresken in der Zangmeister-Kapelle geben Kunde vom Werk der Künstlerfamilie Strigel.

Künstlerfamilie Strigel

Das Memminger Geschlecht war im 15. und zu Beginn des 16. Jh. als Maler und Bildhauer tätig und begründete mit einer weiteren Familie aus der Stadt (Sichelbein) die Memminger Schule, die der Spätgotik verpflichtet war. Den Strigels hat die Stadt im Antonier-Haus am Kirchplatz ein eigenes Museum gewidmet, das **Strigel-Museum** 11 (Martin-Luther-Platz 1, Tel. 08331-850245, Di–Sa 10–12 Uhr u. 14–16 Uhr, So 10–16 Uhr, 3,30 €).

Gegenüber der Martinskirche steht die **Kinderlehrkirche** 12, bis 1562 eine Kirche der Antonitermönche (die sich in ihrem Memminger Spitalorden auf die Behandlung des von pilzbefallenem Getreide hervorgerufenen Mutterkornbrand spezialisiert hatten). Über dem Eingang ein Fresko mit Szenen aus dem Leben des hl. Antonius von Bernard Strigel.

Wenige Schritte im Süden erinnert der **Fuggerbau** 13 daran, dass man im Einflussgebiet von Augsburg und deren mächtiger Handelsfamilie war, die sich hier ein Wohn- und Filiallagerhaus errichten ließ. In ihm logierten Wallenstein und auch Gustav Adolf. Geht man nun nach Osten stößt man direkt auf das rote **Kramerzunfthaus** 14 (Verwaltungsgebäude der Kreishandwerkerschaft Memmingen-Mindelheim und der Öffentlichkeit nicht zugänglich) mit einem auf 1440 datierten Dachstuhl und wertvollen Deckenschnitzereien in der zweiten Etage. Hier zimmerten sich die Anführer der „Bauernhaufen" ihr Manifest für die Menschenrechte.

Schrannenplatz

Den Schrannenplatz südlich des Kramerzunfthauses erreicht man entlang des Stadtbaches, ursprünglich durch die Entwässerung eines nahen Moores im 12. Jh. entstanden und heute Schauplatz des alljährlichen Fischertages. An ihn erinnert auch der Fischerbrunnen des Memmingers Max Pöppel (1909–1989) aus dem Jahr 1955 auf dem Schrannenplatz. Der großzügige Platz war ursprünglich für den Getreideumschlag, seine Bebauung bestand aus Lagerhäusern – Schrannen – und Werkstätten der Gerber und Weber. Und das Weinhaus Goldener Löwe steht auch schon seit Ewigkeiten hier. Voller Getreide verließen die Fuhrwerke die Stadt und, um nicht leer zurückzufahren, kehrten sie mit Wein heim.

Siebendächerhaus

Nächste Station ist das **Siebendächerhaus** 15 östlich des Schrannenplatzes am Gerberplatz. Seinen Namen erhielt es von dem gestuften Dachaufbau der auf jeder Seite drei Dachflächen und entlang des Firstes ein siebtes Dach entstehen ließ; eine ideale Konstruktion für die Gerber, die hier arbeiteten und durch aufklappbare Luken ganz einfach große Mengen Leder zum Trocknen auf die Dachflächen in die Sonne legen konnten.

Frauenkirche

Ein Abstecher führt nach Süden zur **Frauenkirche** 16. Romanischen Ursprungs, mit An- und Umbauten Ende des 14. Jahrhunderts, wurde die Kirche im 15. Jahrhundert im Stil der Gotik und mit kunstgeschichtlich äußerst bedeutsamen Fresken von Hans Strigel d.J. ausgestattet. Die Wichtigkeit des

2

Frauenkirche

Gotteshauses für die Stadt sieht man an ihren Besuchern, 1504 nahm Kaiser Maximilian I. an der Messe teil. Nach der Reformation – und dem Bildersturm, den nur die Fresken überstanden – nutzten die Frauenkirche Katholiken und Protestanten gleichermaßen; die Evangelischen durften zwischen 7.30 und 16 Uhr ins Kirchenschiff, die restliche Zeit war den Katholischen vorbehalten.

Die Fresken wurden erst 1893 freigelegt, im Dreißigjährigen Krieg hatte man sie übertüncht.

Auf dem Weg zurück zum Marktplatz passiert man das **Stadttheater** **17** (www.landestheaterschwaben.de), das einst Teil des hier befindlichen und im Zuge der Reformation aufgelösten Elsbethenklosters war und zu Beginn des 19. Jh. zum Theater umgebaut wurde. Es ist die Spielstätte des Landestheaters Schwaben. An der Seelhausgasse schließlich gelangt man zum ehemaligen Kreuzherrenkloster mit seiner heute noch stehenden Kirche, die – säkularisiert – Veranstaltungssaal der Stadt ist: der unbedingt sehenswerte **Kreuzherrensaal** **18** (Hallhof 5, Apr.–Okt. Di–So 14–17 Uhr, Sa 10–12.30 Uhr u. 14–17 Uhr), ein hoher, schmaler Raum mit reicher Stuckverzierung von 1709, geschaffen vom Wessobrunner Künstler Matthias Stiller. Wenige Schritte nach Osten führen in die **Salzstraße,** auf der einst die, mit weißem Gold schwer beladenen, Fuhrwerke von Salzburg in die Schweiz unterwegs waren. Hier sind noch die ehemaligen Stadel zu sehen, in denen das Salz gelagert wurde (womit die Stadt viel Geld verdiente).

In der Umgebung von Memmingen

Buxheim

Das **Kartäuserkloster von Buxheim** (Tel. 08331-61804, www.kartause-buxheim.de, 25. März–Okt. 10–17 Uhr, 5 €, So 14 Uhr Führungen nach Voranmeldung mit Eintritt 7 €) 5 km nordwestlich von Memmingen ist immer einen Besuch wert. Die heute als Internat genutzte großzügige und flächige Anlage war „Reichskartause" (nur dem Kaiser verpflichtet) und stammt aus dem Jahr 1100, als Mönche ein zu Augsburg gehöriges Stift aufbauten. 1402 kam das Kloster an die Kartäuser, einem im 11. Jh. in La Chartreuse (Frankreich) gegründeten Orden, der für die Zurückgezogenheit des mönchischen Lebens stand. Im 15. Jh. verzeichnete er starken Zulauf und zahlreiche Neugründungen. 1584 erlangte Buxheim die Reichsunmittelbarkeit und war somit nicht mehr Memmingen unterstellt. Glanzstück ist der riesige Kreuzgang, der die Klosterkirche Maria Saal mit seinem Westflügel in der Mitte durchschneidet. Die Kartäuser errichteten den Großen Kreuzgang im Jahr der Übernahme 1402, der berühmte Dominikus Zimmermann gestaltete ihn 1738 um. Mit 394 Meter Umlauf ist er der längste aller Kartäuser-Klöster, bietet allerdings nur Platz für 22 Mönchszellen, da jede – um die Abgeschiedenheit einer Klause zu garantieren – mit einem kleinen Garten versehen war (drei Zellen sind am nördlichen Gang zu besichtigen).

Dominikus Zimmermann zeichnete auch für die sehenswerte Buxheimer Pfarrkirche St. Peter und Paul verantwortlich, einer seiner ersten Bauten überhaupt.

2

Im Garten der Klosteranlage

Prachtvolles Chorgestühl

Zwei Sehenswürdigkeiten darf man bei einem Besuch keinesfalls versäumen, zum einen die **St.-Anna-Kapelle** in der Nordwestecke des Kreuzganges, wunderschönstes bayerisches Rokoko von Zimmermann, und das **Chorgestühl** in der Klosterkirche in der Mitte des Westlaufes. Erst 1980 fand es nach einer nahezu hundertjährigen Odyssee durch England zurück nach Buxheim. 1883 hatte es der damalige Besitzer Graf von Waldbott Bassenheim, der mal eben klamm war, verkauft (mitsamt 15.000 Bänden der überaus wertvollen Bibliothek). Bereits während der Barockisierung durch Zimmermann verschwanden 5 der ursprünglich 36 Stühle. An der Schnitzarbeit saß Ignaz Waibl aus Tirol vier Jahre, 1691 war das Meisterwerk fertig. Der Entwurf stammte allerdings vom Prior des Klosters und gliedert sich in drei Ebenen. Die unterste Ebene ist mit Dämonen und Teufeln besetzt, die die Pultvorderseiten bevölkern. Flankiert von zwei betenden Mönchen ist jede Nische – die zweite Ebene – mit einem Mönch oder einer Nonne besetzt, allesamt Ordensgründer. Die oberste Reihe der Figuren zeigt u.a. die Zwölf Apostel.

Benediktinerabtei Ottobeuren

11 km südöstlich von Memmingen kommt man zum aufgeräumt wirkenden Dorf Ottobeuren mit seiner durch Größe und Lage alles dominierenden **Basilika.** Eine lange Treppe führt hoch zum Hügel und dem Kirchenbau mit der dahinter liegenden, sich nach Osten erstreckenden Benediktinerabtei. Die 2500 Gläubige fassende Kirche ist ein Gemeinschaftswerk der Künstler des 18. Jh., die im Bayerisch-Schwäbischen Rang und Namen hatten. Die Pläne zeichnete zwar ein Ottobeurer Pater, doch zur Ausführung reisten der Münchener Hofbaumeister Johann Michael Fischer, die Maler Johann Jakob Zeiller und Franz Anton Zeiller, der Stukkateur Michael Feicht-

Die Basilika und der Kaisersaal des Klosters werden im Sommer für weit über die Region hinaus bekannte **Konzerte** genutzt – www.ottobeuren.de/de/konzertkalender

Die Abtei auf einer Anhöhe über dem Dorf

mayr und der Bildhauer Joseph Christian an. Die zwei Orgeln – mit die schönsten in Süddeutschland – baute Carl Riepp. Fertig war das Ganze nach 29 Jahren 1766. Herausragend bei der ohnehin schon prächtigen Innenausstattung ist das Chorgestühl von Martin Hermann mit Lindenholzreliefs von Johann Joseph Christian.

Die Mittellinie der Kirche entlang des Langhauses setzt sich nach hinten in die heute noch mit 19 Mönchen tätige **Benediktinerabtei** fort, und bildet auch dort die Achse des Hauptgebäudes; dieses wirkt mit 140 auf 125 Meter gewaltig und umschließt drei Innenhöfe. So prächtig wie die Kirche ist auch die ehemalige Reichsabtei ausgestaltet. Große Räume, Kapellen und eine Bibliothek mit 15.000 schweinsledergebundenen Folianten, insgesamt 250 Zimmer, 20 Säle, 7 Treppenhäuser und 5 Repräsentationsaufgänge.

Kloster auf Zeit: Wer Ruhe und Einkehr sucht, kann zeitlich beschränkt am Klosterleben teilhaben, www.abtei-ottobeuren.de

Die Abtei ist als **Klostermuseum** zugänglich (Sebastian-Kneipp-Straße 1, Tel. 08332-7980, www.abtei-ottobeuren.de, Palmsonntag bis Allerheiligen 10–12 und 14–17 Uhr, im Winter eingeschränkte Öffnungszeiten, 4 €). Besonders beachtenswert ist der Kaisersaal (Ort für die Kammerkonzerte im Sommer), in dem 16 Habsburger Kaiser als Statuen über die rechten Umgangsformen der Besucher wachen. Man sieht auch die ehemaligen Kanzleiräume, das Audienz- und Gesellschaftszimmer und die Galeriezimmern mit Werken schwäbischer Meister, Kunst

2

In der Basilika

von der Gotik bis zum Barock. In zwei Räumen hat der bayerische Staat dem Kloster als Außenstelle der Staatsgalerie Gemälde überlassen, die bis zur Säkularisation in Besitz der Abtei standen. Abschließend kann man es sich im Kloster-Café gut gehen lassen (tgl. 9–18 Uhr, Tel. 08332-925929, www.klostercafe-ottobeuren.de) oder man erwirbt im Kloster-Laden das eine oder andere Nützliche oder Erinnernde.

Im Klosterladen (Mo–Sa 9–12.30 Uhr u. 13.30–17 Uhr, So nur 13.30–17 Uhr) gibt es Devotionalien zur geistigen, im Kloster-Café (tgl. 10–17.30 Uhr) selbstgemachten Kuchen zur körperlichen Stärkung.

Allgäuer Volkssternwarte

Die **Volkssternwarte** (Ottobeuren, Tel. 08332-9366058, www.avso.de, Führungen jeden Freitag um 19.30 Uhr, 4 €, Kinder 2 €) liegt etwas außerhalb von Ottobeuren Richtung Böhen/Wolfertschwenden (hinter der Basilika abzweigen, 2 km). Hier erlebt man die Sterne fast zum Greifen nah und beeindruckend durch ein 60-cm Cassegrain-Spiegelteleskop mit Nasmyth-Fokus (Brennweite f = 7200 mm) und einen 15-cm-Refraktor von Lichtenknecker (Brennweite f = 1500 mm).

Bauernhofmuseum Illerbeuren

Das erste bayerische **Freilichtmuseum** (Museumsstr. 8, Kronenburg-Illerbeuren, Tel. 08394-1455, www.bauernhofmuseum.de, März 10–16 Uhr, Apr.–15. Okt. 9–18 Uhr, 16. Okt.–Nov. 10–16 Uhr, Dez.–6. Jan 13–17 Uhr, jeweils Di–So, 6 €, Kinder 1 €, Familienkarte 12 €) liegt 12 km südlich von Memmingen an der Iller und zeigt die Architektur und das Leben auf dem Lande mit eingerichteten Höfen, Handwerksgebäuden wie Schmieden und Bäckereien und Nebengebäuden wie Stadel, Schuppen und Ställe – auch und gerade für Kinder ein super Ausflug!

Fuggerschloss Babenhausen Gut 20 km nördlich von Memmingen dräut das Fuggerschloss über dem Städtchen Babenhausen. Um 1237 ist der Ort mit einer Burg erstmals in den Urkunden erwähnt, die Fugger erwarben 1538/9 Lehens- und Grundherrschaft für 104.000 Gulden und ließen sich in dem, dem 15. Jh. entstammenden, Schloss durch massive Umbauten einen weiteren Familiensitz einrichten. Die Fugger bestimmten zukünftig die Geschicke und den Bürgern ging es nicht schlecht. 1803 erhob Kaiser Franz II. Graf Anselm Maria Fugger zum Fürsten und Babenhausen wurde Reichsfürstentum. Der Fürstensitz ist heute als **Fuggermuseum** (Tel. 08333-2931, Apr.–Nov. Di–Sa 10–12 Uhr u. 14–17 Uhr, So 10–12 Uhr u. 13–18 Uhr, 4 €, Kind 2 €)) zu besuchen. Das Museum, bis zum Zweiten Weltkrieg in Augsburg untergebracht und 1955 in Babenhausen wiedereröffnet, dokumentiert die Familiengeschichte der Fugger und deren Bedeutung für Deutschland und Europa – in Wirtschaft, Politik und in der Renaissance-Kultur.

Service Memmingen

Information **Tourist-Information [a],** Marktplatz 3, 87700 Memmingen, Tel. 08331-850172, www.memmingen.de, Mo–9–17 Uhr, Sa 9.30–12.30 Uhr.

Stadtführungen Mehrere thematische Stadtspaziergänge sind im Angebot, darunter auch Erschröckliches wie „Der Gang der Scharfrichter" zum Richtplatz, oder die „Gruselführung mit dem Nachwächter". Wer es ruhiger liebt: „Desperate Housewives" im 17. Jahrhundert! Buchungen über die Tourist-Information. Regelmäßige Führungen für Einzelgäste Mai–Sept. jeden Fr 19 Uhr (mit unterschiedlichen Themen, Treffpunkt Marktplatz, 5 €).

Unterkunft **Weißes Ross [b],** Salzstr. 12, Tel. 08331-9360, www.hotelweissesross.de, DZ/F ab 100 €. Modernes Hotel in historischem Gewand in der Altstadt, 67 elegant eingerichtete Zimmer in einem 600 Jahre alten Gebäude.

Zum Schwanen [c], Kalchstr. 27, Tel. 08331-5231, www.zumschwanen-mm.de, DZ/F ab 90 €. Zweckmäßig bis komfortabel eingerichtete elf Zimmer mitten im Zentrum in einem historischen Gebäude, Gastwirtschaft mit deutsch-italienisch-kroatischer Küche (Menü ab 15 €).

Maximilian, Bannwaldweg 11, Ottobeuren, Tel. 08332-92370, www.parkhotel-ottobeuren.de, DZ/F ab 135 €. Modernes Großhotel mit Wellness und Spa und allen Bequemlichkeiten eines 4-Sterne-Plus-Hauses in schöner ruhiger Lage am Ortsrand.

Zum Mohren, Marktplatz 1, Ottobeuren, Tel. 08332-92130, www.gasthof-mohren.de, DZ/F ab 80 €. Familiär und sehr angenehm geführter Gasthof mit nur 11 komfortablen Zimmern mitten in Ottobeuren mit gutbürgerlicher, schwäbischer Küche und gemütlichen Gasträumen.

Bruckwirt [e], Ferthofer Hauptstr. 9, Ferthofen, Tel. 08331-62567, www.beim-steirer-bruckwirt.de, DZ/F ab 55 € (ohne Bad 52 €). Gemütlicher und familiärer Landgasthof direkt an der Brücke über die Iller und am Illerradweg 8 km südwestlich von Memmingen, auch günstiges und schmackhaftes Essen.

Camping

Park Camping Iller [f], Illerstr. 57, Aitrach, Tel. 07565-5419, www.camping-iller.de, 2 Personen mit Zelt und Kfz ab 15 €. 10 km südwestlich von Memmingen an der Aitrach, Apr.–Okt. offen, großzügige Stellplätze, Einkaufsladen, Schwimmbad, mehrfach prämiert.

Camping am See, Am Weiherhaus 7, Buxheim, Tel. 08331-764573, www.camping-buxheim.de, 2 Personen mit Zelt und Kfz 21 €. Ganzjährig offener Platz direkt am Kartäuser Weiher mit Bademöglichkeit, Wirtshaus.

Essen und Trinken

Weinhaus zum Goldenen Löwen [h], Schrannenplatz 2, Tel. 08331-5290, www.weinstube-goldenerloewe.de, Mo-Fr ab 18 Uhr, Sa 10.30–14, 18–24 Uhr, Menü um 20 €. Das älteste Weinhaus der Stadt hat eine ausgezeichnete Weinauswahl und eine kleine und feine Karte mit Schmankerln.

Wirtshaus zum Hoigata [i], Augsburgerstr. 4, Tel. 0171-9927152, http://wirtshaus-zum-hoigata.de, Mi 17–22 Uhr, Do–So 12–24 Uhr, Menü ab 15 €. Winzige Karte mit Standards in großen Portionen zu günstigen Preisen (wie Schnitzel Wiener Art oder belegte „Fladen"), dazu immer noch Tagesgerichte, gemütliche Stimmung, Garten.

Engelkeller [j], Königsgraben 9, Tel. 08331-9844490, www.engelkeller.de, 10–1 Uhr, Menü ab 20 €. Bürgerliche, leichte Küche mit schwäbischen Spezialitäten in heller Einrichtung, klassischer Biergarten unter Kastanien.

Weber am Bach [k], Untere Bachgasse 2, Tel. 08331-2414, www.weber-am-bach.de, Di–So 11–14 u. ab 18 Uhr, Mo nur ab 18 Uhr, Menü ab 20 €. Von ganz einfachem Maultaschengericht bis zum Degustationsmenü für 100 € ist alles drin, dazu eine sehr gute Weinkarte und das Ganze in historisch-feinem Ambiente.

Wiesenbräu, Am Weiherhaus 7, Buxheim, Tel. 08331-69627, www.wiesenbraeu.de, Di–Sa ab 17 Uhr, So ab 11 Uhr, Menü ab 15 €. Wunderschöne Gartenwirtschaft am Weiher von Buxheim, urige Einrichtung und ausgezeichnetes, erschwingliches Essen, besonders empfehlenswert: Rostbraten oder Zander.

Brauerei Hirsch, Marktplatz 12, Ottobeuren, Tel. 08332-796770, tgl. 11–23.30 Uhr, Menü um 20 €. Gasstätte mit gutem, selbst gebrautem Bier (darunter der „Sechsendser" aus sechs Malzsorten), Allgäuer Spezialitäten und internationalen Gerichten mit leichtem Crossover-Touch; Terrasse am Marktplatz.

Ausgehen

M1 Club [l], Bahnhofstraße, Memmingen, Tel. 0176-84119391, www.m1-memmingen.de, Samstag, bis 24 Uhr Happy Hour mit freiem Eintritt bei Club Sound, dann geht es aber richtig los mit House.

Einkaufen

Zinngießerei Gossner [m], Kalchstraße 3, Tel. 08335-8646, www.zinngiesserei-gossner.de. Erstaunlich was sich alles aus Zinn machen lässt – vom Krug bis zum Fliegenden Holländer unter vollen Segeln; Handwerksbetrieb mit 300-jähriger Tradition (bereits US-Präsidet Roosevelt erhielt einen Gossner-Kerzenleuchter in Elefantenform als Geschenk).

Confiserie Heilemann [n], Zangmeister Str. 5, 08331-5201, www.heilemann.de. Feinste Pralinés und natürlich den berühmten Memminger Mau, entweder in Marzipan oder in Schokolade.

Allgäuer Trachtenstadl [o], Maximilianstr. 9, Tel. 08331-9913304, www.allgaeuer-trachtenstadl.de. Souvenirs wie Kuhglocken mit Edelweißverziertem Ledergurt und Trachten.

Zigarren-Sturm [p], Kalchstr. 7, Tel. 08331-4403, www.zigarren-sturm.de. In Zeiten des zunehmenden Rauchverbotes noch eine Insel der Glückseligkeit – in der Region auch bekannt für seine selbsthergestellten Zigarillos (Sturm-Cigarilhas).

Märkte

Wochenmarkt [q], jeden Dienstag und Samstag am Marktplatz der Altstadt (Sommer 7–12 Uhr, Winter 7.30–12.30 Uhr).

Feste

Stadtfest, ein Samstag im Juni, traditionelles Stadtfest in der Altstadt mit Jahrmarkt, Musik und Imbissbuden.

Memminger Meile, zwei Wochen Ende Juni/Anfang Juli, Kulturfest, bei dem alle Bereiche vertreten sind, Comedy und beste Kunst zeigen sich auf den Plätzen der Stadt, in den Veranstaltungssälen und in den Hinterhöfen – für jeden Geschmack ist etwas dabei.

Fischertag, am letzten Samstag vor den Sommerferien, Großspektakel mit Tradition – kurz und heftig. Um 7.15 Uhr wirft sich alles, was ein Netz hat (das spezielle Holzgabelnetz, eine Art altertümlicher Käscher) in den Stadtbach und holt eine der im Vorjahr eingesetzten Forellen heraus. Wer die schwerste erwischt, ist Sieger und ein Jahr lang König. Das Treiben geht auf einen Zunftbrauch aus dem 16. Jh. zurück.

Wallensteinspiele, alle vier Jahre (2020, 2024 …) finden im Juli eine Woche lang die Festivitäten statt, die an das Jahr 1630 erinnern; Wallenstein hatte auf der Höhe seiner Macht in Memmingen Residenz genommen und just hier erfuhr er auch, dass er als Feldherr auf Betreiben der deutschen (und speziell des bayerischen) Kurfürsten abgesetzt wurde; die ganze Stadt macht beim Nachspiel der historischen Ereignisse mit.

Baden

Der **Buxheimer Weiher** ist einer von mehreren, einst von Mönchen angelegter Weiher; mit Campingplatz (s. o.) mit Strandbad (Tagesgäste 2 €, Kinder 1 €) ist er ein beliebter Platz an heißen Sommernachmittagen; Bootsverleih beim Restaurant-Café Seegarten (www.seegarten.de, um 10 €/30 Min.).

Das Öchsle

Die Museumsschmalspurbahn (Tel. 07352-922026, www.oechsle-bahn.de, Abfahrt in Ochsenhausen 12 Uhr, Ankunft in Warthausen 13.30 Uhr, Rückfahrt 14.45 Uhr, Erwachsene 16 €, Kinder bis 14 Jahre 7 €, Familienkarte 34 € hin und zurück) verkehrt im Sommer jeden Samstag und Sonntag (und an Fest- und Feiertagen teils auch im Winterhalbjahr) zwischen Ochsenhausen (25 km nordwestlich von Memmingen) und Warthausen. 1899 begann die „Königlich Württembergische Staatseisenbahn" mit ihrem Dienst auf der 750 mm Schmalspurbahn. Heute fahren auf der 19 km langen Strecke eine Hartmann-Lok von 1927 und eine im VEB „LKM" in Babelsberg fabrizierte Lok aus dem Jahr 1957.

Mindelheim

Dass ein Landsknecht und Feldherr wie Georg von Frundsberg nach seinem bewegten Leben und unzähligen Schlachten zum Sterben an seinen Geburtsort Mindelheim zurückkehrte, spricht für das Städtchen. Frundsbergs Stammburg thront noch über Mindelheim. Darunter breiten sich die Gassen des hervorragend erhaltenen mittelalterlichen Ortes aus. Die Anlage ist einfach. Durch das eine Tor fährt man hinein, durch das andere wieder hinaus und die Geschichte Mindelheims ist typisch; anfangs war hier eine alemannische Siedlung (132 Alemannengräber wurde gefunden), im 11. Jh. fand die erste urkundliche Erwähnung statt und Mitte des 13. Jh. erfolgte die Ernennung zur Stadt. Herrscher waren diverse Familien – ein Who's who des Adels und der Handelsherren, von den Tecks über die Frundsbergs bis zu den Fuggern. 1617 fiel die Stadt an Bayern. Der Kaiser aber ächtete die bayerischen Kurfürsten 1706 (weil sie mit dem Franzosen Ludwig XIV. gegen den Kaiser standen) und gab Mindelheim als Lehen an den gerade als Herzog von Marlborough geadelten General John Churchill. Dieser kämpfte für den Kaiser gegen Bayern und Franzosen und war siegreich – nach neun Jahren allerdings wurde Mindelheim wieder bayerisch und dabei blieb es.

1634 – die Pest wütet in ganz Europa – überleben von 2200 Bürgern nur 450.

2

Die Mindelburg

„Viel Feind', viel Ehr'!"

Der berühmte Spruch stammt vom Mindelheimer Sohn Georg von Frundsberg (1437–1528), dem Heerführer, der mit seinen „Haufen" als einer der ersten die Bedeutung der Infanterie erkannte. Auf dem Sterbebett war er allerdings anders aufgelegt: „Drei Dinge sollten jedermann vom Krieg abschrecken: Die Verderbung und Unterdrückung der armen, unschuldigen Leute, das unordentliche und sträfliche Leben der Kriegsknechte und die Undankbarkeit der Fürsten, bei denen die Ungetreuen hochkommen und reich werden und die Wohlverdienten unbelohnt bleiben."

Sehenswertes in Mindelheim

Die ovale Altstadt wird von der Maximilianstraße durchschnitten, die im Westen am Unteren, im Osten am Oberen Tor endet. Das Untere Tor – ein hoch aufragender Turm – ist auch das älteste und stammt aus der Mitte des 13. Jh. Betritt man durch den Torbogen die Stadt, befindet sich rechter Hand das alte Mühlenviertel, linker Hand das Pfarrviertel, Richtung Oberes Tor liegt links das Kloster- und rechts das Spitalviertel; namensgebend waren natürlich die wichtigsten „öffentlichen" Bauten in den jeweiligen Stadtteilen.

Gleich nördlich des Unteren Tores stehen Kirche und Kolleg der Jesuiten. Die ehemalige **Klosterkirche Mariä Verkündung,** einladend in weiß, rosa und gelb, geht auf den Augustinerorden zurück. Doch aus dieser Zeit ist nach einem kompletten Umbau mit Erweiterungen im Jahr 1722 nicht mehr viel erhalten (der Chor ist noch von 1625). Prachtvoller, fein gearbeiteter Stuck ist allenthalben zu sehen. Besonders augenfällig ist die Kanzel mit ihrem hervorragenden, vielfarbenen Schnitzwerk.

Parken

Wer am Morgen anreist, findet Parkplätze in der Altstadt, ansonsten stellt man das Fahrzeug am besten im Parkhaus an der Frundsbergstraße, der südlichen Altstadtumgehung, ab.

Mindelheimer Museen

Im Jesuitenkolleg (errichtet zwischen 1627 und 1671) sind heute vier **Mindelheimer Museen** (Hermelestr. 4, Tel. 08261-6964, Di–So 10–12, 14–17 Uhr, 2,50 € für alle vier) untergebracht. Das **Schwäbische Krippenmuseum** (nach Umbau ab Nov. 2017 wieder offen) zeigt nicht nur seine reiche

Sammlung mit Werken schwäbisch-bayerischer Künstler, sondern versucht auch den Hintergrund der Entstehung der Krippenbaukunst mit ihren teils grandiosen Szenarien zu erläutern. Das **Textilmuseum** widmet sich in seinen drei Abteilungen einmal der Entwicklung der Damenmode, dann kirchlichen Prachtgewändern vom 15. Jh. bis in die Gegenwart und schließlich Stoffen in der Wohnkultur von1850 bis 1920 mit stimmig eingerichteten Zimmern und dem Schwerpunkt auf Handarbeiten. Das **Südschwäbische Archäologiemuseum** ist ein Zweigmuseum der Münchener Archäologischen Staatssammlung und beleuchtet die Vorgeschichte. In der **Carl-Millner-Galerie** sind die Gemälde des Münchener Landschaftsmalers Millner ausgestellt, der als einer der herausragendsten Künstler der Romantik gilt (derzeit wegen Umbau geschlossen, Wiedereröffnung Mitte 2017).

Stadtbefestigung

Geht man vom Kolleg weiter nach Norden, gelangt man an der Nordwestecke der Stadtbefestigung zum dreigeschossigen **Collegturm** aus dem Jahr 1500 mit Umbauten im 19. und 20. Jh., dessen Grundriss als Dreiviertelkreis mit Anbauten ausgeführt wurde. Von dort nach Osten gelangt man unmittelbar zum **Einlasstor,** dem nördlichen (und nachts einzigen) Stadteingang aus der Mitte des 15. Jh. – auch Westernacher Tor genannt. Seinen wehrhaften Charakter mit Zinnen erhielt der viergeschossige, quadratische Turm mit rechteckigem Vorbau im Jahr 1500.

Der Collegturm

Die Mindelburg

Die **Mindelburg,** Stammsitz u.a. derer zu Frundsberg, darf man, obwohl an einen Verlag vermietet, betreten; im Wirtschaftsgebäude ist eine Gastwirtschaft untergebracht und der Bergfried steht für Besucher, die gewillt sind, die 121 Stufen zu nehmen, offen. Belohnt wird man mit einer tollen Sicht auf Burg und Stadt. Um 1370 haben die Tecks die Burg übernommen und umgebaut, die Frundsbergs haben ihr mehr oder weniger ihr heutiges Antlitz im auslaufenden 15. Jh. gegeben.

Silvesterkirche

Sich südlich haltend, biegt man an der nächsten Gasse (Hungerbachgasse) westlich ab zur **Silvesterkirche.** Herzogin Anna von Polen, die in die Familie Teck eingeheiratet hatte, stiftete die Kirche der Stadt 1409. Im 18. Jh. wurde das Gotteshaus barockisiert, 1803 säkularisiert und nicht mehr in Kirchenbesitz rückgeführt. Es beherbergt heute das **Turmuhrenmuseum** (Hungerbachgasse 9, Tel. 08261-6964, Mi und jeden letzten So im Monat 14–17 Uhr, nur mit Führung, 2,50 €). Über 50 Turmuhren von 1562 bis 1933 sind im Untergeschoss und im 48 Meter hohen Kappelturm zu sehen, die erste Sammlung in Deutschland und die mit den meisten Stücken – von der kleinen Uhr an einem Giebel eines Privathauses bis zur tonnenschweren, handgeschmiedeten Turmuhr. Schönste Stücke sind die Füssener Konventuhr von 1750 und ein astronomischer Zeitgeber von 1529, der Gestirnumläufe und Tierkreise anzeigt.

Maximilianstraße

Seine Schritte wieder nach Süden lenkend erreicht man die Maximilianstraße mit dem stolzesten Bürgersinn verkörpernden **Rathausgebäude.** Bis 1658 haben hier die Weber sich zu ihren Zusammenkünften getroffen, dann brannte das Haus ab, wurde neu errichtet und wird seit 1783 als Rathaus genutzt. 1897 gestaltete man die Fassade deutschtümmelnd historisierend und im Zeitgeschmack mit Anleihen an Spätgotik und Renaissance. Ein Ritter hält am Südgiebel das Stadtwappen. Vermeintlich passend dazu stellte man das Denkmal von Georg von Frundsberg auf dem geräumigen Stadtplatz auf – obwohl gerade dieser

Bis 1803 floss der Hungerbach die Maximilianstraße entlang und brachte bei Schneeschmelze Hochwasser und immer wieder Schäden an den Häusern.

Kriegsherr die Zeichen der Zeit und den Untergang des Rittertums erkannt und mit seinem Fußvolk die Kriegstaktik revolutioniert hatte. Das **Obere Tor** stand 1337 erstmalig als Haberntor in den Urkunden, um 1500 brachte man es in die heutige Form und es erhielt stadtseitig einen Rund-, landseitig einen Spitzbogen. 27 Meter ragt der Turm auf, Ecktürmchen schmücken ihn und immer wenn ein Verurteilter auf dem Weg zum Henker war, läutete am Turm das „Arme-Sünderlein-Glöckchen".

Südlich des Tores waren im runden **Gefängnisturm** die „Bösen" untergebracht und an einen im Boden eingelassenen eisernen Ring gekettet. Mit seinen Umbauten war der Turm auch Teil der Stadtbefestigung, die Fundamente stammen aus dem 14. Jh., der 34 Meter hohe Oberbau vom ausgehenden 15. Jh. Das dicke Gemäuer lässt innen nur wenig Raum für die engen Treppenhäuser und die 3,5 Quadratmeter kleinen Zellen. Immerhin bis 1946 war das, auch Malefizturm genannte, Bauwerk als Gefängnis in Nutzung.

Liebfrauenkapelle

Die sehenswerte **Liebfrauenkapelle** (Memmingerstr. 9, Mai–Okt. 9–17 Uhr) liegt außerhalb der Stadtmauern im Westen jenseits der Mindel, schräg gegenüber dem Vermessungsamt. Das einschiffige, einheitlich und stimmig in Frühbarock ausgestatte Bethaus beherbergt einen der kostbarsten Kunstgegenstände der Stadt: das Hochrelief der „Heiligen

Marienplatz mit Rathaus im HIntergrund

Da sie ursprünglich als Kapelle für Lepra-Kranke diente, liegt die Liebfrauenkapelle außerhalb der Stadt.

Sippe" an der Ostseite in einem Wandschrein, vermutlich um 1520 von Hans Thomann geschaffen, der als „Meister der Mindelheimer Sippe" bezeichnet wird. Die Stadt hatte es 1640 in Memmingen zurückgekauft und den Kirchenraum durch weitere Reliefs schmücken lassen. Weiterhin beachtenswert: Der Fünf-Wunden-Brunnen im östlichen Vorbau, in den das Wasser durch die Wundmale des Gottessohnes plätschert.

In der Umgebung von Mindelheim

Türkheim

Adrett herausgeputzt ist das Städtchen mit seiner feinen Stadtanlage, wie es sich für einen herzoglichen Besitz gehört – Großes Schloss, Kleines Schloss, Hoftheater, Park, Oberjägerhaus und natürlich „Tafernen". Geschichtlich waren mit Römern und Alemannen die üblichen Verdächtigen zugange, doch Ende des 5. Jh. schlugen die Merowinger die Alemannen und um die Eroberung zu sichern, siedelten sie eine ihnen verbundene thüringische Sippe an. Die Siedlung wurde zum „Thüringer Heim" und schließlich zu Türkheim. Die Türkheimer lebten unter der Lehensherrschaft der Schwabegger bis diese 1167 ausstarben, dann unter den welfischen Lehensgebern, die 1179 alles an die Staufer verkauften. Nach deren Sippenableben im Jahr 1268 betraten die Wittelsbacher die Bühne, die Schwabegg immerhin bis 1666 in Besitz hielten. Danach fiel es an Herzog Maximilian Philipp, der Türkheim zu seiner Residenzstadt machte, die Künste förderte und für seine Bürger mit der Verleihung des Marktrechtes an die Stadt sorgte. Standesgemäß und fürstengleich sollte man die Stadt von Süden her durch das Ludwigstor betreten. Gleich linker Hand befindet sich der herzogliche Komplex mit Großem (1532) und Kleinem Schloss (1685 von Viscardi, einem berühmten Kirchenbaumeister) und dem hübschen Schlosspark. Da das Große Schloss heute als Rathaus fungiert, darf man es betreten (wird aber enttäuscht sein). Das **Sieben-Schwaben-Museum** (Maximilian-Philipp-Str. 32, Tel. 08245-5323, 1. So im Monat, Mai und

Das Ludwigstor verband Schloss und die gegenüber liegende Loreto-Kapelle mittels eines herzoglichen Privatganges.

Okt. 2. So im Monat 14–17 Uhr) befindet sich in der 2. Etage und zeigt eine Ausstellung zur Vor- und Frühgeschichte, zur Stadtentwicklung und natürlich den schriftlichen Nachlass des Verfassers der „Abenteuer der Sieben Schwaben" Ludwig Aurbacher.

Wer das Geburtshaus des Sieben-Schwaben-Autors sehen will, wird in der Ludwig-Aurbacher-Straße fündig (Nummer 26, eine Fassadenplakette erinnert an ihn. Das Kino schräg gegenüber war einst die „Obere Taferne", nordwestlich von ihr stand an der Tussenhauserstraße die „Untere Taferne".

Gerne haben die Schulkinder Türkheims die Geschichte von den Sieben Schwaben sicherlich nicht gehabt, zu tölpelhaft wurde darin ein ganzer Volksstamm dargestellt. Obwohl: Der Stoff geht weit ins Mittelalter zurück und der in Türkheim geborene **Ludwig Aurbacher** (1784–1874) hat ihm mit zwei Büchlein über die tapferen Recken nur zu neuer Popularität und die Gebrüder Grimm anschließend in die deutsche Märchensammlung verholfen.

Oberklammlach

Wem das Hochrelief des Mindelheimer Meisters gefallen hat, der sollte unbedingt ein weiteres begutachten. Es befindet sich in der Pfarrkirche Mariä Himmelfahrt in Oberkammlach 7 km westlich von Mindelheim. Der schlanke, zwiebelgekrönte Turm der Kirche zeugt schon von weitem vom Baustil. Der Vorgängerbau wurde im Dreißigjährigen Krieg zerstört und 1669–96 pflegte man bei der Neuerrichtung reinsten Barock. Vom Vorgänger ist an der Nordwand nur noch der Freskenzyklus mit 24 Szenen aus dem Leben Jesu erhalten – bei der Renovierung 1962–68 entdeckt und freigelegt. Schmuckstück ist das Hochrelief „Kammlacher Weihnacht" oben in den Hauptaltar eingearbeitet; es wird auf etwa 1520 datiert, geschaffen vom Mindelheimer Meister, zumindest aber von einem Künstler aus seiner Umgebung.

Französische Revolution in Kammlach: Am 13. August 1796 versuchte der französische Prinz Condé bei Kammlach mit 12.000 Mann die Revolution zu besiegen. Es missglückte. Das republikanische Revolutionsheer hatte 28.000 Soldaten und war siegreich. Die letzte Schlacht der Französischen Revolution war geschlagen, 1200 Mann blieben tot auf dem Feld.

Buchloe

„Tor zum Allgäu" lautet die Eigenwerbung und tatsächlich, wer durchfährt will schnell weiter ins Allgäu. Die 20 km östlich von Mindelheim liegende Stadt mit ihrer gesichtslosen, von Siedlungshäusern bestimmten, Atmosphäre lädt nicht unbedingt zum Verweilen. Nach dem Zweiten Weltkrieg musste der Ort immerhin noch einmal so viele Flüchtlinge aus den Ostgebieten aufnehmen, wie er Einwohner hatte. Wer Zeit und Muße mitbringt kann aber den Backsteinbau der **Pfarrkirche Mariä Himmelfahrt** besuchen, die innen von Größen ihrer Zeit barockisiert wurde. Verantwortlich für die Umgestaltung zeichnete 1730 Johann Georg Fischer. Besonderes Augenmerk verdient das Altarblatt im rechten Seitenaltar von Johann Matthias Kager (1626), ursprünglich für ein Kloster in Augsburg geschaffen.

Jeder bayerische Bub kriegt große Augen wenn er eines der Geschosse aus der Buchloer Automobilveredelungsschmiede sieht, **BMW Alpina** ist für ihn das Maß aller Dinge.

Fugger-schloss Kirchheim

Ein weiterer Ausflug führt ins nördlich gelegene, 16 km entfernte Kirchheim/Schwaben. 1551 erstand Anton Fugger die Herrschaft Kirchheim für 137.000 Gulden und zwischen 1578 und 1585 hat die Familie sich vom Augsburger Stadtbaumeister das Schloss als Sommerresidenz errichten lassen. Mit Kleinigkeiten gaben sich die Fugger nicht ab, und so entstand eine Kopie der Kloster- und Schlossanlage El Escorial in Madrid. Mitte des 19.Jh. wurden allerdings der Nordflügel und ein Teil des Westflügels abgerissen. Das Schloss bewohnt noch eine Fuggerlinie, den schönsten Saal aber darf man anlässlich von Führungen besuchen. Die Kassettendecke des 360 Quadratmeter großen **Zedernsaales** (Fuggerschloss, Marktplatz 1, Kirchheim/Schwaben, Tel. 0173–243 68 89 , tgl. 9–12, 14–17 Uhr, Führung 5 €) gilt als Meisterwerk deutscher Schnitzkunst und als schönste Renaissance-Kassettendecke, erschaffen vom Kistlermeister Wendel Dietrich, mit Zedernholz aus dem Libanon unter weiterer Verwendung deutscher Hölzer wie Linde, Eiche, Eibe, Esche, Ahorn, Zwetschge und Nuss. Wegen der herausragenden Akustik (und des optischen Genusses) wird der Saal regelmäßig für Konzerte genutzt – dem **Kirchheimer Musiksommer** (http://fuggerschlosskonzerte.de).

Service Mindelheim

Information

Tourist-Information, Maximilianstraße 26, 87719 Mindelheim, Tel. 08261-991520, www.mindelheim.de, Mo–Fr 9.30–12.30, 14–17 Uhr.

Stadtführungen

Mai–Okt.an jedem zweiten und letzten Sa im Monat um 14.30 Uhr (Treffpunkt Theaterplatz, Dauer etwa 90 Min., 4 €). Weitere Führungen unter Themen wie „Huren. Hexen. Hohe Frauen." oder „Alles was Recht ist!" mit anschließender Henkersmahlzeit.

Unterkunft

Alte Post, Maximilianstr. 39, Tel. 08261-760760, www.hotel-alte-post.de, DZ/F um 100 €. Im Herzen der Altstadt logiert man seit 1618 (hier fanden auch illustre Gäste wie Kaiser Franz I. von Österreich Nachtruhe); 42 modern eingerichtete Zimmer, Restaurant und Weinstube (auch mit süddeutschen Provenienzen).

Katzbrui-Mühle, Katzbrui 7, Apfeltrach-Köngetried, Tel. 08269-575, www.katzbruimuehle.de, DZ/F um 70 €. 11 km südlich Mindelheim, so wie man sich einen Landgasthof wünscht, Restaurant mit holzgetäfelten Stub'n (tgl. ab 11 Uhr, Menü ab 15 €), Biergarten, 15 komfortable Zimmer, plätschernder Mühlbach, Kleinst-Brauerei, Räucherkammer (u.a. für die selbst gefangenen Forellen) und dann auch noch ein kleines Mühlenmuseum; was will man mehr!

Garni Geiger, Allgäuerstr. 30, Tel. 08261-7317080, www.hotel-geiger-mindelheim.de, DZ/F ab 75 €. Modern-stylishes Stadthotel mit 50 Komfort-Zimmern mit allem Notwendigen; auch Boarding-Rooms mit kleiner Küchenzeile.

Essen und Trinken

Burggaststätte, St. Georgenberg 20, Tel. 08261-1473, Mi–So 11–23.30 Uhr, Menü um 15 €. Gute Hausmannskost in gemütlicher Stub'n-Atmosphäre von ausnehmend freundlichem Personal serviert.

Schlossgarten, Max-Philipp-Str. 34, Türkheim, Tel. 08245-904090, www.schloss-garten.de, tgl. 9–23 Uhr, Menü ab 20 €. Schwäbische und internationale Gerichte (Tagliatelle nach Schwaben Art) in modern eingerichtetem Restaurant

Das Obere Tor

2

Mindelburg

mit Biergarten, der – da im Schlosspark – für einen gemütlich an Bier und Brotzeit orientierten Sommernachmittag ideal ist.

Zum Schwanen, Reichsstr. 1, Kammlach, Tel. 08261-4267, Do–Di 10–22 Uhr, So nur bis 14 Uhr, Menü ab 12 €. Dorfgasthof mit 400-jähriger Tradition in Kammlach mit schwäbischen Spezialitäten aus dem Familienrezeptbuch und mit viel Fantasie bei der Kreation von Kartoffelgerichten.

Märkte

Der **Wochenmarkt** findet Di (8–13.30 Uhr) und Sa (7–13 Uhr) auf dem Marienplatz statt. **Frühjahrsmarkt** eine Woche nach Ostern und **Herbstmarkt** Mitte September, mit zahlreichen Verkaufsbuden und einem Rummel mit Fahrgeschäften am Oberen Tor.

Feste

Frundsbergfest, all drei Jahre (2018, 2021 …) wird Ende Juni/Anfang Juli gefeiert und die Stadt und seine Bürger werfen sich für zehn Tage in mittelalterliches Gewand; Umzüge, Markttreiben, Gaukler, Bettler, Mönche, Mägde und Reisige – alles was dazu gehört tanzt durch die Gassen; das erste Mal wurde ein Frundsbergfest 1853 ausgetragen (Frundsberg Festring Mindelheim, Imhofgasse 3, Tel. 08261-5584, www.frundsbergfest.de).

Jazzisch, Jazztage im März (vier Tage mit internationaler Beteiligung, www.jazz-isch.de) teils im Forum, teils in der Dampfsäg Sontheim.

Mondlicht-Open-Air, am ersten Wochenende im August (oder letztes Juliwochenende); Picknick und Orchester (Musical, Klassik, Filmmelodien, www.mindelheim.de/mondlicht-open-air), unterhalb der Mindelburg-Anlage.

Vaden

Ein kleiner und unspektakulärer **Baggersee** („Nordsee") befindet sich im Norden von Mindelheim (an der B16, über den Nassenbeurer Weg anzufahren, keine Infrastruktur).

Bad Wörishofen

Was wäre Wörishofen ohne Pfarrer Kneipp? Kein Bad, kein Glamour, keine Kurgäste, nur ein kleines Dorf, dessen einzige Sensation Allgäuer Käsespezialitäten wären! Aber so – im Mai 1855 kam er als Beichtvater der Dominikanerinnen nach Wörishofen, eine Art Strafversetzung, da er zu dieser Zeit bereits der Kurpfuscherei verdächtig war. Er ließ aber nicht ab und es entwickelte sich bald ein reger Kurtourismus. Die Menschen kamen, um mit seinen „Wassergüssen" zu gesunden, und als noch ein Freund Abgeordneter im Reichstag wurde, bekam die Hydrotherapie den gesetzlichen Unterbau und erhielt europaweit Öffentlichkeit – Bücher erschienen und weitere Gäste. Ende des Jahrhunderts kam es zu einem richtigen Bauboom mit Hotels und Kureinrichtungen. 1920, Kneipp war schon nicht mehr, erhielt die Stadt schließlich das Prädikat „Bad". Man war nun final mondän und die illustren Gäste aus aller Herren Länder stiegen und steigen noch heute in den Luxushotels und die „Schlechterverdiener" in den einfacheren Pensionen ab.

Kneipps Heilung:

Mit 22 Jahren bekam Sebastian Kneipp (1821–1897) Tuberkulose und gleichzeitig ein Buch in die Hände, das die therapeutische Wirkung äußerlich angewendeten Wassers beschrieb. Kneipp badete daraufhin mehrfach für kurze Zeit in der (damals noch mit Frischwasser gesegneten) Donau und gesundete. Kneipps Verdienst war, dass er die bereits bekannten Wasserkuren in ein ganzheitliches Konzept einband, das auf fünf Säulen fußt: Hydrotherapie, Ernährungstherapie (bewusste Ernährung), Bewegungstherapie (u.a. das Barfußlaufen), Pflanzenheilkunde und bewusste Lebensführung. Er selbst starb an einem Tumor, den er operativ nicht entfernen lassen wollte.

Wie es sich für ein Bad gehört, zeigt sich die Stadt überall von ihrer besten Seite mit properen Häusern der vorletzten Jahrhundertwende, Wandelhallen, Fußgängerzonen und viel Grünflächen. Die Kneipp-Kuren haben sich allerdings geändert und passen sich den Bedürfnissen des Publikums an, nicht umgekehrt. So sind es eben die Wellness-

Big Business: Auf www.kneipp.de erhält man alles, was gesund machen und -halten soll.

Abteilungen und die Spas, in denen die vom Alltag Zermürbten neue Kraft sammeln – aromatherapiert, heißsteinbehandelt, druckpunktmassiert und gurkenscheibenbelegt.

Sehenswertes in Bad Wörishofen

Spirituelle Wirkungswelt

Natürlich dreht sich alles um Kneipp, auch der Stadtspaziergang entlang der Sehenswürdigkeiten ist aufs Engste mit dem Gesundheit bringenden Pfarrer verbunden. Eigentlich gibt es nichts, was nicht auf ihn hinwiese bzw. was nicht wenigstens noch eine Anekdote zu erzählen böte. Los geht's am modernen Kurhaus und über die Hauptstraße nach Süden erreicht man gleich den **Pfarrhof** (Hauptstr. 23), in dem Kneipp ab 1881 gelebt hatte. Obwohl zu jener Zeit die Wasserkur in Wörishofen schon üblich war, gab es doch Leute, die sich die Güsse vom Pfarrer persönlich geben lassen wollten; dazu nutzte er eine Gießkanne in der Waschküche im Garten. In der **Pfarrkirche St. Justina** predigte Kneipp als Stadtpfarrer bis zu seinem Todesjahr. Die Kirche, ältestes Gebäude der Stadt, stammt aus dem Jahr 1520 und ersetzte eine romanische Vorgängerkirche. Aus dem 16. Jh. erhalten sind noch der Chor und der massive Backsteinturm. Um 1700 (Barockisierung) und 1932 fanden gewichtige Umbauten und Vergrößerungen statt. Natürlich ist Kneipp zu sehen: Am hinteren Deckenfresko des Hauptschiffes als Prediger. Zu den wenigen Überbleibseln aus gotischer Zeit gehört das Taufbecken (1520). Geschmückt sind die Wände mit Stuck aus der Wessobrunner Schule, an-

Kneipp-Brunnen mit Statue von Pfarrer Kneipp im Hintergrund

sonsten stammt die Inneneinrichtung meist aus dem 20. Jh. (auch der Hauptaltar in Neurokoko). Das **Dominikanerinnenkloster** mit seiner **Kirche Maria Königin der Engel** schließt unmittelbar im Süden an die Pfarrkirche an. In dem Kloster wirkte Kneipp als Beichtvater und starb er. Errichtet wurden beide Gebäude 1719–1723 als Rückzugs- und Klausurort des Ordens. Die Wessobrunner Brüder Zimmermann statteten die Kirche prächtig mit Fresken und in zarten Farben gehaltenen polychromen Stuckarbeiten aus. Die Einbauten stammen vom Dominikanerbruder Valentin Zindter aus Augsburg, besonders schön sind seine Altäre mit Intarsienarbeiten verschiedener Hölzer und Einlagen aus Horn, Messing und Zinn. Pilgerziel ist die Madonna von Einsiedeln (eine Kopie aus dem 17. Jh.), die die Dominikanerinnen zur Klostergründung mitbrachten. Angeschlossen ist das **Kneipp-Museum** (Klosterhof 1, Eingang Schulstraße, Tel. 08247-395613, www.kneippmuseum.de, 1. Feb.–15. Nov. Di–So 15–18 Uhr, Mi auch 10–13 Uhr, 26. Dez.–6. Jan. Di–So 15–17 Uhr, Mi auch 10–13 Uhr, 3 €), in dem man alles über das Leben und Wirken von Pfarrer Sebastian Kneipp erfährt, sein Wohn-, Schlaf- und Arbeitszimmer sieht, alles über die ganzheitliche Behandlung lernt und in Büchern blättern kann wie „Mein Testament für Gesunde und Kranke".

Nun geht man über die St.-Anna-Straße zum Friedhof und in diesen hinein. Das **Kneipp-Mausoleum** wurde 1937 errichtet, in ihm ruht der Heiler in dem schwarzen Marmorsarkophag, in den man ihn 1897 gebettet hatte. Alljährlich am 17. Juni, Kneipps Todestag, treffen sich hier Honoratioren und Jünger im Anschluss an einen Gottesdienst und gedenken seiner mit Blasmusik und Kranzniederlegung.

Weltliches Wirken

Nun sollte der Kopf frei sein für eine Begutachtung der historischen Plätze für die Kuranwendungen. Westlich des Friedhofes findet sich das **Alte Badehaus** (Promenadestraße), 1888 als Männerbad errichtet (das Pendant für die Damen stand einstmals gegenüber). Hier wurde nicht mehr mit der Gießkanne, sondern bereits mit einem eigens konstruierten Spezialschlauch „gegossen". In der **Wandelhalle** hat Kneipp täglich seine Vorträge über gesundes Leben gehalten, ursprünglich war sie 80

Meter lang. Geht man die Kneippstraße nach Norden, kommt man am **Denkmal** für Herrn K. (Denkmalplatz) vorbei, lebensgroß steht er auf seinem Podest, 1903 geformt und in Kupfer getrieben. Dann ist linker Hand das **Sebastianeum** (Kneippstr. 8) zu sehen, 1891 errichtet und 1894 erweitert, eine von Kneipp gegründete Krankenanstalt, heute Kurklinik mit, wen wundert's, Kneipp-Therapie. Zwei weitere Krankenhäuser, das **Kneippianum** und die **Kneipp'sche Kinderheilstätte** nördlich des Kurparkes auf einer Anhöhe sind ebenfalls Gründungen des Pfarrers, die er den Armen Franziskanerinnen zum Betrieb überließ.

Wer genug hat von Herrn K.: Wörishofen besitzt auch drei private Museen, die gänzlich anderer Natur sind. Das **Allgäuer Fischmuseum** (Fidel-Kreuzer-Str. 5, Tel. 08247-1377, http://fischmuseum.de, Besuch nach Vereinbarung, 2 €) hat sämtliche heimischen Fisch- und Krebsarten aus den Gewässern des Allgäus fein (und selbst) präpariert, dazu noch sämtliche Vogel-, Land- und Wasserkreaturen. Im **Puppenmuseum** (Allgäuerstr. 22, Tel. 08247-2666, Besichtigung leider nur nach Vereinbarung) sieht man Puppen und Teddybären aus 80 Jahren, beginnend mit 1920 – insgesamt über 600 Stück (Barbies spielen hier keine Rolle), ein toller Überblick auch über die Seh- und Spielgewohnheiten fast eines Jahrhunderts. Das **Fliegermuseum** (Historische Segelfliegerhalle bei den Stadtwerken, jeden ersten Samstag im Monat 14–18 Uhr, jeden dritten Do 19–22 Uhr) besitzt eine MIG 21, eine ME 109 und zahlreiche Modelle sowie weitere Exponate rund um das Fliegen.

Service Bad Wörishofen

Information **Tourist-Information,** Hauptstr. 16 (Kurhaus-Pavillon), 86825 Bad Wörishofen, Tel. 08247-993355, www.bad-woerishofen.de, Mo–Fr 9.30–18 Uhr, Sa/So 9.30–16 Uhr (Winter Mo–Fr 10–17 Uhr, Sa 10–12.30 Uhr).

Stadtführungen Ganzjährig Stadtführungen immer am Montag (14 Uhr, Dauer etwa 1,5 Std., 3 €, Treffpunkt am Steinbrunnen vor dem Kurhaus, Bonifaz-Reile-Weg).

Unterkunft **Kneippianum,** Alfred-Baumgarten-Straße 6, Tel. 08247-3510, www.kneippianum.de, DZ/HP ab 150 €. Puristisch eingerichtetes Hotel in einer der von Kneipp höchstselbst gegründeten Krankenanstalten mit allem, was des Kurenden Herz begehrt; Klinik mit zeitgemäßen, modernisierten historischen Therapien unter ärztlicher Anleitung mit Wohlfühl-Ambiente.

Kneipp-Kurhaus St. Josef, Adolf-Scholz-Allee 3, Tel. 08247-3080, www.kneippkurhaus-st-josef.de, DZ/F ab 150 €. Die Armen Franziskanerinnen von der Heiligen Familie leiten das Haus mit 67 Zimmern; hier bucht man ein, wenn man der christlich-meditativen Seite der Kneipp-Therapie verstärkt Beachtung erweisen will; alle Diäten und alle Behandlungen.

Freuschle, Obere Mühlstr. 3, Tel. 08247-90189, www.kurhotel-freuschle.de, DZ/F um 80 €. Modernes, kleines Zwei-Stern-Hotel mit 25 Zimmern, den notwendigen Annehmlichkeiten und einem kleinen Wellnessbereich, gute Diätküche (Vollpensionsangebote beachten!).

Landhotel Hartenthal, Hartenthal 2, Tel. 08247-9988910, www.landhotel-hartenthal.de, DZ/F ab 62 €. Die wohltuende Ausnahme in Bad Wörishofen im Weiler Hartenthal 5 km südwestlich des Zentrums, ein ganz normales Familienhotel mit einem ganz normalen Restaurant im Nachbargasthof für normalgesunde Menschen, sehr ruhig auf einer Anhöhe mit Fernsicht, 19 komfortable Zimmer, Hallenbad.

Camping

Kurcampingplatz, Walter-Schulz-Str. 4, Bad Wörishofen, Tel. 08247-9973735, www.kurcamping-bad-woerishofen.de, Stellplatz mit Kfz und 2 Personen um 20 €. Es wäre ja auch verwunderlich, wenn es auf dem Zeltplatz mal nicht um das Kuren ginge; ganzjährig offener Platz relativ zentral gelegen (600 m von der Südseetherme und 2 km nördlich des Zentrums) mit Kneipptherapie, Massagen, Physiotherapie und Wellnessanwendungen direkt am Platz.

Essen und Trinken

Muschitz, Fidel-Kreuzer-Str. 4, Tel. 08247-997397, www.muschitz-einrestaurant.de, Do–Mo 12–14, 18–21 Uhr, Menü ab 30 €. Regionale und internationale Küche mit österreichischem Einschlag auf sehr hohem Niveau und in elegant-gediegener Atmosphäre, Terrasse.

Neubrand's Stüble, Bahnhofplatz 4a, Tel. 08247-7451, www.neubrand-stueble.de, Mi–So 11–14, 17–21 Uhr, Menü um die 20 €. Holzgetäfelte Gemütlichkeit, Terrasse und eine Speisekarte, die Kurgästen die Augen übergehen lässt (z.B. fettarme Gerichte aus dem Leber-Galle-Menü wie Hirschroulade mit Spätzle und Salat).

Zum Jagdhäusle, Jagdhaus 1, Tel. 08247-6196, www.jagdhaeusle.de, Di–So 11–23 Uhr, Menü um 15 €. Seit 1950 werden in der ehemaligen Wandergaststätte (beim Kneipp-Waldweg) Brotzeiten, Kaffee und Kuchen und kleinere Gerichte serviert, in den heimeligen Gaststuben oder auf der Terrasse und im Garten; günstiges Mittagsbüfett unter 10 €.

Ausgehen

Bäck, Kaufbeurerstr. 3, Tel. 08247-332682, Di–Fr 17–1 Uhr, Sa 19.30–1 Uhr. Wenn die Einheimischen mal ihre Ruhe wollen vom touristischen Gesundheitsbetrieb (oder einmal in ein Lokal mit etwas niedrigerem Durchschnittsalter gehen möchten) dann treffen sie sich im Bäck, einer gemütlichen Mischung aus Café, Bar und Lounge.

Badische Weinstube, Hauptstr. 24, Tel. 08247-5465, ab 18 Uhr. In der Weinstube treffen sich Kurgäste und ihre Schatten abends zu einem Gläschen Wein oder auch zu einem unbeaufsichtigten Speisenachschlag.

Einkaufen

In der **Confiserie Schwermer** bekommt man im Café (Heuweg 36, Tel. 08247-35080, www.schwermer.de) oder im Laden (Kneippstraße gegenüber dem Wasserrad) süße Königsberger Spezialitäten in über hundertjähriger Tradition (zuerst in Königsberg, nach dem Krieg hier); berühmt: das Marzipan und die legendären Baumkuchenvariationen.

Zahlreiche Gesundheitsprodukte tragen den Namenszug oder doch zumindest das Abbild des Herrn Kneipp, teils mit beschwörenden Bezeichnungen wie „Gelenke & Muskel Wohl". Das **Kräuterhaus Schweiger** (Bahnhofstr. 2, Tel. 08247-5374, www.kraeuterhaus-schweiger.de) vertreibt Kneipp-Produkte aus Eigenproduktion (und auch für die „Güsse" notwendige Hardware wie Gießrohr und -rost).

Angenehm zu tragen sind die Kneipp-Sandalen, auch Wörishofer oder Kur-Sandale, mit ihrer Kreuzriemenbefestigung, ein Klassiker im Kurbad und seit Jahrzehnten zu Tausenden als idealer Begleiter fürs Wassertreten an die Kurgäste verkauft, z.B. im **Schuhhaus Scharpf** Kneippstr. 15, Tel. 08247-4201, www.scharpf-schuhe.de), das die Sandalen selbst fertigt. **Emil Baur** (Schmiedstr. 3, Tel. 08247-6100, www.baur-ortho.de) ist ein Schuhmacher, der ebenfalls die „Jesuslatschen" im Angebot hat.

Die **Hutfabrik Faustmann** verkauft in ihrem Outlet in Unteregg (15 km im Südwesten, Mindeltalstr. 23, Tel. 08269-9699290, www.hut-faustmann.de, Okt.–Feb. Mo–Fr 8–12, 13–17 Uhr, März–Sept. nur jeden 1. Sa/Monat 9.30–12 Uhr) Adrettes und Klassisches für den Kopf aus Wolle und Filz.

Märkte

Wochenmarkt jeden Freitag (8–12 Uhr) auf dem Kroneparkplatz (Hauptstraße).

Feste

Neben den üblichen, wöchentlich wiederkehrenden **Kurprogrammen** des Kalibers „Tanz mit – Bleib fit" oder „Gesellschaftstänze in geselliger Form" gibt es Ende Sept./Anfang Okt. das **Festival der Nationen** (http://fdn.ccm-international.de) mit klassischer Musik an unterschiedlichen Spielstätten und Mitte Okt. **Jazz goes to Kur** (meist im Lichtspielhaus Huber).

Baden

Die **Therme Bad Wörishofen** (Thermenallee 1, Tel. 08247-399300, www.therme-badwoerishofen.de, Mo–Mi 10–22

Uhr, Do/Fr bis 23 Uhr, Familiensamstag 9–18 Uhr, textilfreier Samstag 19–24 Uhr, So 9–22 Uhr,2 Std. 16 €, Tageskarte 30 €, Familienkarte für Sa tagsüber für 2 Erw. und ein Kind 48 €, jedes weitere Kind 9 €, So und Feiertage Zuschlag von 3 €) „duftet wie die Südsee": Wärme, Palmen, Glasdach, Heilwasser, Spa, Saunalandschaft mit zahlreichen Variationsmöglichkeiten; und das ganze ohne Kinder, unter 16 Jahren wird der Zutritt verwehrt (außer am Samstag zwischen 9 und 18 Uhr – Familientag!), so dass die Ruhe, Erholung und Frieden Suchenden unter sich sind. Allerdings sind Familien im angrenzenden Hallen- und Freibad **blueFUN** (Thermenallee 1, Tel. 08247-399400, www.bluefun.info, Mo–Fr 11–20 Uhr, Sa 9–18 Uhr nur mit Therme, Sa 18.30–20, So 9–20 Uhr, Kinder bis 15 Jahre 3 Std. 7 €, Erw. 3 Std. 12 €, am So/Feiertag jeweils 2 € Zuschlag, am Sa nur mit der Therme zusammen buchbar) mit ihren Kindern immer willkommen (wer in der Therme ist, kann den Übergang zum blueFUN jederzeit kostenlos benutzen).

Aktivitäten

Der **Kneipp-Waldweg** ist ein 8,4 km langer Wanderweg, auf dem man so einiges über die Pflanzen des Waldes und seine Tiere in Verbindung mit den Kneippschen fünf Elementen erfährt oder besser sich „ergeht". Startpunkt ist der Parkplatz am Trimmpfad Schöneschacherstraße westlich des Kurparkes, auch für Rollstuhl- und Fahrradfahrer ausgelegt. Man kann Natur entdecken (in der Allee der Jahresbäume die unterschiedlichsten Gattungen), lockert an bestimmten Stationen mit Übungen seinen Körper, läuft barfuß über diverse Untergründe, passiert u.a. den Ort des Geräusches und den Ort der Heilkraft, kommt an einem idyllischen Waldsee vorbei und erhält an mehreren Stationen Tipps zur gesunden Ernährung und vieles mehr. Endpunkt ist der Parkplatz an der Hartenthalerstraße.

Therme bei Nacht

2

3 Ostallgäu – Kaufbeuren und Umgebung

Das Ostallgäu östlich des Flüsschens Wertach zeigt sich im nördlichen Bereich als hügelige Puppenstubenlandschaft mit Wiesen und Feldern, mit stoischem Vieh und umtriebigen Bauern. Nach Süden hin wird es zunehmend alpin mit hübschen, die Gebirgslandschaft widerspiegelnden, Seen und nicht den Publikumsmagneten in Deutschlands Süden – die Königsschlösser der Wittelsbacher bei Füssen.

Tour-Tipp

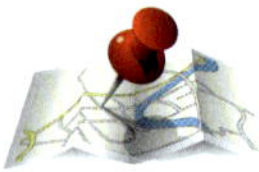

Dauer: Drei Tage. Strecke: 215 km.

Startpunkt ist einmal mehr **Buchloe,** das „Tor zum Allgäu". Als erste Station wartet **Kaufbeuren** (Km 20) mit seinen zahlreichen Türmen in und rund um die Altstadt als Teil der Stadtbefestigung. Pflichtprogramm ist die Glasindustrie von **Neugablonz** (Km 22) und das **Kloster Irsee** (Km 30). **Marktoberdorf** (Km 50) mag mancher für eines der typischsten Städtchen des Ostallgäu halten, gemächlich geht es hier zu und alles ist unaufgeregt und großzügig. **Füssen** (Km 80) ist der nächste Halt und hier sollte man sich Zeit nehmen und übernachten. Ein Bummel durch die Altstadt vor dem Abendessen, dann schlafen. Am frühen Morgen Besuch des Lechfalles, danach vielleicht eine Schifffahrt auf dem Forggensee. Mittags steht die Fahrt nach **Schwangau** (Km 85) mit den Königsschlössern an. Schon wegen der Besuchermassen kann man den Rest des Tages nichts anderes mehr unternehmen – auch brauchen die Besichtigungen und die Entdeckung der Umgebung ihre Zeit; also abends noch schnell nach **Nesselwang** (Km 110) zur Übernachtung. Hier ist man schon zu Füßen des Gebirges und **Pfronten** (Km 120) eignet sich auch hervorragend als Basis für einen Ausflug zu den Gipfeln, wie z.B. der Alpspitze. **Wertach** (Km 135) steht dem in nichts nach, nur hier hat man auch noch den großen Grüntensee mit seinen Bademöglichkeiten. In **Buchloe** (Km 215) beendet man schließlich die Rundtour.

Kaufbeuren

Man mag Kaufbeuren für das San Gimignano des Schwabenlandes halten, so zahlreich sind die Türme in der Altstadt und ihrer Umgebung – allerdings sind sie nicht die verbliebenen Statussymbole reicher Familien, sondern Symbole der gesamten Bürgerschaft, die ihre Wehrmauern mit Türmen spickte und verstärkte. Ein Besuch der Stadt entführt ins späte Mittelalter und die Renaissance, denn pfleglich sind die Bewohner der Freien Reichsstadt mit ihrem Erbe umgegangen, und dass es etwas zum Erben gab, lag am Handel, der über Jahrhunderte – dank schwäbischer Pfiffigkeit und Fleiß – gedieh.

Geschichte Kaufbeurens

Kaufbeurens Geschichte begann als Gutshof unter den Karolingern, der im 8. Jh. zum Marktflecken an der Salzstraße zwischen Memmingen und Schongau heranwuchs und in Besitz der Herren von Beuren stand (erste urkundliche Erwähnung 1126). Als deren Linie ausstarb, gelangte das Dorf 1167 an die Welfen und 1191 schließlich an die Staufer, die es zur Stadt erklärten und ihr den Namen *Buron* gaben. 1268 wurde *Buron* Reichsbesitz und erlangte 1286 den Titel einer Freien Reichsstadt. 1301 erhielt sie ihren heutigen Namen.

Berühmte Kaufbeurer

Walter Riester, *1943, Politiker und Namensgeber der „Riester-Rente"

Hans Magnus Enzenberger, *1929, Schriftsteller, Dichter und Linksintellektueller

Ludwig Ganghofer, *1855 †1920, Schriftsteller bayerischer Heimatliteratur

Marie Sophie von La Roche, *1730 †1807, erfolgreiche Schriftstellerin der Aufklärung

Maria Crescentia Höss, *1682 †1744, Theologin und Oberin der Kaufbeurer Franziskanerinnen, 2001 heiliggesprochen

Jörg Lederer, *1470 †1550, berühmter Bildschnitzer

Ein Stadtbrand legte 1325 den Ort in Schutt und Asche, nach dem Wiederaufbau brachten die Leinenweber im folgenden Jahrhundertwechsel den eigentlichen Aufschwung und Reichtum. Kaufbeuren war bald weithin bekannt und auch Kaiser Maximilian I. zog es mehrfach hierher in die Sommerfrische.

Die schwierige Balance zwischen Katholiken und Protestanten versuchte man u.a. bei den Kaufbeurer Religionsgesprächen 1525 zu tarieren, damals erzielten erstmalig bei einer Disputation Katholiken und Protestanten eine Einigung. Mit der Einführung der konfessionellen Parität stiftete die um Ausgleich bemühte Bürgerschaft sich selbst einen dem Handel zuträglichen Frieden – beide Glaubensgruppen beteiligten sich ab 1555 gleichberechtigt an der Macht.

Die unruhigen Zeiten des 17. und 18. Jh. und deren Kriege sorgten für weitflächige Zerstörungen. 1803 geriet Kaufbeuren unter bayerische Herrschaft und in etwas ruhigeres Fahrwasser. Die Industrialisierung sorgte wieder für Reichtum, sie kam 1837 mit der ersten mechanischen Baumwollspinnerei des Allgäus nach Kaufbeuren. Im Gegenzug allerdings verloren die Leinenweber ihre Arbeit. Hatte Kaufbeuren 1814 noch 336 Meister, gab es 1853 nur noch 50. Der Eisenbahnanschluss 1847 brachte weitere Vorteile für den Handel, war aber nicht kostenlos zu haben. Um das Projekt voranzutreiben, musste die Kaufbeurer Bürgerschaft 100.000 Kronen und eine Bittschrift nach München schicken. 1851 verband die Telegraphie Augsburg über Kaufbeuren mit Lindau, 1852 waren die Eisenbahnschienen bis Lindau verlegt.

Das Dritte Reich gliederte auch Kaufbeuren in die Rüstungsindustrie ein, man bediente sich dem System der billigen Arbeitskräfte aus KZ-Außenlagern, die dem KZ Dachau angegliedert waren. Hergestellt wurde u.a. Sprengstoff durch die Dynamit AG. Mit dem Ende des Zweiten Weltkrieges waren

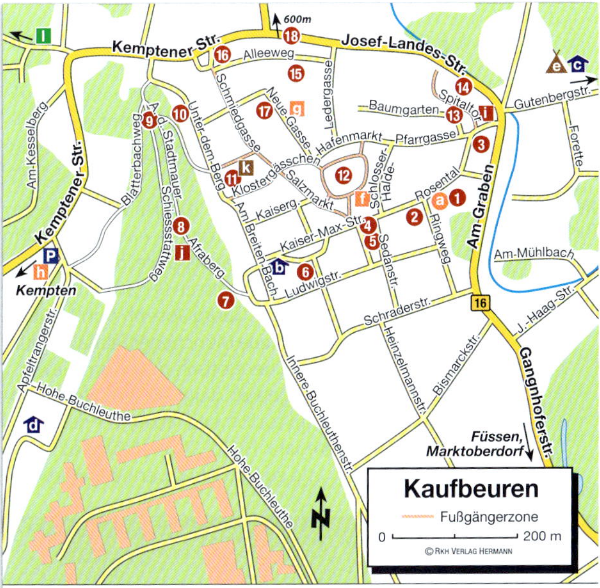

Sehenswert

1 Rathaus
2 Hörmannhaus
3 Stadttheater
4 Neptunbrunnen
5 Dreifaltigkeitskirche
6 Irseehof
7 Spießturm
8 Fünfknopfturm
9 St.-Blasius-Kapelle
10 Klosterberggarten
11 Kloster
12 St.-Martins-Kirche
13 Spitalhof
14 Sywollenturm
15 Gerberturm
16 Zollhäuschen
17 Geburtshaus der Hl. Crescentia
18 Feuerwehrmuseum

Information

a Tourist-Information

Unterkunft

b Goldener Hirsch
c Zum Goldenen Schwanen
d Landgasthof Hubertus

Camping

e Camping Elbsee

Essen und Trinken

f Ganghofer Café & Bar
g Platzl
h Zum Engel

Ausgehen

i Dicker Hund
j Café am Fünfknopfturm

Einkaufen

k Klosterladen Crescentia

Märkte

l Irseer Biomarkt

die Fabriken weggebombt oder gesprengt. Vor den Toren der Stadt standen Flüchtlinge aus den ehemaligen deutschen Ostgebieten zu Hauf. Dort wo vorher auf Drehbänken Munition entstand, schuf und baute man den Ortsteil Neugablonz für die Vertriebenen aus Gablonz an der Neiße im heutigen Tschechien. Diese brachten ihr handwerkliches Wissen über die Glasverarbeitung mit und gründeten die Neugablonzer Schmuckindustrie.

Sehenswert

Parkverstöße werden in Kaufbeuren streng kontrolliert und geahndet

Am besten stellt man sein Fahrzeug im Parkhaus am Rathaus ab und beginnt den Stadtspaziergang direkt in der guten Stube der Ostallgäuer Hauptstadt.

Rund ums Rathaus

Das **Rathaus** 1 schließt die Hauptstraße der Altstadt – die Kaiser-Max-Straße – nach Westen hin ab. Es wirkt wie aus der Renaissance, entstand aber 1881, als sich die Neurenaissance verbreitete. Verantwortlich zeichnete Georg Joseph von Hauberrisser, der auch das neue Münchener Rathaus baute (das sich allerdings neugotisch geriert Im Gewand originaler „Wiedergeburt" zeigt sich das **Hörmannhaus** 2 gleich am südlichen Platzrand – das Portal entstammt dem Jahr 1542 –, Wohnhaus des Georg Hörmann von und zu Gutenberg, enger Mitarbeiter

Sitzungssaal

von Jakob Fugger und später Berater von König Ferdinand I. Hinter dem Rathaus steht das **Stadttheater** 3 von 1805 – ehemals das Salzstadel – mit dem ältesten funktionsfähigen Theatervorhang Deutschlands, vor dem und einem Standesbeamten sich Hochzeitspaare direkt auf der Bühne gerne das Jawort geben (und das ambitionierte Stücke spielt, www.theater-kaufbeuren.de). Vom Rathaus aus kann man auf der Kaiser-Max-Straße, früher der Platz für den Straßenmarkt, den **Neptunbrunnen** 4 von 1753 gar nicht verfehlen. In der Adventszeit schmückt ihn der „vielleicht" größte Adventskranz der Welt; immerhin 150 kg Gewicht hat jede der vier Kerzen und wenn die erste angezündet wird sprechen – in der Tradition der Religionsgespräche Kaufbeurens vor 500 Jahren – Protestant und Katholik gemeinsam den Segen. Die südlich stehende **Dreifaltigkeitskirche** 5 mit ihrer spätbarocken Innenausstattung – einstmals Profanbau und Beherbergungsort Kaiser Maximilian I. – erhielt 1604 die Kirchenweihe. Wechselt man hier von der Kaiser-Max-Straße zur südlich parallel verlaufenden Ludwigstraße, dem früheren Hintermarkt, gelangt man durch Passagen zu Resten der Stadtbefestigung an der Schraderstraße. Schöner sind sie, wenn man die noch historisch bebaute Ludwigstraße entlang, am ehemaligen **Irseehof** 6 mit seinem malerischen Stufengiebel vorbei und bergan steigend die Stadt verlässt.

Rekord: Die Kaufbeurer verursachen – so die Statistik – so viele Autounfälle wie sonst nirgends in Deutschland, 40% über dem Durchschnitt!

Die Wehrmauern

Die Befestigungsanlagen im Westen über der Stadt erreicht man über einige Stufen. Unten breiten sich die Dächer Kaufbeurens aus und morgens herrscht friedvolle Ruhe auf dem Pfad entlang der Wehrmauern. Am südlichen Ende wacht der **Spießturm** 7 seit 1420 über die Bürger. Warum er auch Hexenturm heißt? Weil sie sich hier versammelten, allerlei Teufelswerk trieben und es sich mit Tanz und Speis' bis in den frühen Morgen gut gehen ließen. Der **Fünfknopfturm** 8 ist das Wahrzeichen Kaufbeurens. Auch er besteht seit 1420. Sechs Stockwerke hat das massige Bauwerk mit quadratischem Grundriss und seinen typischen Scharwachttürmchen im Traufbereich. Das heute noch

Kaiser-Max-Straße mit Turm der Dreifaltigkeitskirche im Hintergrund

bewohnte Türmerstübchen diente früher zur Feuerfrüherkennung. Das Wehrschild an der Ostfassade ist Ergebnis einer Spendensammlung für Kriegsopfer. 1917 durfte man gegen einen Obolus einen Nagel einschlagen – 5387 Mal geschah dies. Die Wappen sind die der damaligen Kriegsverbündeten: Deutsches Reich, Österreich-Ungarn, Türkei und Bulgarien.

Entlang der intakten Stadtmauer mit Wehrgang kommt man zur **St.-Blasius-Kapelle** 9. Sie geht auf 1319 zurück und erhielt Ende des 15. Jh. ihre heutige Form. Sie gilt als schönes Beispiel für spätgotische Architektur. Besondere Beachtung verdient der Flügelaltar von Jörg Lederer (um 1518). Der angrenzende fünfgeschossige, runde **Blasiusturm** gehört nicht zur Kirche sondern war Teil der Stadtbefestigung und früher mit einer großen Kanone gerüstet.

Fünf Knöpfe:
Früher waren Knöpfe keine Scheiben sondern kugelrund und wurden in Schlaufen geknüpft – die vier Türmchen und der Hauptturm sind mit eben diesen Knöpfen nach oben abgeschlossen.

Crescentia-Kloster

Das Kloster der Franziskanerinnen unterhalb der westlichen Wehrmauern ist weit über die Grenzen der Stadt berühmt. Der **Klosterberggarten** 10 erstreckt sich zwischen den Stadtmauern und der Klosteranlage und ist von oben und unten zugänglich. Früher ein Versorgungsgarten, ist er heute eine öffentliche Parkanlage zur Meditation mit besinnlichen und lauschigen Ecken. Um 1150 wurde das

Kloster 11 gegründet – vielleicht von der letzten Frau des Geschlechtes derer von Buron („Anna vom Hof") und wohl direkt am Platz des karolingischen Meierhofes – die Keimzelle Kaufbeurens. Die Frauengemeinschaft übernahm 1315 die Regeln der Franziskanerinnen. 1325 zerstörte ein Feuer die Anlage, um 1475 entstanden die Gebäude in der heutigen Form. Lichtgestalt des Klosters war und ist die 1741 zur Oberin gewählte Anna „Crescentia" Höß, die man bereits 1746 zur Seligsprechung vorgeschlagen hatte Kriegswirren und Säkularisation sorgten immer wieder für Verzögerungen, so dass Crescentia erst 1900 den Status der Seligen erhielt. 2001 schließlich sprach der Vatikan sie heilig. Der Klosterbau überlebte die napoleonische Säkularisation, er beherbergte als Übergang ein Internat und bereits 1831 durften per königlichem Dekret wieder Novizinnen eintreten. Die Führung durch die **Crescentia-Gedenkstätte** im Kloster findet jeden Mittwoch und jeden 1. und 3. Samstag im Monat um 15 Uhr statt (Obstmarkt 5, Tel. 08341-9070, www.crescentiakloster.de).

Das Wunder: 1986 hatte ein Mädchen einen Badeunfall und war 45 Minuten unter Wasser. Dennoch überlebte es ohne Schaden. Die Ärzte hatten keine Erklärung und das Ereignis wurde neben vielen weiteren Gebetserhörungen im Prozess der Heiligsprechung Crescentias herangezogen.

Vor dem Kloster steht der moderne **Tänzelfestbrunnen** mit dem Bildnis der Anna vom Hof und vier Kindern. Das Tänzelfest im Juli ist das Großereignis der Stadt und geht auf die Zeit unter Kaiser Maximilian I. zurück. 1700 Kinder werfen sich in Trachten, 170 Pferde tragen Reiter oder ziehen Kutschen und die Erwachsenen lassen in den Gassen die Atmosphäre der mittelalterlichen Reichsstadt auferstehen.

Rund um die St.-Martins-Kirche

Nach wenigen Schritten Richtung Südosten gelangt man zum **Münzturm,** im 15. Jh. Torturm des St.-Martin-Friedhofes, später dann städtischer Stadtturm und Turm zur **St.-Martins-Kirche 12.** Sie entstand um 1191 als romanische Basilika auf den Fundamenten der ehemaligen Festung der Edlen von Buron. Der Stadtbrand von 1325 vernichtete die dreischiffige Kirche weitgehend. Zwischen 1403 und 1444 entstand sie in ihrer heutigen spätgotischen Form in Anlehnung an die romanische Grundstruktur. Geplant hatten sie die Kaufbeurer

Baumeisterbrüder Ulrich und Leonhard Murer. Die Barockisierung von 1683 durch u.a. Joseph Schmuzer hat 1899 die neugotische Umgestaltung weitestgehend rückgängig gemacht. An der Pfarrgasse nordöstlich der Kirche steht das Pfarramt. 1630 errichtet diente es über ein Jahrhundert als Residenz der – wegen des Kaufbeurer Seelsorgermangels – aus Füssen hierher verlegten Jesuiten. Heute beherbergt es u.a. eine **Bibliothek** mit zahlreichen Werken aus dem 16. bis 19. Jh. (nur nach Voranmeldung, Pfarrgasse 18, Tel. 08341–4533). Östlich schließt der **Spitalhof** 13 mit dem Kunsthaus Kaufbeuren (www.kunsthaus-kaufbeuren.de) für Wechselausstellungen an. Wenige Meter nach Norden führen zum **Sywollenturm** 14, der als massiges, rundes und sechstöckiges Bauwerk mit der restlichen Wehranlage der Stadt 1420 errichtet wurde – heute des Öfteren Schauplatz für Vorträge und Lesungen. Nordwestlich davon ragt der fünfgeschossige **Gerberturm** 15 mit seinem quadratischen Grundriss in die Höhe. Seinen Namen erhielt er von der Besatzung, die ihn im Kriegsfall zu verteidigen hatte, die Gerberzunft. Schräg gegenüber steht das **Zollhäuschen** 16, in dem noch bis 1921 der Eintreiber für den Pflasterzoll lebte. Jeder der durch das einst hier stehende Kemnater Tor (auch Gaistor) eintrat, musste für die Nutzung der gepflasterten Straßen ein „Maut-Pickerl" lösen. In der Adventszeit wandelt sich das Gebäude mit Lebkuchen zum Knusperhäuschen. Letzte Station ist das **Geburtshaus der Heiligen Crescentia** 17 in der Neuen Gasse. Am 20. Oktober 1682 erblickte hier Anna Höß

Ludwig Ganghofer

Am 7. Juli 1855 kam Ludwig Ganghofer in Kaufbeuren zur Welt. Sein Geburtshaus steht am Pfarrhof gegenüber der Hauptkirche der Stadt. Sein Vater war im Forstamt angestellt und arbeitete dort unter dem Großvater eines weiteren berühmten Heimatdichters (Ludwig Thoma). Ganghofer wurde mit seiner Heimatliteratur bis zum Vorabend des Ersten Weltkrieges zu einem der auflagenstärksten Schriftsteller in Europa. Er lebte allerdings nur bis 1859 in Kaufbeuren und kehrte nur ein einziges Mal zurück: zu den Feierlichkeiten anlässlich seines 50. Geburtstages.

Künstler bei der Arbeit

das Licht der Welt, als sechstes von schließlich acht Kindern eines Webers. Hinein darf man nicht. Allerings hat die Stadt im Nebengebäude eine typische Weberwohnung des 17./18. Jh. eingerichtet, die anlässlich einer Stadtführung zu besichtigen ist.

Neugablonz

Dieser Stadtteil schließt im Nordosten an, ein Rundgang zu Fuß ist ein ausgedehnterer Spaziergang. Da Sehenswürdigkeiten eher limitiert vorhanden sind und weit auseinander liegen – Historisches gibt es nicht –, sollte man mit dem Fahrzeug hinüberfahren. Hier entstand nach dem Zweiten Weltkrieg die größte Vertriebenensiedlung Deutschlands. Sehr viele kamen aus Gablonz an der Neiße. Zu sehen gibt es vor allem moderne Kirchen und zahlreiche Erinnerungswerke an die ehemalige Heimat im Sudetenland und der Vertreibung und Gewaltherrschaft. Meistbesuchtes Ziel von Neugablonz ist die **Erlebnisausstellung der Gablonzer Industrie** (Neue Zeile 11, Tel. 08341-98903, www.gablonzer-industrie.de, Mo–Do 9.30–12 Uhr u. 14–17 Uhr, Fr 9.30–12 Uhr). Hier erhält man einen guten Überblick über das Kunstschaffen der Glaswerker, sieht unendlich viele Ausstellungsstücke an Modeschmuck, Werbeartikeln, Spielwaren und Souvenirs und kann im angeschlossenen Laden einkaufen.

Wer an der ursprünglichen Heat der hier Lebenden interessiert ist, Gablonz im Isergebirge (www.neugablonz.info), findet in der Siedlung den **Isergebirgshain** (mit Originalbäumchen aus dem

3

Isergebirge), das **Vertriebenendenkmal,** den 1968 von Bürgern Neugablonz' der Tschecheslowakei abgekauften **Rüdigerbrunnen,** einst das Wahrzeichen von Gablonz, oder auch das **Naugablonzer Ehrenmal** zur Erinnerung an die Opfer der Kriege, der Vertreibung und jedweder Gewaltherrschaft. Abschließend kann man sich noch im **Isergebirgsmuseum** (Marktgasse 8, Tel. 08341-965018, www.isergebirgs-museum.de, Di–So 14–17 Uhr, Eintritt 4 €) über die ehemaligen sudetendeutschen Bezirke Gablonz, Reichenberg und Friedland informieren. Etwas nördlich der Altstadt ist seit Mitte 2017 im Gewerbegebiet Momm am Bleichanger das Neue **Feuerwehrmuseum** 18 (Bleichanger, Tel. 08341-960720, www.feuerwehrmuseum-kaufbeuren.de, Apr.–Dez. jeden ersten Samstag 10–12.30 Uhr, 2 €) untergebracht. Beschrieben wird der Brandschutz ab der Mitte des 19. Jh. mit Handdruckspritzen, Helmen, sieben Löschfahrzeugen und einem nachgebildeten Luftschutzkeller aus dem Zweiten Weltkrieg.

Berühmte Isergebirgler:

Otfried Preußler (Kinderbuchautor)

Ferdinand Porsche (Autokonstrukteur, Erfinder des Allrad- und des Hybridantriebes)

Daniel Swarovski (einer der großen Konkurrenten der Gablonzer Glasindustrie, der bereits 1895 nach Wattens in Österreich auswanderte)

In der Umgebung Kaufbeurens

Irsee

Das ehemalige **Benediktinerkloster** Irsee liegt 7 km außerhalb im Nordwesten Richtung Pforzen und bei Leinau nach Westen; es geht auf das Jahr 1187 zurück. Berühmt ist die **Abteikirche** (tgl. 8–19 Uhr) und aktuelle Pfarrkirche *Mariä Himmelfahrt, Peter und Paul*, die nach einem Turmeinsturz in der heutigen Form zwischen 1699 und 1702 der Vorarlberger Meister Franz Beer errichtete. Die reichen und reinweißen Stukkaturen führte der Wessobrunner Meister Joseph Schmuzer aus. Besonderes Augen-merk verdient aber die Kanzel aus dem Jahr 1725. Der holzgeschnitzte Predigtstuhl zeigt sich als Schiff unter vollen Segeln mit Tauwerk, Mastkorb und Leinwand.

1802 löste Napoleons Gesetzgebung das Kloster auf, es wurde weltlich und zum *Königlich Bayrischen Rentamt* – dem Finanzamt. 1849 eröffnete man in den Gemäuern schließlich die erste schwäbische

Kreisirrenanstalt (1876 der Kreis-, Heil- und Pflegeanstalt Kaufbeuren zugeordnet. Berüchtigt wurde die Nervenheilanstalt dann im Dritten Reich. Im Zuge der Durchsetzung der nationalsozialistischen Rassenhygiene ließen mehr als 2000 Menschen ihr Leben, teils zu Tode gespritzt, teils unter fettloser Zwangsdiät zu Tode gehungert. 1972 löste man die Heilanstalt auf und wandelte den Komplex in ein Bildungszentrum. Diese Funktion erfüllt die Abtei bis heute. Hinter dem Zentrum erinnert ein **Denkmal** an das Verbrechen der Nationalsozialisten.

Nach dem Besuch der Kirche sollte man nicht versäumen im Klosterbräu Station zu machen: für eine Tasse Kaffee oder das selbst gebraute Bier. Wer sich für Letzteres intensiver interessiert, dem sei ein Besuch des **Brauereimuseums** empfohlen (Irsee, Tel. 08341-432200, www.irsee.com, tgl. 9–19 Uhr, Eintritt frei, Brauereiführung mit Bierprobe 5 €).

Obergünzburg

Obwohl der Ort 20 km westlich von Kaufbeuren zu den ältesten Siedlungen im Allgäu gehört und seine Geschichte bis ins 2. oder 3. Jh. zurückverfolgt werden kann (als hier ein Anwesen an der Römerstraße von Augsburg nach Kempten lag), bietet Obergünzburg an historischen Gebäuden wenig – insbesondere weil es im 16. und 17. Jh. mehrfach abgebrannt ist. Nur in der Ortsmitte sind um die Pfarrkirche St. Martin und am Marktplatz einige hübsche, dem 18. und 19. Jh. entstammende Bauten erhalten Darunter das ehemalige Pfarrhaus von 1753, in dem heute das **Heimatmuseum** untergebracht ist (Unterer Markt 2, Tel. 08372-8239, Mi 10–12 Uhr, Sa/So 14–17 Uhr, 5 € mit Südseesammlung). Hier gedenkt man mit Johannes Kaspars Gemäldesammlung an einen Sohn der Stadt, zum anderen wird im angeschlossenen Neubau eine ethnographische Ausstellung gezeigt, die **Südseesammlung,** die ein weiterer Sohn der Stadt – Kapitän Karl Nauer – im einstigen Deutsch-Neuguinea, zusammengetragen hat. Mit 1300 Stücken ist sie die größte dieser Art im süddeutschen Raum (www.suedseesammlung.de, 4 €, Kombikarte mit Heimatmuseum 5 €). Der gebildete Nauer galt durch seine lange Tätigkeit als Kapitän im Liniendienst in der Südsee als ausgezeichneter Kenner Melanesiens.

Service Kaufbeuren

Information

Tourist-Information [a], Kaiser-Max-Straße 3a, 87600 Kaufbeuren, Tel. 08341-437850, www.kaufbeuren-tourismus.de, Mo, Di, Do, Fr 9.30–17 Uhr, Mi 9.30–14 Uhr, Mai–Okt. auch Sa 9.30–12 Uhr.

Stadtführungen

Ohne Anmeldungspflicht finden von Mai bis Oktober jeden Samstag und Mittwoch um 11 Uhr ca. zweistündige **Führungen durch die Altstadt** statt (Treffpunkt Altes Rathaus, Kaiser-Max-Str. 1, 4,50 €), im Winter gibt es sonntags einstündige Führungen (14.30 Uhr, 3,50 €). Die empfehlenswerten **Nachtwächtertouren** finden Mai bis Oktober nach Voranmeldung bei der Tourismusinformation des Nachts statt (2 Std., 6,50 €); man erfährt dabei allerlei Kurzweiliges, Wissenswertes und Spannendes zur Stadtgeschichte. Wer an Schießpulver interessiert ist, nimmt an den **Bunkertouren** durch Neugablonz teil (Mai–Okt. jeden dritten Samstag im Monat um 14 Uhr, ca. 2 Std., 4,50 €, Treffpunkt Gablonzer Haus, Marktgasse 8). In über 190 Gebäuden wurde einst Sprengstoff produziert, die meisten sind abgerissen, doch einige noch zu sehen.

Unterkunft

Goldener Hirsch [b], Kaiser-Max-Str. 39, Kaufbeuren, Tel. 08341–43030, www.goldener-hirsch-kaufbeuren.de, DZ/F ab 75 €. Hotel der gehobenen Drei-Sterne-Kategorie mitten in der Altstadt mit 42 Zimmern und Garage in historischen Gemäuern, die ins 16. Jh. zurückreichen; Restaurant mit gutbürgerlicher Küche und eine hauseigene Konditorei.

Zum Goldenen Schwanen [c], Paul-Gaupp-Straße 1, Frankenried, Tel. 08341–93960, www.goldener-schwanen .de, DZ/F um 90 €. 4 km östlich von Kaufbeuren wurde ein

Stadtbefestigung mit Fünfknopfturm

Bauernhof, der auf das Jahr 1130 zurückgeht, zum familiengeführten Landgasthof mit nur 12 komfortablen Zimmern umgebaut; ausgezeichnetes Restaurant und natürlich ein Biergarten.

Landgasthof Hubertus [d], Wenglingerstr. 2, Apfeltrang, Tel. 08341-81976, www.hubertus-apfeltrang.de, DZ/F um 80 € (bei längeren Aufenthalten Rabatt). Modern-gemütlicher Gasthof im Landhausstil mitten im Dorf, gutes, familiengeführtes Restaurant.

Camping

Campingplatz Elbsee [e], Am Elbsee 3, Aitrang, Tel. 08343-248, www.elbsee.eu, 2 Personen mit Kfz und Zelt um 24 €. Schön gelegener, ganzjährig offener Platz an einem Badesee (Bootsverleih) mit guter Infrastruktur und, als Bonbon, einem eleganten Wellnessbereich mit allem was dazu gehört.

Essen und Trinken

Ganghofer Café & Bar [f], Kirchplatz 5, Kaufbeuren, Tel. 08341-9558102, 12–21 Uhr. Auch wenn man Ganghofers Geburtshaus nicht besichtigen darf, zumindest einen Kaffee kann man darin trinken, oder – noch schöner – an den Tischen des Cafés an der Kirchenmauer in der wärmenden Sonne sitzen.

Platzl [g], Neue Gasse 8, Kaufbeuren, Tel. 08341-16161, www.weinstube-platzl.de,Di–Sa 19-5 Uhr, Menü 10–15 €. Wein- und Bierstube im Hütt'n-Stil mit guter Küche (von vegetarisch über Fisch bis Schnitzel) und gemischtem Publikum, das sich am Wein und den zahlreichen Sorten an Malt Whisky erfreut.

Irseer Klosterbräu, Irsee, Tel. 08341-432200, www.irsee.com, 10–23 Uhr, Menü um 15 €. In den historischen Gewölben und im Biergarten gibt es schon zum Frühschoppen das süffige Bier und ab Mittag dann typische Regionalküche. Das Klosterbräu vermietet auch komfortable Zimmer (insgesamt 48 Zimmer), DZ ab 120 €.

Zum Engel [h], Hauptstraße 10, Ortsteil Oberbeuren, Tel. 08341-2124, www.engel-kaufbeuren.de, tgl. 10–23 Uhr, 15–20 €. 2 km südwestlich des Zentrums lädt der Engel zu ausgezeichneten Gerichten in gemütlich-eleganter Atmosphäre; gehobene Spezialitätenküche (z.B. Brätstrudelsuppe, aber auch viel Internationales), die die Gäste von weit her anlockt, Familienbetrieb, der auch Zimmer vermietet (Doppelzimmer mit eigenem Bad ab 65 €); im hübschen Biergarten geht es ab 11 Uhr los und bei gutem Wetter spielt mittags die Blasmusik.

Ausgehen

Dicker Hund [i], Spitaltor 7, Kaufbeuren, Tel. 08341–7878, www.dicker-hund.com, Mo–Sa 18–1 Uhr, ab 10 €. Die Bar im Zunftkeller der Stadt ist ein beliebter Abendtreff für Bier in der Runde oder auch einen Cocktail.

Café am Fünfknopfturm [j], Afraberg 7, Tel. 08341–9665642, www.cafe5.de, ab 10 €, ab 13, So ab 13 Uhr bis weit nach Mitternacht. Eine Mischung aus Café, Bar und Biergarten direkt neben dem historischen Fünfknopfturm.

Einkaufen

Peter R. Müller, Am Brühlbach 4, 87660 Irsee, Tel. 0173-9957256, www.peter-r-mueller.de. Skulpturenkunst unter Zuhilfenahme von Schweißbrenner und Flexmaschine. Modern und spektakulär, aber durchaus auch das eine oder andere für die Wohnzimmerwand.

Klosterladen Crescentia [k], Obstmarkt 5, Tel. 08341-907184, www.crescentiakloster.de. Natürlich sind Devotionalien (Crescentiabücher, -bilder, -karten, -kerzen etc.) im Angebot aber auch Hochprozentiges zur weiteren geistigen Erbauung. Und außerdem: Honig und Marmelade aus Eigenproduktion.

Fazenda da Esperança, Gut Bickenried, Bickenried 2, 87660 Irsee, Tel. 08341-9956260, www.fazenda.de. Das Rehabilitationsprojekt für gesellschaftlich Ausgegrenzte einen knappen Kilometer südlich von Irsee ist nur eines von vielen der weltweit tätigen Organisation. Verkauft werden im Hofladen Produkte auch aller anderen Fazendas.

Gubo, Am Riderloh 7, Kaufbeuren, Ortsteil Neugablonz, Tel. 08341-62158, www.gubonet.de. Mo–Fr 10–12 und 14–17 Uhr gibt es im Fabrikverkauf den in Handarbeit gefertigten Schmuck, jedes Jahr kommen zwei neue Kollektionen auf den Markt, so dass sich das Vorbeischauen immer lohnt.

Märkte

Irseer Biomarkt [l], Schmiedgasse (vor dem Gasthof „Zur Post", www.biomarkt-irsee.de), Fr 16–19 Uhr (Winter 15–18 Uhr), Obst, Gemüse, Brot, Bier, Milch, Käse und Wein, gemütliche und ländlich-angenehme Atmosphäre und natürlich auch warme Brotzeit.

Feste

Tänzelfest, Ende Juli begibt sich Kaufbeuren für zwölf Tage in den Ausnahmezustand. Das älteste Kinderfest Bayerns ist eine Mischung aus Karneval, mittelalterlichem Spiel, Bierfest und historischen Umzügen. Kaufbeuren wird wieder zur Reichsstadt mit Tanz, Musik, Schmaus und Trank. Tänzelfestverein e. V. Postfach 18 42, 87578 Kaufbeuren, Tel. 08341–2828, www.taenzelfest.de.

Marktoberdorf

Das Verwaltungszentrum des Landkreises Ostallgäu ist seit 1953 Stadt. Ruhig und gemächlich ist es hier, der weitläufige Marktplatz wirkt ein paar Nummern zu groß für die Gemütlichkeit, die Marktoberdorf ausstrahlt. Zwischen Tradition und Moderne sieht man sich, Museen laden zum Besuch ein und die *Bayerische Musikakademie* ist weit über die Grenzen des Landes hinaus bekannt. Zurück geht die Stadt auf das 8. Jahrhundert, als die Alemannen einen Königshof gründeten. Er wurde 1299 dem Hochstift Augsburg zugeschlagen und dessen Bischof sorgte 1453 für die Verleihung der Marktrechte. Bereits 1424 entstand ein erstes Schloss, 1517 ließ der Fürstbischof Heinrich von Lichtenau das alte abreißen und ein neues, in spätgotischem Stil, errichten. 1722 wurde es durch das heutige barocke Gebäude ersetzt – es war Jagdschloss und Sommerresidenz der Fürstbischöfe bis zur Säkularisation, dann zogen Gerichte und das Steueramt ein, heute gehört es zur Bayerischen Musikakademie. Einschneidendes Ereignis für den Ort war nach dem Zweiten Weltkrieg die Zwangsaufnahme von fast 2000 vertriebenen Sudetendeutschen aus dem Riesengebirge.

Sehenswert

Herz der Stadt ist der erwähnte großzügige Marktplatz mit seinem modernen Brunnen und den Straßencafés. Die **Stadtpfarrkirche St. Martin** steht etwas abseits im Norden auf dem Schlossberg. Sie besitzt eine schöne Stuckausstattung im Wessobunner Stil und die Grabkapelle für den letzten Fürstbischof Augsburgs. Vielen gilt die Kirche als eine der schönsten im Allgäu. Die Erinnerung an die verlorene Heimat vieler Bürger halten Rübezahlbrunnen, Vertriebenendenkmal und das **Riesengebirgsmuseum** wach (Eberle-Kögl-Str. 11, Tel. 08342–95545, mittwochs und 2. und 4. Sonntag im Monat 14–16 Uhr). Die seit 1955 gesammelten Haus- und Handwerksgeräte, Bilder, Bücher und Karten dokumentieren das Leben in dem ehemaligen Landkreis Hohenelbe. Natürlich kommt auch die berühmte Sagengestalt „Rübezahl" nicht zu kurz. Historisch weiter zurück geht im selben Gebäude das **Stadtmuseum** (Eberle-Kögl-Straße 11, Tel. 08342–41982, jeden 2. So im Monat 14–16 Uhr). Begonnen wird mit den alten Römern, dann geht es über die Alemannen bis in die jüngere Zeit. Man versteht sich nicht als verstaubtes Museum, sondern als Erlebnisraum, der die Vergangenheit inszeniert. Das **Heimatmuseum** (Meichelbeckstr. 16, Tel. 08342–1501, jeden 2. Sonntag im Monat 14–16 Uhr) widmet sich dem Allgäu. Das Haus stammt von 1544 und lässt die bäuerliche Vergangenheit Marktoberdorfs auferstehen.

Fünf Gehminuten vom Markt beginnt am ehemaligen fürstbischöflichen Schloss die Linden- oder **Kurfürstenallee.** Auf 1900 Meter Länge zieht sie sich, von 400 uralten Linden flankiert, parallel zur Alpenkette bis zum Waldberg. Ursprünglich wollte der Fürstbischof Clemens Wenzeslaus 1774 einen waagrechten Verlauf, aber nachdem die Untertanen fünf Jahre lang an den Hügeln herumgegraben haben, immer noch keine Einebnung absehbar war und die Bürger unmutig wurden, verzichtete man auf den ebenen Verlauf.

Viele der Besucher Marktoberdorfs kommen nur, um an einer der Veranstaltungen der bekannten **Bayerischen Musikakademie** (Kurfürstenstraße

Kurfürstenallee

19, Tel. 08342–96180, www.modakademie.de) teilzunehmen, die auch im fürstbischöflichen Schloss stattfinden. Auf über 150 summieren sie sich im Jahr, vom renommierten Festival „Musica Sacra" und dem „Internationalen Kammerchor-Wettbewerb" über Workshops bis hin zu Jazz. Für Teilnehmer an den Seminaren stehen Unterkünfte zur Verfügung.

3

In der Umgebung von Marktoberdorf

Der **Pestfriedhof** (3 km südöstlich Marktoberdorf, von der B16 Richtung Kohlhunden abbiegen, beim Hochwieswald) geht auf das Jahr 1359 zurück. 1634, als der „Schwarze Tod" erneut ganz Europa überzog, musste man ihn wieder öffnen. Nach zwei Jahren waren ein Drittel der 1200 Marktoberdorfer dahingerafft und von den Totengräbern für einen Gulden pro Erwachsenen und drei Batzen pro Kind 9 Fuß tief vergraben.

Fährt man vom Pestfriedhof noch einen knappen Kilometer nach Süden, gelangt man im Weiler Kohlhunden zum **Römerbad** (im Sommer So 10–12 Uhr, ansonsten nach telefonischer Vereinbarung unter Tel. 08342–41588, www.roemerbad-marktoberdorf.de). Das Bad war Teil einer villa rustica aus der Mitte des zweiten Jahrhunderts (das größte römische Landgut im ganzen Allgäuer Raum). Gesichert sind die freigelegten Fundamente mit einem

Glasbau, so dass man auch außerhalb der Öffnungszeiten einen Einblick erhält. In Vitrinen sind zahlreiche Funde, wie etwa Haushaltsgegenstände, präsentiert.

Service Marktoberdorf

Information

Tourist-Information, Richard-Wengenmeier-Platz 1, 87616 Marktoberdorf, Tel. 08342-400845, www.touristik-marktoberdorf.de, Mo–Do 8–13 (Mo u. Do 14–18), Fr 7–13 Uhr.

Unterkunft

Café Greinwald, Georg-Fischer-Str. 22, Marktoberdorf, Tel. 08342–2605, www.cafe-greinwald.de, DZ/F ab 100 €. Winziges Hotel Garni mit hübschen Zimmern und Ferienwohnungen mitten im Ort, angeschlossene Konditorei mit Pralinés, Torten und allem was sonst noch rund macht.

Hotel Sepp, Bahnhofstr. 13, Marktoberdorf, Tel. 08342–7090, www.hotelsepp.com, DZ/F ab 80 €. Modernes Tagungshotel mit allem Komfort (Wellness), einem schönen Garten und einem gelobten Restaurant, zentral im Ort gelegen.

Essen und Trinken

Zum Sailer, Marktplatz 6, Marktoberdorf, Tel. 08342–4203200, www.zum-sailer.de, Di–Do 11.30–23 Uhr, Fr 10–23 Uhr, Sa 11–23 Uhr, So 11–15 Uhr, 10–80 €. Der „Gourmet-Tempel" von Marktoberdorf mit engagiertem Koch aus Österreich (was ja schon Garant für Qualität ist); sensationell günstiger Mittagstisch (unter 10 €) und abends die elaborierten Menüs auf höchstem Niveau.

Burger, Georg-Fischer-Str. 23, Marktoberdorf, Tel. 08342–2674, www.zum-burger.de, 9–24 Uhr, etwa 15–20 €. Kein Fastfood, kein Wortspiel, sondern einfach ein Familienname und Traditionsadresse mit eigener Metzgerei und einem schönen Biergarten im Innenhof, in dem sich seit über 100 Jahren gemütlich der Abend verbringen lässt, bayerisch-schwäbische Küche.

Festivals

Musica Sacra und **Internationaler Kammerchor-Wettbewerb** an Pfingsten; in geradzahligen Jahren Musica Sacra, in den anderen Kammerchor-Wettbewerb, Arnauer Str. 14, Marktoberdorf, Tel. 08342–8964033, www.mod-festivals.org.

Markt

Wochenmarkt immer freitags am Marktplatz (Sommer 7–13, Winter 8–13 Uhr).

Baden

Ettwieser Weiher, kleiner, romantisch im Wald gelegener See mit Liegeflächen (Rasen), Sanitäreinrichtungen und in der Saison Kiosk, 3 km südlich von Marktoberdorf; Zugang frei.

Füssen

Kommen Besucher von weit her in die Gegend, lassen sie das zwischen Seen eingebettete und am Lech liegende Städtchen meist links liegen, zu magnetisch sind die benachbarten Königsschlösser Hohenschwangau und Neuschwanstein. Doch völlig zu Unrecht. Die Altstadt Füssens ist ein Kleinod mit spätgotischen und barocken Bauten zu Füßen des Hohen Schlosses und des wichtigen Klosters St. Mang – und die Umgebung mit ihren Seen lädt zu Exkursionen.

Geschichte Füssens

Die Region war Siedlungsgebiet der Likatier, mit der Romanisierung ging ihre Kultur verloren. Im 4. Jh. ist Füssen als römische Siedlung *Foetibus* auf dem heutigen Schlossberg und an der *Via Claudia Augusta* von Süden nach Augsburg aktenkundig geworden. „Foetibus" bedeutet „Ort an der Schlucht" und verweist auf den Lechdurchbruch (später übernahmen die Mönche diesen Namen und wandelten ihn um in „ad Fauces – an der Schlucht", 1175 tauchte dann der deutsche Name Fozen auf). Nach dem Niedergang des Römischen Reiches erlangte der Ort erst wieder Bedeutung mit der Gründung des Klosters 748 durch den Mönch Magnus von St. Gallen. Das prosperierende Kloster wechselte mehrfach den Herren (von den Welfen über die Hohenstaufer bis zu Ludwig den Bayern

Füssen am Ufer des Lech

1226). Nördlich des Klosters entwickelte sich der Ort, erhielt Stadtrechte, wurde sogar 1268 Reichsstadt. 1313 gingen das Benediktiner-Kloster und die Stadt an das Augsburger Hochstift. Der Schmalkaldische Krieg – Kursachsen und Hessen standen als Protestanten gegen den katholische Kaiser – wütete 1546 in der Person von Schertlin von Burtenbach in Füssen, und fast 100 Jahre später, während des Dreißigjährigen Krieges, marodierten die Schweden 1632 und 1642 durch die Landschaften. Friedlich wurde es 1745, als man im Füssener Gasthof „Zum Goldenen Posthorn" den österreichischen Erbfolgekrieg vertraglich beendete. 1812 säkularisierte man das Bistum Augsburg und Füssen fiel an Bayern. Einen Aufschwung erlebte die Stadt mit der Industrialisierung. 1861 nutzte die neu gegründete „Mechanische Seilerwarenfabrik" die Wasserkraft des Lechs und war so erfolgreich, dass sie sogar den Bau der Eisenbahn mitfinanzierte. Und dass die Königsschlösser (Hohenschwangau wurde 1837 neu aufgebaut, in Neuschwanstein war 1869 Baubeginn) in unmittelbarer Nähe lagen, tat der Entwicklung Füssens ebenfalls keinen Abbruch.

Sehenswertes in Füssen

Am besten parkt man in einem der **Parkhäuser** rund um den Kaiser-Maximilian-Platz.

Den Stadtspaziergang beginnt man am sinnvollsten am Kaiser-Maximilian-Platz. Von ihm zieht die Reichenstraße nach Süden mitten durch die Altstadt und hin zu Kloster und zum hoch über der Stadt thronenden Schloss. Die

Reichenstraße ist flankiert von prächtigen spätgotischen und barocken Gebäuden und verläuft entlang der ehemaligen Via Claudia Augusta. Man achte auf die Details an den Fassaden, wie den Zinnengiebel auf Nr. 7 von 1500 oder die Figur der Immaculata in der Rundbogennische über dem Eingang von Haus Nr. 22.

Krippkirche

Ein Kleinod verbirgt sich hinter der Fassade auf Nr. 31. Die **Krippkirche St. Nikolaus** 1 (8–18 Uhr) entstand als Nachfolgebau eines Jesuitenoratoriums 1718. Die Pläne zeichnete Johann Jakob Herkomer, Baumeister war sein Neffe Johann Georg Fischer, der als Steinmetz begann und am Ende Architekt von zahlreichen Kirchenbauten von Innsbruck bis Dillingen wurde. Der Hochaltar erstreckt sich über die gesamte Westwand und ist in Stuckmarmor ausgeführt, verantwortlich zeichnete Dominikus Zimmermann aus Wessobrunn.

Wessobrunn war im Rokoko das bedeutendste Stuckaturzentrum Europas

Kloster St. Mang

Am südlichen Ende der Reichenstraße geht es über die Ritterstraße und den Magnusplatz hoch zum **Klosters St. Mang** 2 und zum **Schloss,** beides dominante Gebäudekomplexe. Linker Hand erstreckt sich das Kloster St. Mang und an seinem Ende erhebt sich die Basilika, die Klosterkirche.

Das Kloster – heute Rathaus und Museum – ist ein beeindruckend großer Barockbaukomplex, den die Gegenreformation erbauen ließ, um den „Neid aller Kunstfreunde“ und wohl auch der Protestanten zu wecken. Das Kloster gruppiert sich unregelmäßig um drei Innen-

Hinter dem Kloster kann man in der Spitalgasse noch einen Blick auf eine Häuserzeile aus dem 17. Jh. werfen.

3

Bibliothek

höfe, geschuldet zum einen der alten Bausubstanz, die erhalten wurde, zum anderen der Geländeformation. Zurückgehend auf Pläne aus dem Jahr 1687 begann man mit der Umgestaltung und teilweisen Neuerrichtung des Klosters im Jahr 1697. Zwanzig Jahre später stand der Rohbau, noch weitere zehn Jahre dauerte die Fertigstellung der Innenausstattung, die der – auch für die Basilika zuständige – Architekt Johann Jakob Herkomer entwickelt hatte. Das **Museum Kloster St. Mang** (Eingang durch den Klosterhof, Lechhalde 3, Tel. 08362-903146, Apr.–Okt. Di–So 10–17 Uhr, Winter Fr–So 13–16 Uhr, 6 €, Kombikarte mit Hohem Schloss 7 €) legt seinen Schwerpunkt auf das barocke Bayern und hat mit den Repräsentationsräumen allein schon die schönsten Attraktionen. Besonders der Kaisersaal gilt als Glanzstück bayerischer Freskenund Stukkierkunst. Die ovale Bibliothek ist ein weiteres Highlight. Mitten im Raum umrahmt eine Balustrade eine Bodenöffnung, die den Blick auf das Refektorium freigibt – Symbol für den Hunger der Mönche nach leiblicher und geistiger Nahrung. Weitere Abteilungen widmen sich der Geschichte des Klosters sowie den Füssener **Lauten- und Geigenmachern.** Die Stadt gilt als Wiege des gewerblichen Lautenbaus, der auf das 14. Jh. zurückgeht.

Der Grund für den Erfolg: Die Bergwälder und besonders die Eiben. Ganz Europa haben die Füssener Instrumentenbauern beeinflusst, in Italien stammten im 17. Jh. über 60% der Lautenmacher aus Füssen. Ein absolutes Muss ist der Besuch der ehemaligen Grablege der Äbte und des Füssener Adels – die St.-

1562 wurde in Füssen die erste Lautenmacherzunft Europas gegründet.

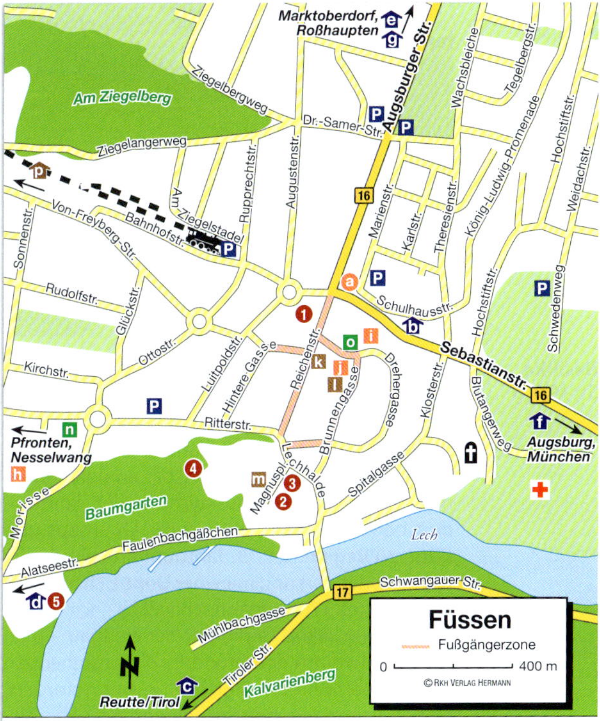

Sehenswert

1 Krippkirche St. Nikolaus
2 Kloster St. Mang
3 Klosterkirche
4 Schloß
5 Bad Faulenbach

Information

a Tourist-Information

Unterkunft

b Hirsch
c Blockhaus am Lechfall
d Alatsee
e Schwägele
f Schlossblick
g Kaufmann

Jugendherberge

p Jugendherberge Füssen

Essen und Trinken

h Haus der Gebirgsjäger
i Madame Plüsch
j Gasthof Krone

Einkaufen

k Trachten Werner
l Geigenbau Oliver Radke
m Unikat

Märkte

n Wochenmarkt
o Biobauernmarkt

Anna-Kapelle. Dort befindet sich das älteste Totentanzensemble Bayerns aus dem Jahr 1602, geschaffen hat es Jakob Hiebeler. „Sagt Ja, Sagt Nein, Getanzt Muess sein!“ lautet das Motto und Papst und Kaiser und alle Stände, ein Kleinkind und der Maler selbst werden in den Reigen mit den Skeletten gezwungen.

Geigenbauerwerkstatt Chaubert

Basilika St. Mang

Die frühere **Klosterkirche** 3 ist heute Stadtpfarrkirche und so hat Füssen eine der schönsten barocken Bethäuser Bayerns „für den sonntäglichen Gebrauch". Eine erste Kirche stand hier bereits Mitte des 8. Jahrhunderts, nachweisbar an den Fundamentmauern der Magnuskrypta. Im 11. Jahrhundert baute man eine Basilika mit Querhaus und Chor, zu Beginn des 13. Jahrhunderts wurde die Kirche verlängert und mit einer Doppelchoranlage ausgestattet. 1701 begann schließlich nach Plänen von Johann Jakob Herkomer der Neubau – man musste allerdings den Grundriss der bestehenden Kirche übernehmen. Gleichzeitig war gefordert, sich an venezianischen Stilelementen zu orientieren und eine größtmögliche Pracht zu entwickeln. 1717 konnte die Kirche geweiht werden, ihr Baumeister starb im selben Jahr. Sein Neffe Johann Georg Fischer übernahm die weitere Innenausstattung der Wandpfeilerkirche, die u.a. die venezianische Kirche San Giorgio Maggiore von Palladio zitiert. Fischer konnte und wollte sich dabei auf die Ausstattungsentwürfe seines Onkels beziehen, so dass sich mit St. Mang eine der wenigen Kirchen dieser Größe in einem einheitlichen und stimmigen – den Gedanken einer Person entsprungenen – Konzept zeigt.

Hohes Schloss

Der Ende des 13. Jahrhunderts, unter Herzog Ludwig II. (dem Strengen) entstandene spätgotische Bau des **Schlosses** 4 thront zwingend über der Stadt. Kurz und steil führt der Weg hinauf in den Hof und zu den mit Illusionsmalerei verzierten

Fassaden. Sie gehen auf das Jahr 1499 und den Maler Fidelis Eichele aus Hechingen zurück, auf eine Zeit, als die ganze Anlage unter dem Bischof Friedrich II. von Zollern erweitert wurde (1486–1505). Mit Johann Schmuzer hatten auch die Wessobrunner Stuckateure ihre Hand im Spiel, als 1687 der Nord- und Westflügel umgestaltet wurde. 1799 war im Schloss ein Großlazarett der k&k-Monarchie untergebracht, ein Jahr später gehörte es Napoleon. Im Hohen Schloss gibt es zwei Galerien. Von der Staatsgemäldesammlung erreicht man auch den Wehrgang und von diesem den sechsstöckigen Torturm, den man bis zum Türmerzimmer besteigen darf. Ebenfalls besuchen darf man den Uhrturm und das ehemalige Verlies, den Fallturm (von „fal", mittelhochdeutsch für Sündenfall/Abfall). Außerdem steht die Veitskapelle offen, sie wurde 1490 errichtet und 1683 durch Schmuzer barockisiert. Seit 1931 befindet sich in den Residenzräumen der Fürstbischöfe im zweiten Stock, die Filialgalerie der **Bayerischen Staatsgemäldesammlung** (Hohes Schloss, Magnusplatz 10, Tel. 08362-940162, Apr.–Okt. Di–So 11–17 Uhr, Winter Fr–So 13–16 Uhr, 6 €, Kombikarte mit Kloster 7 €). Als einzigartig gilt der Rittersaal mit seiner geschnitzten Kassettendecke. Es gibt Gemälde aus dem 15. und 16. Jh. zu sehen, darunter Werke von Hans Holbein d.Ä. Die **Städtische Gemäldegalerie** in der ersten Etage konzentriert sich u.a. auf Münchener Maler wie Franz Graf von Pocci oder Franz von Defregger. Zu sehen ist auch „Die Wache" von Carl Spitzweg.

Basilika St. Mang

Neuschwanstein und Hohenschwangau

Nur fünf Kilometer sind es vom Zentrum Füssens in das östlich gelegene Hohenschwangau, das sich mit Haut und Haaren dem Tourismus verschrieben hat. Alles ist ausgerichtet auf die Zuckerwattenarchitektur des hoch oben thronenden Schlosses Neuschwanstein. 1,3 Mio. Besucher aus aller Welt kommen im Jahr, und dass das teuerste und letzte Bauprojekt von König Ludwig II. nicht einem Turm zu Babel gleicht, ist dem Organisationstalent der Bayerischen Schlösserverwaltung zu danken. Bis zu 6000 Menschen schleust sie täglich in einem ständigen Strom von Gruppen hocheffektiv durch die Räumlichkeiten – unter kurzweiliger und kompetenter Führung und in allen nur erdenklichen Sprachen von Russisch bis Mandarin.

Schloss Neuschwanstein

Hat Ludwig seinen Einsamkeitswunsch bei Linderhof durch die bauliche Konzeption nach innen gewendet, ging er mit **Schloss Neuschwanstein** (Tickets s. Kasten, www.neuschwanstein.de) richtiggehend „hausieren". Hier manifestierte sich seine Entrücktheit mit einem himmelnahen, krähennestgleichen, grellweißen und sirupsüßzähen Bauwerk, dass nicht umsonst seine Prüfung als Vorlage für die Welt der Märchenfilme bravourös bestand – das Simulakrum einer deutschen Ritterburg. 1868 war der Grundstein gelegt, 1880 erfolgte das Richtfest und im Jahr 1884 war die Ausstattung weitestgehend fertiggestellt. Zwei Jahre später starb Ludwig, der sein letztes Schloss nie fertig errichtet sah (obwohl er Teile bewohnte), denn Änderungswünsche verzögerten den

Verkehr in Hohenschwangau

Zu den beiden Schlössern fährt man bequem und stilgerecht mit **Kutschen.** Sie stehen für Neuschwanstein beim Hotel Müller (Bergfahrt 6 €, Talfahrt 3 €), für Hohenschwangau beim Ticketcenter (Bergfahrt 4 €, Talfahrt 2 €). Alternativ geht eine **Buslinie** ab Schlosshotel Lisl bis zur Marienbrücke gleich unterhalb von Neuschwanstein (Berg- und Talfahrt 2,60 €). Das **Parken** kostet für einen Pkw 6 €, für ein Motorrad 2 €/Tag.

Tickets vor dem Aufstieg zum Schloss kaufen!

Die Tickets für Neuschwanstein und Schloss Hohenschwangau gibt es **nur** unterhalb des Schlosses beim Ticketcenter Hohenschwangau, dort wird auch die exakte Eintrittszeit (Führungsdauer 30 Min.) in die Schlösser zugewiesen: Ticket-Center Hohenschwangau, Alpseestrasse 12, Hohenschwangau, Tel. 08362-930830, www.hohenschwangau.de/ticketcenter, Apr.–Sept. 9–18 Uhr, Okt.–März 10–16 Uhr, Eintritt Hohenschwangau 13 €, Neuschwanstein 13 €, Kombiticket Neuschwanstein und Hohenschwangau 25 €, zusammen mit dem Museum der Bayerischen Könige 31,50 €.

Abschluss der Bauarbeiten sechs Jahre über seinen Tod hinaus. Das dritte und vierte Obergeschoss sollten alleine dem König vorbehalten sein, darunterliegend waren die Funktionsräume und die Zimmer der (hübschen und männlichen) Dienerschaft, die für sein Wohl an Leib und Seele sorgte.

Trotz aller Querelen Ludwigs mit Richard Wagner bestimmen dessen Werke wesentlich die Innenausstattung; so schmücken Darstellungen mittelalterlicher Sagen, die auch Wagners Opern anregten, das Innere des Schlosses Tannhäuser, Lohengrin und Parsival sind nur einige der Protagonisten, die und deren Lebensumstände überall zu Stein und Gemälden geworden sind. Das Schlafzimmer (Tristan und Isolde herrschen vor) zeigt ein geschnitztes neu-

3

Wie aus dem Märchenbuch: Neuschwanstein im Winter

gotisches Prunkbett, die Grotte ist so, wie sie Tannhäuser im Hörselberg liebte, Sängerkrieg im Arbeitszimmer, das Wohnzimmer dominiert Lohengrin und im Esszimmer steht sinnigerweise ein Tafelaufsatz mit Siegfried im Geflügelkampf. Der Thronsaal übrigens war nie für Empfänge gedacht, sondern einfach nur so da, weil er eben König war. Und hinter allem befindet sich die für die damalige Zeit modernste Technik – überall fließendes Wasser, Spültoiletten, Zentralheizung mit Heißluft, Sprechanlagen und Telefon.

Nur Schwindelfreien ist die Begehung der eisernen **Marienbrücke** gleich unterhalb des Schlosses zu empfehlen. Lang und schmal überspannt sie die Pöllatschlucht, von hier lassen sich mit die besten Fotos vom Schloss knipsen.

Schloss Hohenschwangau

Schloss Hohenschwangau (Tickets s. Kasten, www.hohenschwangau.de) errichtete König Maximilian II. noch als Kronprinz 1832–36 im neugotischen Stil an der Stelle der verfallenen Burg Schwanstein in Anlehnung an die Originalpläne. In Hohenschwangau wuchs Ludwig II. auf und lebte mit seiner Mutter noch einige Jahre nach dem Tod

Wer etwas wagemutiger ist, durchquert die beeindruckende Pöllatschlucht auf Stufen und einem eisernen Steg entlang der Wand, auf der hoch oben das Schloss thront.

seines Vaters. Noch heute profitieren die Wittelsbacher von ihrem ehemaligen Besitz, der von der Stiftung Wittelsbacher Ausgleichsfond verwaltet wird (einem bayerischen Gesetz von 1923 zur Verwaltung des Besitzes der entmachteten Dynastie folgend). Die Innenausstattung ist „normaler" als bei Neuschwanstein, nicht ganz so prächtig, aber dennoch reich. Ludwig veränderte nur wenig, so dass man die Zimmer so sieht, wie sie seine Eltern bewohnten. Das Schlafzimmer der Königin ist in Erinnerung einer Reise in die Türkei in orientalischem Stil gehalten, das Schlafzimmer Maximilians (und später Ludwigs) ist mit Wandgemälden zum „Befreiten Jerusalem" (ein Gedicht von Torquato Tasso) geschmückt.

Um bei starkem Andrang den Wartenden die Zeit zu versüßen, hat man 2011 ein Museum zu Füßen von Hohenschwanstein geschaffen: **Das Museum der bayerischen Könige** (Alpseestr. 27, http://museumderbayerischenkoenige.de, tgl. 9–17 Uhr, Eintritt 11 €, bis 18 Jahre frei) durch dessen Glaskuppeln man hinauf blickt zu den Schlössern. Und dass der Aufenthalt für alle Beteiligten nicht ganz umsonst war, dafür sorgt der Museumsladen mit „qualitätvollen Souvenirs" rund um bayerischen Herrscherglanz.

Von Schloss zu Schloss: Vom Wahrzeichen Füssens, dem Hohen Schloss, geht es auf einer Wanderung über den versteckten Schwansee zum Schloss Hohenschwangau, in dem Ludwig II. aufwuchs, und weiter hinauf nach Neuschwanstein. Der Weg ist 5 km lang, die Gehzeit beträgt etwa 90 Minuten. Besonders schön: Auf halbem Weg bietet der Kalvarienberg einen Panoramablick auf alle drei Schlösser, die Berge und das Voralpenland.

Hohenschwangau

3

In der Umgebung von Füssen

Nachgerade von Seen eingekesselt ist Füssen. Der größte von ihnen, der Forggensee, erstreckt sich nach Nordosten, flankiert wird er im Osten vom Bannwaldsee. Im Süden liegt der kleine, feine Alpsee, im Westen der Weißensee und im Nordwesten glitzert die Wasserfläche des Hopfensees. Weitere Seen reihen sich entlang des Faulenbach-Tales auf. Eine ideale Gegend für Aktive, nicht zuletzt wegen der angrenzenden Bergwelt, so dass man im Sommer tagsüber wandern und dann am Nachmittag noch ins kühlende Nass springen kann.

Faulenbacher Tal

Bad Faulenbach 5 ist der Kurort Füssens mit Moorbad und Schwefelquelle. Die einzige Zufahrt führt durch das malerische Felsentor. Das Tal zieht sich nach Westen und wie Perlen auf einer Kette sind die Weiher und kleinen Seen aufgereiht – eine herrliche Parklandschaft in der sich sommers wie winters ausgezeichnet spazieren lässt. Der Alatsee birgt ein für Wissenschaftler interessantes Geheimnis. Der 35 Meter tiefe See besitzt in 15–18 Meter Tiefe eine leuchtende, rosafarbene Schicht aus Schwefelbakterien, die alles Leben darunter verunmöglichen; darüber aber tummeln sich Fische, Krebse und Muscheln. Dass die Nazis bei Kriegsende Gold in ihm versenkt haben sollen, ist nur eine der vielen Legenden, die sich um den 12 ha großen See ranken.

Lese-Tipp: Kommissar Kluftinger muss sich im Allgäu-Krimi „Seegrund" mit Goldversenkung und Waffenversuchen im Alatsee auseinandersetzen (Piper, 2008, auch als eBook erhältlich).

Kleine Pause mit Blick auf den Alatsee

Wanderung durch das Faulenbacher Tal

Vom Parkplatz Morisse in der Kemptener Straße gelangt man durch das Felsentor in das Faulenbacher Tal. Westwärts wandernd geht man vorbei am Lechfall und die Weiher Mitter- und Obersee passierend in etwa anderthalb Stunden zum romantisch gelegenen Alatsee. Wer noch weiter will nimmt den Weg auf der Nordseite des Sees am Parkplatz auf und wandert hinauf zur bewirtschafteten **Salober Alm** auf österreichischem Gebiet (nochmals ca. 40 Minuten, 1150 m Höhe, Tel. 0043-5677-8788, www.saloberalm.de, auch im Winter tagsüber offen).

Lechfall Der Lechfall ist nur 10 Fußminuten vom Zentrum entfernt. 15 m tief ist der Einschnitt, durch den der Lech das Gebirge quert. Einst waren es über 100 m, die der Lech hinabfiel. Als der Lechgletscher zum Ende der Würmeiszeit immer weiter abschmolz, waren diese Wassermassen durch die umgrenzenden Berge eingeschlossen und bildeten einen See. Nur an einer Stelle konnte das Wasser abfließen und stürzte in die Tiefe. Nach und nach grub sich das Wasser immer tiefer in den Fels und der See trocknete aus. Heute ist der Lechfall eine Touristenattraktion und Naturdenkmal. Und auch Industriedenkmal: bereits 1784 leitete man, durch einen in den Fels gesprengten Stollen, Wasser ab und zu Mühlen weiter. Und dann war er auch noch eine Art Wallfahrtsziel, wenigstens bis 1920. Schließlich soll hier – auf der Flucht vor kriegerischen Heiden – der hl. Magnus über den Lech gesprungen sein und bei der Landung seinen Fußabtritt hinterlassen haben, ein Felsvorsprung mit dem Namen „Magnustritt". Um ihn zu finden, muss man sich allerdings auf ein wenig Kletterei einstellen – er ist nicht gekennzeichnet.

Forggensee Der größte künstliche See Bayerns (seit 1954 staut ein 41 m hohes Wehr den Lech) ist 12 km lang, 3 km breit und ein Mekka für Wassersportler. Ob Surfer, Segler oder einfach nur Badende – alle kommen auf ihre Kosten. Wanderer und Radler können sich auf die 32 km lange Umrundung machen. Mit 1600 Quadratkilometern hat der Forggensee das größte Einzugsgebiet aller bayerischen Seen und auch den meisten Wasserzufluss (jahresdurchschnittlich 70

Schiffsrundfahrt auf dem Forggensee

Kubikmeter in der Stunde). Im Winter fällt der See fast trocken und dann tauchen auf dem Grund die Fundamente der Häuser auf, die bei der Aufstauung verlassen wurden – und die Reste der Via Claudia Augusta.

Forggensee-Schiffahrt

Juni–Mitte Okt. verbinden die Schiffe „Allgäu" und „Füssen" über etliche Haltpunkte Füssen mit dem Nordufer beim Kraftwerk Roßhaupten (Tel. 08362-921363, www.fuessen.de/wasser/forggenseeschiff fahrt.html, 11 € ein Mal rundrum).

Kletterzentrum Allgäu

Das Kletterzentrum (Dietringer Str. 50, Rieden am Forggensee – von der B16 Füssen Marktoberdorf anzufahren – Tel. 08362-94018, www.alpenverein-fuessen.de) besitzt eine 800 Quadratmeter große Halle mit 15 m Höhe und Kletterwänden aller Schwierigkeitsgrade, so dass vom Anfänger bis zum Extremsportler alle glücklich werden. Ein Bereich ist für die Boulderbegeisterten reserviert.

Kraftwerk Roßhaupten

Das Kraftwerk der Staustufe mit seiner Leistung von 45,5 Megawatt am Nordende des Forggensees ist nur willkommenes Beiwerk gewesen; Hauptgrund für die Aufstauung des Lechs war der Hochwasserschutz für die Städte Schongau, Landsberg und Augsburg. Im ersten Halbjahr, wenn der Lech viel Wasser führt, sammelt man es, bis 150 Millionen Kubikmeter erreicht sind. Im Winter wird der Fluss wieder abgestaut, dann sinkt der Wasserspiegel des Forggensees zusehends Meter um Meter – um Platz für die Schneeschmelze im Frühjahr zu schaffen. Die Staustufe darf man besuchen (Mo–Do 7–15 Uhr, Fr bis 14 Uhr, im Sommer auch Sa/So 7–17 Uhr).

Burgruine Eisenberg und Hohenfreyberg

Gut 10 km nordwestlich von Füssen liegt die Gemeinde Eisenberg mit 17 Weilern und Ortsteilen. Beim Gockelwirt im Ortsteil Eisenberg habe Ludwig II. öfters unter der Linde vor dem Gasthof gesessen und den Herrgott einen guten Mann sein lassen (und der damalige Wirt erhielt vom „Kini" als Geschenk sogar einen Siegelring). Zwei imposante Burgruinen stehen weithin sichtbar dicht beieinander, etwa 1 km nördlich des Ortsteiles Zell, jede aber doch für sich gut gesichert auf einem Berg. Eisenberg wurde um 1315 durch Peter von Hohenegg errichtet, Hohenfreyberg 1432 durch Friedrich von Freyberg. Zerstört hat sie – zusammen mit Falkenstein – die Tiroler Landesregierung 1646, damit sie nicht den aufmarschierenden Schweden in die Hände fielen. Im Ortsteil Zell wird im kleinen **Burgenmuseum** (Dorfstr. 12, Zell, www.burgenmuseum-eisenberg.de, bis auf weiteres wg. Umbaumaßnahmen geschlossen) die Geschichte der Burgen, ihrer Herren und der Gemeinde ausgeführt und mit Fundstücken dokumentiert. Vom Ortsteil Eisenberg führt ein hübscher Spaziergang in 30 Min. vorbei an der **Schlossbergalm** (tgl. ab 10 Uhr, Burgweg 50, Eisenberg, Tel. 08363-1748, www.schlossbergalm.de, heimische Schmankerl im ehemaligen Bauhof der Burg) zu den Ruinen.

3

Wanderung durch die Pöllatschlucht ...

... zum ehemaligen **Jagdhaus Ludwig II. Bleckenau:** Knapp 400 m geht es hinauf und wieder hinunter, insgesamt 3 Std. Wegzeit muss man rechnen. Belohnt wird man oben mit einem Bier in der heutigen **Berggaststätte Bleckenau** (Bleckenau 2, Tel. 08362-81181, www.berggasthaus-bleckenau.de, tgl. 9–18 Uhr, Apr.–Nov.). Der Weg ist im Winter und im Frühjahr nicht machbar, erst muss die Schneeschmelze erfolgen. Start ist Schwangau an der Kreuzung Colomanstraße/Pöllatweg. Es geht durch die Schlucht hoch zur Marienbrücke und dann auf dem Fahrweg bis zur Jagdhütte. Zurück nimmt man den Brunnenstubenweg (Wasserleitungsweg) zur Marienbrücke und nach Hohenschwangau. Wer den Fußmarsch scheut, nimmt den Bus von der Tourist-Information in Hohenschwangau (9, 11, 13 und 15.30 Uhr).

Service Füssen

Information

Tourist-Information Füssen [a], Kaiser-Maximilian-Platz 1, 87629 Füssen, Tel. 08362-93850, www.tourismus-fuessen.de, Juni–Okt. Mo–Fr 9–18 Uhr, Sa 10–14 Uhr, So 10–12 Uhr, Nov.–Mai Mo–Fr 9–17 Uhr, Sa 9.30–13.30 Uhr.

Tourist-Information Hopfen am See, Uferstr. 21, Hopfen am See, Tel. 08362-7458, Mo–Fr 9–12 Uhr u. 14–17 Uhr, Sa 10–14 Uhr.

Tourist-Information Weißensee, Seeweg 4, Weißensee, Tel. 08362-6500, Mo–Fr 9–12 Uhr u. 14–17 Uhr, Sa 9–12 Uhr.

Tourist-Information Hohenschwangau, Müncheneer Str. 2, 87645 Hohenschwangau, Tel. 08362-819765, www.schwangau.de, Mo–Fr 8–18 Uhr, Sa 8.30–12.30 Uhr, So 9–12 Uhr, Winter Mo–Do 11–12.30, 13.30–17 Uhr, Fr bis 16 Uhr.

Stadtführungen

Jeden Samstag um 10 Uhr (Treffpunkt an der Tourist-Information, 1,5 Std., 5 €).

Unterkunft

Hirsch [b], Kaiser-Maximilian-Platz 7, Tel. 08362-93980, www.hotelhirsch.de, DZ/F ab 120 €. Stadthotel mit Tradition an der Fußgängerzone, die Zimmer sind individuell eingerichtet und besitzen jeweils ein Thema wie „Geigenbauer" oder „Minnesänger", gemütliches Restaurant mit mehreren Gastzimmern und Biergarten.

Blockhaus am Lechfall [c], Tiroler Straße, Tel. 08362-940834, www.blockhaus-lechfall.de, Blockhaus für max. 4 Personen 60–140 €. Wer einen längeren Aufenthalt plant kann sich in einem der drei schönen Blockhäuser direkt am Lechfall einmieten, jedes hat drei Zimmer, Küche, Bad, Sauna, Terrasse, Liegewiese, Grillplatz und Carport.

Alatsee [d], Alatsee 1, Faulenbach, Tel. 08362-6205, www.hotel-alatsee.de, DZ/F ab 70 €. Hotel und Gasthof in malerischer Lage am Alatsee 6 km westlich Füssen, Seeterrasse und gutes Restaurant mit Traditionsgerichten, internationaler Küche und Brotzeit.

Schwägele [e], Hauptstraße 15, Roßhaupten, Tel. 08367-305, www.landgasthof-schwaegele.de, DZ/F um 80 €. 10 km nördlich des Zentrums von Füssen lockt der Landgasthof mitten im Dorf mit seinen modernen, komfortablen Zimmern und einer ausgezeichneten Küche mit schwäbisch-bayerischen Spezialitäten und viel Wild (Do–Di 10–22 Uhr, um 15 €).

Schlossblick [f], Schwangauerstr. 7, Hohenschwangau, Tel. 08362-81649, www.hohenschwangau.de/schlossblick, DZ/F 60–75 €. Zwischen den Königsschlössern 5 km östlich Füssens findet man in einem der 26 Zimmer mit Bad komfortable Unterkunft, allerdings kein Restaurant.

Kaufmann [g], Füssener Straße 44, Roßhaupten, Tel. 08367-91230, www.hotel-kaufmann.de, DZ/F ab 125 €. In Roßhaupten ist das Wellness-Hotel Wegweiser für die Verbindung von Natur und Spa. Mit viel Holz und Naturstein wurde eine Oase für alle Sinne geschaffen, sehr gutes Restaurant.

Jugendherberge

Jugendherberge Füssen [p], Mariahilferstr. 5, Tel. 08362-7754, www.fuessen.jugendherberge.de, Bett/F 23,90 €. 10 Fußminuten vom Zentrum liegt die moderne Herberge mit Mehrbettzimmern und einigen Familienzimmern.

Camping

Camping Bannwaldsee, Münchner Str. 151, Schwangau, Tel. 08362-93000, www.camping-bannwaldsee.de, Stellplatz für 2 Erwachsene und Kfz 25–35 €. Ganzjährig offener schöner Platz direkt am Seeufer und die Königsschlösser sind in Sichtweite, Minimarkt, Restaurant und Bootsverleih.

Camping am Hopfensee, Fischerbichl 7, Füssen, Tel. 08362-917710, www.camping-hopfensee.de, Stellplatz für 2 Erwachsene und Kfz um 35 €. Platz der Fünf-Sterne-Kategorie mit allen Annehmlichkeiten wie Kindergarten, Spielhalle, Wellnessbereich und Hallenbad, ganzjährig offen, direkt am Ostufer des Sees.

Essen und Trinken

Haus der Gebirgsjäger [h], Kemptenerstr. 68, Tel. 08362-7984, www.haus-der-gebirgsjaeger.de, Mi–Mo 10.30–24 Uhr, Menü ab 10 €. Man sollte sich vom Namen nicht abschrecken lassen, es ist eine ganz normale Gaststätte mit supergünstigen Tagesangeboten, z.B. „Frische Schweinshax'n vom Spieß mit Reibeknödel und Blaukraut" für 8 €; und außerdem noch ein Biergarten.

Madame Plüsch [i] , Drehergasse 48, Tel. 08362-9300949, Mi–Mo 11.30–23 Uhr, Mi ab 17 Uhr, Menü um 25 €. Im Plüsch der 1920er Jahre gibt's bayerisch aufgestrapste internationale Küche; hierher kommt man wegen der Ausstattung der Räume.

Innenstadt Füssen

Gasthof Krone [j], Schrannengasse 17, Tel. 08362-7824, www.krone-fuessen.de, warme Küche tgl. 17–21 Uhr, Menü ab 20 €. Vorwärts in die Vergangenheit: Speis' und Trank wie im Mittelalter und man scheue sich nicht, die Finger zur Hilfe zu nehmen; auf Angebote mittelalterlicher Abende mit Menü, Herold und Gaukler achten!

Fischerhütte, Uferstr. 16, Hopfen am See, Tel. 08362-91970, www.fischerhuette-hopfen.de, tgl. ab 10 Uhr (Winter Mo Ruhetag), Menü um 20 €. Direkt am Seeufer ist der Fang tagesfrisch; welche Fischsorte auf den Tisch kommt, richtet sich nach der Beute: Bachsaibling, Zander aber auch Exotisches aus den Weltmeeren wie Seezunge oder Riesengarnelen; ansonsten: Bayerisches (Hirschgulasch mit Pilzen) und Schwäbisches (Kässpätzle oder Maultaschen); am schönsten ist es im Sommer auf der Seeterrasse.

Königl. Bayerischer Biergarten, Alpseestr. 25, Hohenschwangau, Tel. 08362-8870, www.hs-gaststaetten.de, Mai–Okt. 11–18 Uhr, Menü 10–15 €. Unterhalb des Schlosses Hohenschwangau, 5 km östlich von Füssen, sitzt man im Sommer an den Holztischen und holt sich sein Bier (Kaltenberger Schlossbrauerei) im Selbstbedienungsbereich, den ehemaligen Pferdestallungen.

Einkaufen

Bergkäserei Weizern, Weizern 3, Eisenberg, Tel. 08364-280, www.kaeserei-weizern.de. 10 km nordwestlich von Füssen gibt es beste Produkte aus frischer Heu-Rohmilch, das heißt, die Kühe wurden nicht mit Silofutter gepäppelt; Bergkäse, Emmentaler, Butter, Milch, Joghurt – alles schmeckt fantastisch. Tipp: Freitagmittags Kässpatzenessen.

Trachten Werner [k], Reichenstr. 26, Tel. 08362-505354, www.trachten-werner.de. Riesiges Trachtengeschäft mit unglaublicher Auswahl, wer hier nicht fündig wird, schafft es nirgends.

Geigenbau Oliver Radke [l], Brunnengasse 19, Tel. 08362-38828, www.masterviolins.com. Meisterinstrumente in der Stadttradition von der Geige über die Bratsche bis zum Kontrabass und in die ganze Welt verkauft.

Unikat [m], Magnusplatz 4, Tel. 08362-509880, http://unikat-reichle.de. Schmuck nach einem ganz ausgefallenen Design und „Lechobjekte", von Wasser und Stein des Flusses geschliffene Fundgegenstände, die ein neues Leben als Kunst begonnen haben.

Märkte

Wochenmarkt [n] immer donnerstags 8–13 Uhr am Parkplatz Morisse an der Kemptener Straße, **Biobauernmarkt [o]** jeden ersten und dritten Samstag im Monat am Schrannenplatz (10–14 Uhr). **Jahrmärkte** jeweils ein Wochenende Mitte März (Josefi), Anfang Juni (Himmelfahrt) und Mitte Oktober (Kirchweih).

Festspielhaus Füssen

Im Forggensee wurde 1998 eigens ein Grundstück aufgeschüttet, dass man gebührend Platz hatte für die großzügige Anlage mit Drehbühne vor der Kulisse der Alpen. Hauptstück war in der Anfangszeit das Musical „Ludwig II. - Sehnsucht nach dem Paradies", das 2000–2003 uraufgeführt wurde und immerhin 1,5 Mio. Besucher hatte – es reichte dennoch nicht und die Insolvenz kam. Heute werden ab und an Musicals, klassische Konzerte, U-Musik und Comedy gegeben; Im See 1, Tel. 08362-50770, www.das-festspielhaus.de.

Feste und Veranstaltungen

Im **Sommer** schippern die **Alphornbläser** meist montags auf einem Floss auf den Hopfensee hinaus und unterhalten die Gäste an den Ufern ringsum. Ebenfalls montags kommen Alphornbläser zum Wiedmannweiher bei Bad Faulenbach.

Im **Sommer** mehrmals pro Monat finden die **Kaisersaalkonzerte** (Kartenvorverkauf Tel. 08362-93850, www.stadt-fuessen.de/kaisersaalkonzerte.html) im Kloster St. Mang statt, von klassischer Kammermusik bis hin zu anspruchsvollem Jazz.

Ende **August** steht die Stadt unter dem Eindruck des zehntägigen Festivals „**Vielsaitig**", ein Kammermusikfestival, das jedes Jahr unter ein neues Motto schlüpft (s. www.stadt-fuessen.de/festival-vielsaitig.html).

Baden

Fünf der zahlreichen Seen rund um Füssen sind von der EU als Badeseen zertifiziert und besitzen Naturfreibäder: der Forggensee mit zahlreichen Zugangsmöglichkeiten und Strandbädern, die kleinen Seen Mittersee und Obersee im Faulenbacher Tal, der Hopfensee mit seinem Strandbad mit Alpenpanorama und der Weißensee mit mehreren Badeplätzen.

Hopfensee

3

Pfronten

Auf drei Seiten von Bergen umgeben ist das alpenländisch-dörflich geprägte Pfronten an der Vils ein beliebter Luftkurort und Wintersportplatz mit zahlreichen Wander- und Wintersportmöglichkeiten rund um die einzelnen Gemeindeteile. Einen Ortsteil Pfronten sucht man vergeblich, obwohl der erste Name der Siedlung aus dem Mittelalter Pfronten war bzw. „Phruende – Rodung". Nach und nach wurden weitere Teile des Tales gerodet, neue Siedlungen erhielten neue Namen wie Ösch, Dorf oder Röfleuten. Die Bezeichnung Pfronten blieb aber erhalten für die Gesamtheit der 13 Ortsteile. Das „Zentrum" der Gemeinde liegt zwischen den Ortsteilen Berg, Ried und Heitlern.

Burg Falkenstein

Das kulturell bedeutendste Bauwerk Pfrontens befindet sich etwas abseits: die Burgruine Falkenstein. Sie steht 5 km südöstlich des Zentrums und nördlich der Vils pittoresk auf einem Felsen und geht auf das Jahr 1280 und Graf Meinhard II. von Tirol zurück. Schon zehn Jahre später gelangte sie in den Besitz des Hochstiftes von Augsburg. 1646 ordnete die Tiroler Landesregierung – Dreißigjähriger Krieg, die Schweden standen vor den Toren – die Zerstörung der Burg an, 1803 wurden die Landschaften Bayern zugeordnet, die Burg kam in Staatsbesitz und schließlich ins Blickfeld von Ludwig II. Nicht mehr ausgelastet mit Linderhof, Neuschwanstein und Herrenchiemsee, umschlich nun seine architektonische Flausenwelt Falkenstein. Noch ziselierter, noch märchenhafter als Neuschwanstein sollte sie werden – und noch teurer. War Neuschwanstein finanziell schon kein Spaß mehr für die Bürger, Falkenstein wäre ein Fiasko geworden. Dem kam der König mit seinem Tod zuvor und es blieb bei einer Idee. Auf 1267 m gelegen ist Falkenstein die höchste Burgruine Deutschlands.

Eine in Winter und Sommer schöne **Wanderung** führt von Burg Falkenstein zum Alatsee bei Bad Faulenbach über die Saloberalm (ganzjährig offen, Mo Ruhetag, Tel. 0043-5677-8788), Dauer 2,5 Stunden, gemächlicher Abstieg 350 m.

Foto rechts: *Blick vom Falkenstein Richtung Füssen*

Burgmuseum Das kleine Burgmuseum (Auf dem Falkenstein 1, Tel. 08363-914540, Mai–Okt. tgl. 9–18 Uhr, Eintritt frei) direkt unterhalb des Hotels an der 400 m hohen Felswand bietet einmal eine Sicht aus der Vogelperspektive, zum anderen gibt es Wissenswertes über die Geschichte der Burg zu erfahren.

Service Pfronten

Information **Tourist-Information,** Vilstalstraße 2, 87459 Pfronten-Ried, Tel. 08363-69888, www.pfronten.de, Mo–Fr 8.30–18 Uhr, 9–14 Uhr, Winter Mo–Fr 8.30–12 Uhr u. 14–17 Uhr.

Unterkunft **Burg Falkenstein,** Auf dem Falkenstein 1, Tel. 08363-914540, www.burghotel-falkenstein.de, DZ/F ab 190 €. Die Übernachtung in Zimmern wie „Burgnarr" oder „Sissis Herz" hat seinen stolzen Preis, dafür schläft man direkt neben der Ruine in edel-fürstlichem Ambiente.

Fallmühle, Achtalstraße 62, Tel. 08363-481, www.fallmuehle.de, DZ/F 65 €. Landgasthof 6 km südwestlich von Pfronten-Zentrum im romantischen Achtal, nur drei Doppelzimmer und eine Gaststätte mit bodenständiger Küche, Brotzeiten und großem Garten.

Essen und Trinken **Schankwirtschaft Wohlfahrt,** Kienbergstr. 61, Tel. 08363-928795, www.eiskeller-pfronten.de, Mo–Fr ab 16 Uhr, Sa ab 14 Uhr, So ab 12 Uhr, Menü ab 15 €. Hofküche in bestem Sinne (vom Bauernhof) mit Allgäuer Spezialitäten, die fast zelebriert werden; sehr nette und rustikale Atmosphäre und herzliches Personal im historischen Einfirsthof, supergemütlicher kleiner Garten.

Milchhäusl, Kienbergerstr. 54, Tel. 08363-6782, www.bergcafe-milchhaeusle-pfronten.de, So–Fr 10–20 Uhr, Menü ab 10 €. Ein zehnminütiger Spaziergang vom Ortszentrum führt leicht bergan zum Bergcafé auf 925 Meter mit einem schönen Blick über das Tal; Anfahrt über die Achtalstraße bis zum Parkplatz.

Einkaufen **Osterried Rennrodel,** Joseweg 5, Tel. 08363-7177, www.schreinerei-osterried.de. Wer nicht Massenware fahren, sondern seinen Schlitten oder Rodel nach alter Tradition gebaut haben will (oder sogar eigene Wünsche verwirklicht wissen will), ist hier richtig.

Heu-Produkte zur Gesichts- und Körperpflege stellt die Fa. BTW (Josbergweg 8, Tel. 08363-9288865, www.heuprodukte.de) unter dem Markennamen Heuromed her.

Skifahren

Mehrere Skigebiete (teilweise mit Flutlichtbetrieb) umgeben Pfronten: Breitenberg (1 Sessel-, 4 Schlepplifte, 1200–1600 m), Pfronten-Steinbach (6 Schlepplifte, 850–1250 m), Pfronten-Röfleuten (2 Schlepplifte, 850–1100 m).

Rodeln

Um den bei Osterried gekauften Rodel auszutesten nimmt man die Bergbahnen hoch zur Ostlerhütte und dann den 6,5 km langen Ziehweg hinunter.

Der **Waldseilgarten Höllschlucht** (Pfronten-Kappel, Tel. 08363-9259896, www.waldseilgarten-hoellschlucht.de. Frühjahr bis Herbst, in den Schulferien täglich, sonst meist Mi und Fr–So sowie an Feiertagen, Erw. 23 €, 6–15 J. 16 €, bis 6 J. frei) besteht aus acht Parcours unterschiedlichen Schwierigkeitsgrades mit insgesamt 75 Elementen. Eine ganz spezielle Art der **Übernachtung** bieten die Portaledges, mit einem Seil schwebend an einem Ast aufgehängte kleine Plattformen mit Moskitonetz, die man nur mit einem Seil erreicht, dann kann man in seinen Schlafsack kriechen. Wer's weniger wiegend mag – es gibt auch fest installierte Holzplattformen. Die Übernachtung in Portaledges kostet mit Eintritt in den Hochseilgarten und dortiges Tummeln, Abendessen, Aufbau des Lagers an einsam-ruhiger Stelle bei den Waldgeistern und Frühstück 250 €, die einfachere Variante 125 € pro Person.

Wandern

Der **Breitenberg** ist der Hausberg von Pfronten, wer den Anstieg vom Tal scheut fährt mit den Bergbahnen Breitenbergbahn und Hochalp-Sesselbahn hinauf und geht dann noch 30 Min. bis zur **Ostlerhütte**. (Tel. 08363-424, www.huette-mit-herz.de, Mo geschl., Unterkunft im Lager oder Familien-/Gruppenzimmer). Vom Parkplatz am Feuerwehrhaus in Pfronten-Halden geht es in knapp 90 Min. hoch zum **Edelsberg** und zur **Gundhütte** (1180 m, Tel. 08363-1777, www.gundhuette.de, Do geschlossen, im Winter nur an schneefreien Wochenenden, Unterkunft in Mehrbettzimmern). Von dort hat man mehrere Wandermöglichkeiten. Der einfache Höhenweg führt zur **Hündeleskopfhütte** (1198 m, Tel. 0173-1686468, https://huendeleskopfhuette.de, Mi–So, erklärtermaßen nur vegetarische Gerichte) und zurück (2,5 Std., 150 Höhenmeter), anspruchsvoller ist die Scheidbachroute (5 Std., 450 Höhenmeter) zur **Dinserhütte** (1484 m, Tel. 08363-6352, im Sommer Sa/So) und Stubentalalm und über das Vilstal zurück; ebenfalls mittelschwer ist der Rundweg über die **Fichtelhütte**, den Gipfel des Edelsberg und **Kappeler Alm** (1350 m, Tel. 08361-3253, www.kappeler-alp.de, Fr–Mi, Mehrbettzimmer) zurück (4 Std., 500 Höhenmeter).

Baden

Alpenbad Pfronten,Falkensteinweg 14, https://alpenbad.pfronten.de, tgl. 9.30–20.30, Eintritt Hallenbad im Winter 3 Std. 6 €, Kinder 4 €, Freibadsaison Tageskarte 8,50 €, Kinder 6 €; Hallenbad mit mehreren Attraktionen und einem Außenbereich mit u.a. einem 50-m-Becken.

Nesselwang

wo sich die hügelige Landschaft des Alpenvorlandes zunehmend schroffer zeigt nötige Änderung? schmiegt sich Nesselwang in ein Tal und profitiert von der Lieblichkeit der nördlichen Umgebung und den reizvollen Herausforderungen der Alpenwelt – ideal für den Tourismus und die Reisenden, und das nicht erst seit kurzem. Da das Städtchen an einem bereits von den Römern genutzten Handelsweg lag, war Nesselwang im Mittelalter ein beliebter Rastplatz der Fuhrwerker und Händler, und so gab es schon damals reihenweise Gasthäuser, die natürlich auch ihr eigenes Bier brauten. Kein Wunder also, dass der Ort ein **Brauereimuseum** (Hauptstraße 25, Tel. 08361-30960, Führung Fr 19 Uhr und Sa 11 Uhr, Dauer ein Stunde, 7,50 € mit Bierprobe) besitzt. In den Gewölbekellern des Postbräus sind diverse Gerätschaften ausgestellt, freitags kann man auf einer Brauereiführung auch das Bier verkosten (17 Uhr, 5 €). Die Post-Brauerei ist die einzige, die von den ehemals fünf Brauereien aus dem 17. Jh. übrig geblieben ist. Wer dem Teufel Alkohol abgeschworen hat besucht alternativ das **Ostereier-Museum** (Kontakt über das Brauereimuseum, tgl. 10–20 Uhr, Eintritt 2,50 €, Kinder bis 14 Jahre frei). Über 2500 knallbunte Exponate liegen in den Vitrinen.

Michael Greis – mehrfacher Olympiasieger im Biathlon – kommt aus Nesselwang.

Mit dem **Heimathaus** (Füssener Straße 113, Tel. 08361-923040, Mi 16–18 Uhr, Apr.–Okt. auch jeden ersten Sonntag im Monat, Spende erbeten) wurde ein 200 Jahre alter Hof zum Museum gewandelt, in dem man die Lebens- und Arbeitsweise der damaligen Zeit nachvollziehen kann. Mehrere Generationen und mehrere Funktionen waren hier auf einem Hof und unter einem Dach versammelt (Handwerkssölde genannt) – Landwirtschaft und Glasherstellung sind mit Artefakten dokumentiert.

Skifahrer mögen sich für die Ski-Historie Nesselwangs interessieren und in der **Ski-Ausstellung** (Hauptstr. 1a, Tel. 08361-923040, Mi 16–18 Uhr, Apr.–Okt. auch jeden ersten Sonntag im Monat, Spende erbeten) die Geschichte des weißen Sports im Ort nachvollziehen. Zu sehen sind nicht nur uralte Bretter sondern auch zahlreiche Medaillen, Pokale und Urkunden.

Prächtig überragt in der Ortsmitte die **Pfarrkirche St. Andreas** die Dächer. Mit ihrer „welschen" Zwiebelhaube dünkt sie älter, als sie tatsächlich ist. Errichtet haben sie in München angeheuerte Handwerker 1904–1906 im neobarocken Stil mit einer Einrichtung im Neurokoko. Aber – der Turm stammt noch vom Vorgängerbau. Ältestes Kunstwerk ist die Figur der hl. Margareta von 1480 im Chor.

Drei Kilometer außerhalb, im Süden in einer Lichtung auf dem bewaldeten Wankerberg, steht die **Wallfahrtskirche Maria Trost** (Maria-Trost-Allee 100, 8–18 Uhr, Winter Weg nicht verlässlich geräumt). 45 Minuten geht man auf einem schönen Spaziergang hinaus aus dem Ort zu dem sehenswerten Gotteshaus (wer einen etwas steileren Anstieg nicht scheut nimmt nicht den Serpentinenweg, sondern marschiert die Direttissima des Kalvarienberges). In einer Lichtung steht das außen unprätentiöse Bethaus mit seinem holzschindelverkleideten Türmchen und einem angebauten Wohnheim der Diözese. Zentraler Einrichtungsgegenstand ist ein Bildnis der Mutter Gottes aus dem 17. Jh., das man nach einem Hausbrand in der Ortschaft *Regen* unter den Trümmern fand – unversehrt! 1658 gelangte es in eine Einsiedelei nach Nesselwang, fand Platz unter einem Holzdach, wurde schnell Ziel von Pilgern, bekam eine Kapelle aus Holz, 1662 eine aus Stein und zu Beginn des 18. Jh. dann eine richtige Kirche. Deren Chor bildete einst die steinerne Kapelle. Allerdings ist das Marienbildnis heute eine Kopie, das Original befindet sich in Salzburg. Zahlreiche Votivgaben zeugen von der Heilkraft der wundertätigen Madonna.

Wem der Spaziergang nach Maria Trost kein Wunder brachte kann es noch im nahegelegenen **Maria Rain** jenseits der Wertach 4 km nordwestlich von Nesselwang versuchen. Die Wallfahrtskirche Heiliges Kreuz (8–18 Uhr) in dem kleinen Dorf geht auf das Jahr 1497 zurück. Von außen ist auch sie nicht aufregend, doch entfaltet sich innen barocke Kunst. Besondere Beachtung verdient der prächtige Hochaltar (1649) im Rokokostil, der noch

Teile des spätgotischen Vorgängeraltars verwendet, darunter die zentrale Madonnenstatue (das Gnadenbild stammt von 1490), flankiert von den Heiligen Benedikt, Johannes des Täufers und des Evangelisten und Bernhard von Cairvaux. Auch die Kanzel von 1762 ist ein Blickfang. Die Wallfahrt geht wohl auf eine Zeit um das Jahr 1000 zurück, als schon Pilger aus dem ganzen Allgäu zu einem alten Ulmenstamm mit einem Marienbild wanderten. Bald kam eine kleine Kapelle, dann eine größere und schließlich auch hier die Kirche, deren drei Schiffe nach dem Dreißigjährigen Krieg Steingewölbe erhielten – eifriges Bitten der Wallfahrer um Verschonung vor den marodierenden Schweden brachte dichten Nebel, als die Nordländer vor den Toren standen. Sie zogen wieder ab.

In der Ungebung von Nesselwang

Kamelfarm Allgäu

Die **Kamelfarm Allgäu** (Hack, Seeg, Tel. 08369-910640, www.kamelfarm-allgaeu.de) ist weithin bekannt, wo sonst kann man am Alpenrand mit einem Dromedar auf Exkursion gehen. Fünf Kilometer nordwestlich von Nesselwang finden fast täglich Ausritte von etwa einer Stunde Dauer statt. Wer sich anmeldet, kann aber auch Halbtagesausflüge unternehmen mit anschließendem Rahmenprogramm mit Bauchtanz und Wasserpfeife. Selbstredend, dass es auch einen Basar gibt, in dem allerlei Orientalisches im Angebot ist. Mitzubringen: Gute Laune und bequeme Kleidung für den Aufstieg in den Sattel, dann geht es wankend, schwankend über die Felder an Kühen in glotzäugiger Verwunderung vorbei.

Ge(h)ZEITEN: Ein bis zwei Stunden dauert der Spaziergang auf dem Besinnungsweg vom Parkplatz östlich des Nesselwanger Ortsteiles Rindegg (in einem Ständer gibt es Begleithefte zum Mitnehmen), vorbei am Attlesee und am Kögelweiher, zurück zum Ausgangspunkt. Von katholischer und evangelischer Kirche konzipiert, soll der Weg Ruhe und Kraft geben, seinen Besuchern die Besinnung auf das Wesentliche im Leben ermöglichen sowie ein Nachdenken über die Zeit – für sich und für andere (im Winter ist der Weg gesperrt).

Service Nesselwang

Information

Tourist Information, Hauptstraße 20, 87484 Nesselwang, Tel. 08361-923040, www.nesselwang.de, Mo-Fr 8.30–12, 14–18 Uhr.

Die **Berglodge** (Alpspitzweg 50, Tel. 08631-3111, www.sportheimboeck.de) ist kein billiges Übernachtungsvergnügen, dafür aber edel und exklusiv. Ab 390 € (DZ/F) schlafen zwei Personen luxuriös in einer der nur vier Lodges an der Bergstation der Alpspitzbahn. Zirbenholz-Sauna, Kamin, Terrasse, Lederfauteuils – alles ist in der Lodge vorhanden, und nur für einen selbst. Das Frühstück wird in die Lodge gebracht, ebenso das Abendessen, das à-la-carte bestellt wird. Ob Liebesnest oder Ort zur Inspiration – egal, einfach wunderschön.

Unterkunft

Alpenblick, Alpenweg 10, Maria Rain/Oy-Mittelberg, Tel. 08361-3561, www.alpenblick-allgaeu.de, DZ/F ab 50 €. Familiengeführte, gemütliche Landpension im Weiler Maria Rain ohne Gaststätte (nur Frühstück), dafür mit einer Gästeküche, Sonnenterrasse, Garten, Katzen und Haflinger am Hof.

Essen und Trinken

Hotel Post, Hauptstraße 25, Tel. 08361-30910, www.hotel-post-nesselwang.de, 12–23 Uhr, Doppelzimmer ab 100 €, Menü um 20 €. Nette Ferienzimmer und beste Küche am Ort mit holzgetäfelter Wirtsstub'n, auf den Tisch kommen Nesselwanger Spezialitäten wie Biergulasch, Bayerisches wie Schweinbraten oder auch einfach nur eine Sülze; im Ausschank ist eigenes Bier vom Post-Bräu.

Wandern

Die Hausberge laden im Sommer zu Wanderungen ein, von der Bergstation sind es 30 Min. auf die Alpspitze (1575 m) und von dort nochmals 40 Minuten hoch zum Gipfel des Edelsberg (1624 m). Wer will kann auf einem Höhenwanderweg ab der Bergstation in etwa 90 Min. den Edelsberg umwandern. Über die Kappeler Alm kommt man auch hinüber in das Wandergebiet von Pfronten (s. oben).

Die **Alpspitzbahn** (Alpspitzweg 5, Tel. 08361-1270, www.alpspitzbahn.de, Sommer Berg- und Talfahrt 18 €, Winter Tageskarte 29 €) fährt von Nesselwang auf 1013 m Höhe hoch zur Bergstation auf 1511 m mit Gondelbahn und Sessellift. Vier weitere Lifte erschließen das Skigebiet, ein Lift ist im Sommer für die Sommerrodelbahn zuständig.

Skifahren

Wintersportlern bleiben im Skigebiet von Nesselwang keine Wünsche offen, von der zünftigen Hüttengaudi bis zum abendlichen Stemmpflug und dem Nachtwedeln unter Flutlicht (auch Rodler können unter Lichtbeschuss talabwärts fegen). An Pisten gibt es familienfreundliche und mittelschwere und auch eine schwarz gekennzeichnete Abfahrt für Könner.

Baden

Alpspitz-Bade-Center, Badeseeweg 11, Tel. 08361-921620, www.abc-nesselwang.de, Mo–Fr 10–22 Uhr, Sa/So 9–22 Uhr, 3-Std.-Karte Erw. 11,50 €, Kinder 5,50 €, Familien 26 €. Hallen- und beheizbares Außenbad mit Rutschen, Sauna- und Wellnessbereich, Kinderbecken und Gastronomieeinrichtungen.

Wer es weniger betriebsam wünscht geht zum **Attlesee**, ein Naturbad mit Umkleidemöglichkeiten und WC an den zwei ausgewiesenen Badestränden.

Wertach

Um die kulturell bedeutenden Sehenswürdigkeiten von Wertach abzuzählen, benötigt man genau einen Finger. Doch der Ort an der Stelle, wo die Wertach aus dem Gebirge tritt und das Tal sich mit grünen Hängen aufweitet, hat andere Qualitäten: als Luftkur-, Wander- und Wintersportort. Der angrenzende Grüntensee ist noch dazu ein herrliches Badeparadies, so dass im Sommer keine Wünsche offen bleiben. Mehrere Alpen in der unmittelbaren Umgebung sind bewirtschaftet und laden zu Familienwanderungen und einer deftigen Brotzeit mit Käse und frischer Buttermilch ein.

St. Sebastianskapelle

An der östlichen Stadteinfahrt steht das Kleinod von Wertach – eine Kirche, die nicht ohne Grund, in Anlehnung an die Wieskirche, die „kleine Wies" genannt wird. Leider sind die Besuchszeiten der **Sebastianskapelle** recht eingeschränkt (Grünten-seestr. 30, Feb.–Okt. Mo Führung um 16 Uhr, ca. 30 Min., anschließend Führung Hammerschmiede ebenfalls ca. 30 Min.) – zu schön und zu wertvoll ist die Kapelle, als dass man sie unbeaufsichtigt offen stehen lassen könnte. Bestes Rokoko zeigt die 1512 errichtete und später umgebaute Pestkapelle. Wie in der Wieskirche wurde der Chor 1745 mit einer zweiten Raumschale gestaltet, die einen Umgang entstehen ließ und den Hochaltar betont. Anlässlich dieser Umbauten kam auch der Stuck hinzu und die beachtenswerten Deckengemälde von Franz Anton Weiß (1763). Sicherlich am schönsten ist der Besuch anlässlich eines der Konzerte im Sommer (Mitte Juli–Mitte Sept. im Do um 20 Uhr, Dauer 45–60 Min.)

Tipp: Juli–Sept. finden jeden Donnerstag um 20 Uhr Musikabende in der „kleinen Wies" statt.

3

Hammerschmiede

Im Anschluss an die Kirchenvisite findet auch meist noch der Besuch der historischen **Hammerschmiede** (Grüntenseestr. 35, Feb.–Okt. Mo Führung um 16.30 Uhr) statt. Sie geht auf das Jahr 1610 zurück, das aktuelle Hammergestell trägt die Jahreszahl 1846. Das vom Peterlesbach kommende Wasser wird über zwei Räder geleitet, die die gigantischen beiden Schwanzhämmer in stetem Auf und Ab halten, wobei das Ab dermaßen ohrbetäubend ist, dass man sich diese zuhalten muss. Die 150 kg (bzw. 142 kg) Gewicht der Hammerköpfe lassen die Erde auch noch im weiteren Umkreis erbeben.

Heimatmuseum

Nur wenige Schritte entfernt ist das **Heimatmuseum** (Grüntenstr. 27, Mi 15–17 Uhr, 2 €) im Feuerwehrhaus untergebracht. 1931 gegründet, zeigt es eine Bauernküche, Stube, allerlei Handwerkszeug, Kochgerät, Waffen und schließlich eine kurios entstandene Schmetterlingssammlung: Als nach dem Krieg auch Förster eine zeitlang keine Waffen tragen durften, hat sich der Wertacher Waidmann mit dem Netz auf Pirsch begeben und 3000 Schmetterlinge eingefangen und präpariert.

Die Geheimwaffe

Will man ein Zugabteil für sich alleine? Einen Gesprächspartner zur Verzweiflung treiben? Nichts einfacher als das. Man nehme einen **Weißlackerkäse** und verspeise ihn. Dass er der erste Käse der Welt mit einem königlichen Patent war (seit 1876), spricht für seine Wirkung. Jeder Harzer Roller ist dagegen ein wohlriechender Waisenknabe. Basis war der Limburger, dem man einen höheren Fettgehalt (45%), zwei Tage in Salzlake, danach sechs Wochen in Wärme und Feuchtigkeit und schließlich ein Jahr in einem Holzkasten gönnte. Beste Voraussetzungen für Schimmelkulturen. Und Vorsicht! Mit dem Verzehr ist es nicht getan. Manche Esser düfteln noch Tage nach der Spezialität, die es allerdings auch auf die Liste der „Arche des Geschmacks" geschafft hat (www.slowfood.de). Wer mutig genug ist, muss den Weißlacker unbedingt beim Molkefässle (s. unten) verkosten und kann ihn sich dort auch als Souvenir mit nach Hause nehmen.

Wer sich auch sonst noch für Käse

interessiert macht die Führung in der Sennerei Wertach (Weißlackerplatz 1, Tel. 08365-1242, www.arlafoods.de, Mitte Feb.–Nov. 14-tägig, Mitte Juli–Sept. wöchentlich Di 15 Uhr) mit, die zum Konzern Arla gehört, eine der weltgrößten Molkereien und als Genossenschaft organisiert. Sie stellt u. a. guten Bergkäse her, produziert den Weißlacker aber zentral in Sonthofen und in nicht besonders würziger Form.

In der Umgebung Wertachs

Zu Füßen der Alpen liegt idyllisch in der Hügellandschaft in 876 m Höhe der **Grüntensee** – obwohl er künstlich ist. 1962 hatte man das Wasser der Wertach gestaut und es entstand das 2,5 km lange Gewässern mit einer Oberfläche von 130 ha und umringt von einem 9 km langen Rad- und Wanderweg. Auf dem Wasser wird gesegelt, gesurft und gerudert und an den Ufern plantschen die Wasserratten. Ein großes Feriendorf und ein Zeltplatz sorgen für die Unterbringung der Gäste. An seiner Nordostseite liegt der Ortsteil Haslach.

Die österreichische Exklave **Jungholz** ist auf der Straße nur über Deutschland zu erreichen, nach Tirol hin ist sie über die Berge abgeschottet, insbesondere am 1638 m hohen Schorgschrofen, wo sich das Staatsgebiet Österreichs auf den Gipfel einengt. Wanderer und Skifahrer stört das aber nicht weiter (allerdings sollte man bei Grenzübertritt immer ein Personaldokument mit sich führen). Jungholz ist deutsches Zollanschlussgebiet, untersteht also den deutschen Zollrichtlinien. Diese kuriose Situation, in Jungholz galt auch die D-Mark, machte den Ort zu einem beliebten Ausflugsziel deutscher Freiberufler und anderer Sparer, die ihr Geld im Wimmerl mit sich führten – denn in Jungholz galt das österreichische Bankgeheimnis. Die Exklave geht de facto auf das Jahr 1342 zurück, 1844 haben Bayern und die Habsburger den Status gesiegelt.

Service Wertach

Information

Tourist-Information, Rathausstraße 3, 87497 Wertach, Tel. 08365-702199, Mo–Fr 8–12, 14–17 Uhr und Jan.–Okt. Sa 9.30–12 Uhr.

Unterkunft

Hirsch, Marktstraße 21, Wertach, Tel. 08365-70200, www.hirsch-wertach.de, DZ/F 75 €. Hotel-Gasthof mitten im Ort mit zweckmäßigen Zimmern, beliebte Adresse bei Motorradfahrern.

Buronhütte, Buronhütte 1, Wertach, Tel. 08365-290, www.buronhuette.de, Zweibettzimmer mit Waschbecken und Frühstück (Gemeinschaftsbad und -WC) ab 65 €. 5 km östlich von Wertach und auf 1250 m Höhe speist und nächtigt man urig, wie es sich in den Bergen gehört; gemütlicher Gastraum und deftige Traditionskost.

Einmal im Jahr (Ende Mai) findet auf der Buronhütte ein **Jodl-Seminar** statt (Anmeldung bei der Tourist-Information notwendig).

Camping

Camping Grüntensee, Grüntenseestr. 41, Wertach, Tel. 08365-375, www.camping-gruentensee.de, Stellplatz für 2 Erwachsene und Kfz 16,50–22 €. Ganzjährig offener Platz mit Restaurant, Fitness- und Jugendraum, Liegewiese, Bootsverleih und (für die skifahrenden Wintercamper) Skistadl-Trockenraum.

Essen und Trinken

Pferdeturm, Starzlach-Auen 2, Wertach, Tel. 08365-703966, www.pferdeturm.de, Mi–Mo 11.30–14 Uhr u. ab 17.30 Uhr, ab 20 €. Der Platzhirsch unter den Speisegaststätten des Ortes, und – wie spitze Zungen behaupten – etwas „overdesigned“; das Essen, wie z.B. Schwäbischer Zwiebelrostbraten oder Wildschweingulasch, ist aber sehr gut.

Olivenbauer, Langgasse 8, Wertach, Tel. 08365-70707, www.beim-olivenbauer.de, 11.30–22.30 Uhr, 12 €. Wer der Spezialitäten müde ist, wird hier fündig: Pizza und Pasta, Spare Ribs usw. – einmal quer durch die Welt; aber auch jeden Tag ein traditionelles Gericht wie Käsespatzen und wegen des Preises muss man nicht klagen.

Besuch auf der Alp

Südlich von Wertach sind im Sommer sechs Alpen verlässlich bewirtschaftet und empfangen Gäste für eine urige Almmahlzeit nach einer kürzeren oder längeren Wanderung. Die **Alpe Schnitzlertal** (1440 m, Mitte Mai–Mitte Okt., Tel. 0175-9877414) unterhalb des Wertacher Hörnle ist sowohl für Mountainbiker (Asphalt-Zufahrt), als auch für Wanderer (Waldweg) geeignet. **Untere Bichler Alpe** (1073 m, Mai–Sept., Tel. 0162-6724220) und **Alpe Vordere Kölle** (1180 m, Juni/Juli am Wochenende, Aug. täglich, Tel. 0160-94146818) lassen sich auf einer Rundwanderung gut miteinander verbinden. Die **Alpe Untere Reuterwanne** (1130 m, Juni–Mitte Okt., Tel. 0171-2121271) liegt unterhalb der Reuterwanne und hat als Brotzeit die Käsespezialität Weißlacker im Angebot. Die Alpen **Sorg I** (1017 m, Mai–Mitte Okt., Tel. 08365-368) und **Sorg II** (1025 m, Mai–Sept., Tel. 08324-7647) liegen auf dem Weg hoch zum Sorgschrofen.

Viehscheid in Wertach

Alpenblick, Oberellegg 2, Wertach, Tel. 08365-521, www.alpenblick-wertach.de, 10–21 Uhr, um 15 €. 3 km nordwestlich von Wertach sitzt man über dem Tal auf der Terrasse oder hinter den Panoramafenstern und speist unprätentiöse Landküche.

Einkaufen

s'Molkefässle, Dr.-Bach-Str. 13, Wertach, Tel. 08365-298, www.allgaeuer-kaese-spezialitaeten.de. Käsemanufaktur mit Spezialitäten aus der Region wie Bergkäse, Roviner und den berühmt-berüchtigten Weißlacker, der hier voll Liebe und per Hand hergestellt und ständig begutachtet noch seine angestammte Lagerzeit reifen darf – und dann so heftig ist, wie er eben genau gehört.

Brunnenmacher, Langgasse 19, Wertach, Tel. 08365-496, www.holzbrunnen.de. Als die Bauern auf ihren Weiden noch keine ausrangierten Badewannen als Viehtränke nutzten, waren überall ausgehöhlte Baumstämme zu sehen. Heute kauft sie sich nur der, der seinem Haus mit einem Holzbrunnen ein alpenländisches Gepräge geben will. Der „Muldenhauer",so die korrekte Berufsbezeichnung, Manfred Gerber stellt aber heute auch Gartenmöbel und anderes her und verkauft allerhand Schnitzwerk in den unterschiedlichsten Größen.

Feste

Die **Wertacher Viehscheid** am 18. September (ist dies ein Sonntag, dann am 19. Sept.) ist immer ein Ereignis mit Rahmenprogramm; schon ein oder zwei Tage vorher findet ein Festzug mit Kapelle und Trachtenverein statt und im Festzelt wird abends gefeiert (www.viehscheid-wertach.de). Bei der Viehscheid selbst werden bis zu 750 schmucke Rinder von den Alpen herab in den Ort getrieben.

Den ganzen Sommer über findet von Ende Mai bis Ende September am Montag das **Alphornblasen** statt, ein kleines, aber feines Ereignis auf halber Strecke des Fußwegs hoch nach Bichel beim Wegkreuz (genaue Termine über die Tourist-Information).

Aktivitäten

Hochseilgarten Grüntensee, Am Kletterwald 1, Haslach, Tel. 08232-968050, www.kletterwald-gruentensee.de, tgl. offen außer Apr./Mai und zweite Sept.-Hälfte/Okt. (nur am Wochenende, allerdings Pfingst- und Herbstferien wieder täglich) Einzelkarte ab 15 Jahre 21 €, darunter 16 €); Klettergarten, der alle Schwierigkeitsgrade bereit hält, vom 1–3 m hohen Anfänger- und Kinderparcours bis zum herausfordernden Himalaya-Weg in über 15 m Höhe.

Grenzgipfel Schorgschrofen

Von der Ortsmitte Jungholz geht man ca. 2 Std. bergan und bewältigt knapp 600 Höhenmeter, der Weg ist teils sehr steil und felsig, so dass man ihn nur bei gutem Wetter begehen sollte; die Aussicht auf die Lechtaler und Allgäuer Alpen lohnt die Mühe. **Wertacher Hörnle:** Von Wertach sind es auf guten und familiengeeigneten Wegen 4 Stunden zum Gipfel auf 1695 m, wer es kürzer möchte, fährt auf der Mautstraße bis zur Alpe Schnitzlertal (nur Mo–Fr möglich, Mautkarte für 5 € bei „Lotto Stadler"/Grüntenseestr. 8) und begibt sich von dort auf den zweistündigen Rundweg.

Mautstraßen

Die Wirtschafts- und Forstwege hoch zu den Alpen stehen in Privatbesitz und sind als Mautstraßen kostenpflichtig. Leider gibt es keine zentrale Stelle in Wertach, die die Karten verkaufen würde, jede Alpe hat ihre eigene Verkaufsstelle im Ort, meist ein Laden. Auch sind einige Wege am Wochenende gesperrt, um den Wanderern rechte Ruhe zu schenken, wieder andere Alpen rechnen die Maut beim Verzehr einer Mahlzeit an. Am besten holt man die Auskünfte bei der Tourist-Information ein.

4 Ausflug nach Oberbayern

Linderhof

Im Lieblingsschloss Ludwig II., unterhalb des 1768 m hohen Hennenkopf, auf der Fernpassstraße 45 km von Füssen entfernt, ist die Märchen- und Sagenwelt des Königs weit wahrer geworden als in Neuschwanstein. Als mentale Rapunzel besaß er in **Linderhof** (Linderhof 12, Ettal, Tel. 08822-92030, www.schlosslinderhof.de, Apr.–15. Okt. 9–18 Uhr, 16. Okt.–März 10–16 Uhr, Eintritt 8,50 €, im Winter nur Schlossbesichtigung 7,50 €) das Tischlein-deck-dich (eine Konstruktion, mit der die Speisen angerichtet aus der Küche durch den Fußboden nach oben fuhren und dem König die Einsamkeit bewahrte), einen Nachbau des Hörselbergs aus Wagners Tannhäuser mit Tropfsteingrotte, Wasserfall und See, auf dem er, schwanengleich in einem goldenen Muschelnachen, der Welt entrückte, Venustempelchen, marokkanisches Häuschen, Brunnen aus der Götterwelt der Griechen, maurischer Kiosk, eine Hunding-Hütte aus dem Ring der Nibelungen als Audiosaal für Wagners Musik und allerlei mehr. Das Ganze ist in und um einen in Terrassen angelegten Park in italienischem Stil aufgebaut und umrahmt das Hauptgebäude mit seiner neobarocken Fassade.

Für die stimmungsvolle Beleuchtung entstand eines der ersten Elektrizitätswerke Bayerns.

In Gruppen mit maximal 25 Personen geht es durch das Schloss (Dauer 25 Min.). 1869 ließ Ludwig II. das ehemalige Forsthäuschen seines Vaters das erste Mal umbauen, aber schon 1874 gab er dem Schloss das heutige Aussehen. Audienz- und Speisesaal, Kabinette (ganz schrill in blau, gelb, lila und rosa), zwei Gobelinzimmer und der prächtige Spiegelsaal gruppieren sich um den zentralen Raum: das Schlafgemach mit Blick auf die Kaskade im Park, Dornröschens Erwachen würdig.

Service Linderhof

Unterkunft/ Essen und Trinken

Schlosshotel Linderhof, Linderhof 14, Tel. 08822-790, www.schlosshotel-linderhof.de, DZ/F 109 €. Direkt beim Schloss gelegenes luxuriöses Hotel im Bauernhausstil mit 29 elegant eingerichteten Zimmern, Terrassen, Biergarten, Restaurant und ein Schnellimbiss für die Brotzeit.

Steingaden

Der kleine Ort Steingaden 25 km von Füssen besitzt mit dem Welfenkloster und seiner Kirche St. Johannes ein weiteres Kleinod, diesmal nicht nur Wessobrunnscher Handwerkskunst. Gegründet wurde das Münster im 12. Jh., und trotz des weißen Putzes kann die Kirche ihre romanische Herkunft nicht leugnen – die 35 Meter hohen massigen Doppeltürme mit ihren Satteldächern überragen das Dorf und sind weithin sichtbar.

Welfenmünster

1147 stiftete Herzog Welf VI. das heute mitten im Dorf gelegene Kloster für den Prämonstratenserorden und blieb ihm bis in den Tod verbunden – in ihm fand er sein Grab. Durch die Umwidmung zur Pfarrkirche entging man der Säkularisation.

Betritt man die Anlage, gelangt man gleich rechts noch im Torwärterhaus zur romanischen Johanniskapelle. Durch das mit einem kleinen Steinmedaillon aus der Bauzeit geschmückte Portal geht es in die 1176 geweihte dreischiffige Basilika. Im 15. Jh. wurde die Kirche spätgotisch umgestaltet (Vorhalle und Netzgewölbe des Kreuzganges), im 16. Jh. schuf man das Chorgestühl im Stil der Renaissance, im 17. Jh. entstand der barocke Stuck im Chorgestühl und in den Seitenschiffen und im 18. Jh. bekam das Hauptschiff farbenfrohen Rokokoschmuck. Aus dieser Zeit stammt auch die Kanzel, die so reichhaltig gearbeitet ist, dass die Details fast schon nicht mehr wirken können und man sie als Gesamtheit aus der Ferne zu betrachten sucht. Die Fresken an der Nordwand der Eingangshalle mit der Genealogie der Welfen entstand im Jahr 1600. Vom Kreuzgang des Klosters aus dem 13. Jh. sind nur noch der Westflügel und die dazugehörige Brunnenkapelle erhalten, dennoch lohnt ein Blick.

Service Steingaden

Information

Tourist-Information, Krankenhausstr. 1, 86989 Steingaden, Tel. 08862-200, www.steingaden.de, Mo–Do 8–12 u. 14–17 Uhr, Fr 8–12 Uhr, in den Sommerferien auch Fr 15–17 Uhr und Sa 10–12 Uhr.

Unterkunft/ Essen und Trinken

Graf, Schongauerstr. 15, Steingaden, Tel. 08826-246, www.gasthof-graf.de, DZ/F ab 65 €. In der Region beliebtes Gasthaus mit bayerischer Küche, die angenehm verfeinert wird. Am gemütlichsten sitzt man in der Stube, im Sommer ist der Biergarten mit seinen Kastanien die richtige Wahl, besonders an einem der Sonntage, an dem die Blasmusik antritt.

Wies

Bayerns barockes Kirchenjuwel

Der Weiler vor den Ammergauer Alpen fünf Kilometer von Steingaden lebt von der Landwirtschaft und den vielen Besuchern der Kirche zum „Gegeißelten Heiland“ (Tel. 08862-932930, tgl. Sommer 8–20 Uhr, Winter 8–17 Uhr, Spende erbeten). „Als ein Meisterwerk menschlicher Schöpferkraft und ein außergewöhnliches Zeugnis einer untergegangenen Kultur“ hat sie die Unesco 1983 in die Liste des Welterbes aufgenommen.

4

Wieskirche Auf einem kleinen Hügel prunkt seit Mitte des 18. Jh. die Kirche an jenem Platz, an dem einst ein von der Bäuerin Maria Lori aufgestellter Bildstock – ein Marterl – stand. 1738, so die Legende, begann der darauf abgebildete Heiland Tränen zu vergießen und man errichtete eine Kapelle um das Marterl. Schnell wurde sie zu klein und Dominikus Zimmermann aus Wessobrunn plante eine Wallfahrtskirche. 1745 begann der Bau, 1754 wurde das Gotteshaus geweiht. Zimmermann konzipierte einen ovalen Kuppelraum und einen angeschlossenen, rechteckigen Altarbereich, umschlossen von einem Umgang mit geschickt und paarweise angeordneten Säulen, die die Kuppel tragen und die Wirkung eines offenen und luftigen Gesamtraumes ermöglichen. Vom dominierenden Weiß der architektonischen Elemente heben sich die zarten Farben der Stuckornamente ab, deren Rocaillestil ein Feuerwerk an Schnörkeln und muschelförmigen Details darbietet. Aus zahlreichen Fenstern scheint die Sonne in die Kirche und während der Messen wabern die Schleier des Weihrauches in ihrem Licht.

Konzerte

An einigen Sonntagen im Sommer („Festlicher Sommer in der Wies") finden in der Wieskirche herausragende klassische Konzerte statt: www.wieskonzerte.de

Das Gnadenbild von Wies

Der Prämonstratenserorden von Steingaden wollte 1730 eine Karfreitagsprozession einrichten und suchte dafür eine Figur. Gefunden wurden in einem Schuppen des Klosters ein Kopf, auf dem Dachboden ein Leib und im Keller Arme und Füße. Es passte alles nicht so recht zusammen und so verhüllte man die Übergangsstellen mit Tüchern, brachte am Haupt Haar an und beauftragte einen Laienbruder damit, den so geschaffenen Heiland zu bemalen. Ein paar Mal wurde er am Karfreitag herumgetragen, die Bevölkerung aber fand ihn ziemlich hässlich und deshalb verschwand er erst in der Kleiderkammer, wurde dann dem Dorfwirt übergeben, dessen Kinder beim Spielen nicht besonders rücksichtsvoll verfuhren. Schließlich übernahm die Bäuerin Maria Lori die Figur, in deren Besitz sie die berühmten Tränen vergoss. Heute findet sich der „Gegeißelte Heiland" auf dem Hochaltar an zentraler Stelle.

Service Wies

Information

Pfarramt Wieskirche, Wies 12, 86989 Steingaden, Tel. 08862-932930, www.wieskirche.de.

Essen und Trinken

Moser, Wies 1, Tel. 08862-503, www.gasthof-moser.de, Mo–Sa 9–19 Uhr, So 9–20 Uhr, Menü etwa 15 €. Landgasthof wenige Schritte unterhalb der Wieskirche am Parkplatz, internationale Küche aber auch Bayerisches wie die Wildererpfanne mit in der Region geschossenem Wild und Leberkäse mit Spiegelei als Brotzeit; Terrasse und Biergarten.

Schweiger, Wies 9, Tel. 08862-500, www.gasthof-schweiger-wieskirche.de, tgl. 9–18 Uhr (im Winter Fr geschl.), Menü 15–20 €. Direkt neben der Wieskirche in dem Haus des Kirchenbaumeisters Dominikus Zimmermann gibt es Standards der bayerischen und schwäbischen Küche in anheimelnder Atmosphäre, besonders gerne bestellt: die Bauernhofente mit Blaukraut und Kartoffelknödel.

5 Westallgäu – Lindau und Umgebung

Hoch staffelt sich das Gebirge im Süden auf, immer präsent und fast bedrohlich, vor der hügeligen Landschaft des Westallgäus. In sanften Wellen neigt sich der Landstrich schließlich dem großen See im Westen zu. Nur ein Zipfel von ihm – um Lindau herum – ist bayerisch, dann wird es schon württembergisch und im Süden österreichisch. Der Barock ist im Westallgäu allgegenwärtig und die schwäbische Vergangenheit mit Handel und Handwerk drückt sich in den Städten in prächtigen Patrizierhäusern aus, wie in Wangen, Leutkirch und Isny.

Tour-Tipp

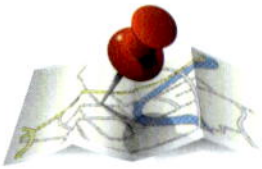

Dauer: Drei Tage. Strecke: 225 km.

Startpunkt ist das lebhafte Barockstädtchen **Leutkirch,** das man nach einem Frühstück mit Seele (ein Gebäckstück!) Richtung **Schmidsfelden** (Km 15) verlässt – ein intakt erhaltenes Glasmacherdorf mitten im waldigen Nirgendwo. Nächste Station ist **Isny** (Km 25), geprägt von Mittelalter und Barock und einst „in der Wolle gefärbt" protestantisch; hier las Günter Grass erstmals aus der „Blechtrommel". **Wangen** (Km 50) ist eines der am besten erhaltenen mittelalterlichen Städtchen des Allgäus. Nach der Besichtigung macht man sich auf den Weg nach **Lindenberg** (Km 60) zur sonnenreichsten Stadt Bayerns und einst das Zentrum der deutschen Hutproduktion. Da sich der Tag zu Ende neigt, sucht man eine Unterkunft. Am nächsten Morgen geht es auf einer der schönsten Fahrstrecken über Weiler-Simmerberg kurz in das Oberallgäu nach **Oberstaufen** (Km 80) und von dort nach Österreich in den Bregenzer Wald nach **Hittisau** (Km 100). Auch hier Natur pur, der Käse ausgezeichnet und die Architektur modern und gleichzeitig gelungen der Landschaft angepasst. Man bleibt im Nachbarland und besucht **Bregenz** (Km 130) mit seinen Festspielen. Von hier ist es nur eine kurze Fahrt zum Bodensee nach **Lindau** (Km 140). Die Altstadtinsel mit ihrer Uferpromenade verführt zu längerem Verweilen. Also sucht man sein Hotel auf und begibt sich dann auf Entdeckungsreise durch die Gassen und Museen. Am nächsten Mittag heißt das Ziel **Ravensburg** (Km 180), am schönsten fährt man über Friedrichshafen und lädt sein Fahrzeug bei einem der Anbieter am Wegesrand mit Wein und Äpfeln voll. Im Ravensburg dann ein Bummel durch die Altstadt, danach weiter nach **Weingarten** (Km 185), um die Basilika zu bewundern. Abschluss der Tour ist der Ausgangspunkt **Leutkirch** (Km 225).

Isny

Das mittelalterliche Städtchen mit Barockeinschlag strahlt eine charmante Atmosphäre aus, wenn man die ovale, fast kreisrunde Stadtmauer mit ihren Türmen überwunden hat und durch die Gassen und unter den Arkadengängen flaniert.

Die Geschichte der Stadt reicht ein ganzes Stück zurück. Urkundlich das erste Mal erwähnt wurde sie 1096 mit der Formulierung „in villa Ysininensi". 1171 kürte man Isny unter Wolfrad von Veringen zur Stadt mit Marktrechten und 1281 durfte Isny die *Lindauer Stadtrechte* übernehmen – einen städtischen Gesetzeskanon. Wegen Geldmangels mussten die Grafen von Veringen ihr Lehen Isny an die Waldburger Truchsessen abtreten, von denen sich die Bürger Isnys 1365 mit 9000 Pfund Heller freikauften. Im selben Jahr erhielt die Stadt die Reichsunmittelbarkeit und war bis 1803 Freie Reichsstadt.

Isnyer Literaturtage

Dass die alljährlichen Isnyer Literaturtage (zwei Wochen im März) weit über die Region Beachtung finden, hat seinen Grund. 1947 trafen sich im Allgäu erstmalig Literaten, um nach dem Krieg einen Neuanfang für die deutsche Schriftstellerei zu suchen und um junge Autoren zu fördern – die *Gruppe 47*. 1958 tagte sie im Isnyer Ortsteil Großholzleute und hier trug der junge und noch unbekannte Günter Grass erste Passagen aus seiner „Blechtrommel" vor – nicht zuletzt für dieses Werk erhielt er den Nobelpreis.

Isny war an der Ravensburger Handelsgesellschaft beteiligt und lieferte Leinwand bis nach Südamerika.

1531 trat die Stadt dem Schmalkaldischen Bund bei, der die protestantisch orientierten Freien Reichsstädte vereinte. Die geeigneten lutherischen Predigten wurden in der Prädikanten-Bibliothek der Nikolaikirche vorbereitet – die einzige so vollständig erhaltene Bibliothek für Laienprediger des Mittelalters.

Stadt protestantisch – Kloster katholisch! Über Jahrhunderte blieb Isny zweigeteilt in Stadt und klösterliche Vorstadt, vor 1803 durften Katholiken noch nicht einmal innerhalb der Stadtmauern wohnen und erst 1911 erfolgte die Vereinigung.

1631 hat ein Großbrand weite Teile der Stadt zerstört, die Isnyer bauten sie im Barockstil wieder auf. 1806, drei Jahre nach der Säkularisation, geriet das westliche Allgäu mit der Grafschaft Isny unter württembergische Landeshoheit – eine Katastrophe für die Stadt: Im Randgebiet Württembergs und an der bayerischen Grenze gelegen, litt Isny unter den Folgen der vom Zollrecht gekappten Handelswege. Erst die Entstehung des „Bayerisch-Württembergischen Zollverbands" 1828 brachte wieder wirtschaftliche Entwicklung. Bereits 1898 gründete sich der „Verein zur Hebung des Fremdenverkehrs" und während eines Jahrhunderts gewann der Tourismus immer größere Bedeutung für Stadt und Umland.

Das mittelalterliche Oval der Stadtanlage

Sehenswertes in Isny

Marktplatz

Die Altstadt, teilweise noch umschlossen vom alten Stadtmauerring, wird von zwei Hauptgassen in vier Bereiche geteilt. Schnittpunkt ist der Marktplatz mit Rathaus und dem Hallgebäude mit seinem schlanken, inkl. Spitze 47 m hohen, augenfälligen **Blaserturm.** Er entstand im 15. Jahrhundert und war nicht Bestandteil des direkten Verteidigungssytems, sondern wurde als Hochwacht der Stadt benutzt. Tag und Nacht besetzt, konnte bei Feuer oder bei Feindesanmarsch der Wächter sofort mit dem Signalhorn Alarm blasen (seine Stube liegt direkt unter der Zwiebelhaube). Das **Hallgebäude,** ebenfalls aus dem 15. Jahrhundert, erhielt seinen Namen erst später, als es nach dem Niedergang des Tuchhandels nicht mehr Handelsplatz für Stoffe war, sondern als Salzlagerstätte genutzt wurde (Hall = Saline, Salzvorkommen, -nutzen). Direkt gegenüber, den Platz nach Westen abschließend, steht das ehemalige **Heilig-Geist-Spital,** 1402 errichtet und 1418 mit einer Spitalkapelle erweitert. Bis 1971 war hier ein Altersheim, dann wurden die oberen Etagen abgetragen; heute dient es – neu aufgebaut – als evangelisches Gemeindezentrum. Das **Rathaus** eine Gasse weiter ist das Produkt des Zusammenschusterns dreier Patrizierhäuser – Isny sei das Geld für ein repräsentatives Rathaus abgegangen, sagt der Volksmund. Einer der Handelspaläste ist das „Albrechtsche Haus", dessen frühgotische Säulenhalle aus dem 15. Jahrhundert im Erdgeschoss bei der Barockisierung 1687 erhalten blieb. Aus dieser Zeit sind die Holzkassettendecken und ein wertvoller Fayence-Kachelofen im oberen Erkersaal, dem historischen Ratssaal, zu besichtigen (nur möglich im Rahmen einer Stadtführung).

Espantor/ Stadtbefestigung

Geht man vom Rathaus die Espantorstraße stadtauswärts, gelangt man zu einem der beiden verbliebenen Stadttore – das **Espantor** dessen Vorgängerbau aus dem 13. Jh. stammt. Das heutige Tor datiert von 1467. Abweisend zeigt es sich mit kleinem Durchweg, Wehrgang und winzigen Scharten, tatsächlich aber lädt es zu einem Besuch ein, hier stellt im Sommer die **Städtische Galerie** (Mai–

Espan: Gemeindegrundstück, das im Mittelalter der Allgemeinheit zur Verfügung stand, um Kleinvieh zu weiden oder Feste und Märkte auszutragen.

Aug. Mi–Sa 15–18 Uhr, So 11–17 Uhr, 3 €) moderne Kunst aus.

Südlich des Espantores stehen, als Teil der Stadtumwallung, der Mühlturm und der Hafendeckelturm. Unterhalb des massigen, runden **Mühlturmes** (16. Jh.) fließt, heute abgedeckt, der Stadtbach, der einst die Mühle im Nachbargebäude antrieb. Das **Museum am Mühlturm** (Fabrikstr. 21, Tel. 07562-93434, www.museum-isny.de, Do/Sa/So 14–17 Uhr, 3 €) bringt den Besuchern das Leben in der Stadt in den unterschiedlichsten Epochen nahe – von den Römern über die Zeit der Zünfte bis heute. Ein Schwerpunkt bildet dabei die Münzgeschichte, Isny erhielt das Münzrecht im Jahr 1507. Rund um den **Hafendeckelturm** wurde die Stadtmauer abgetragen und ist heute durch eine Grünanlage ersetzt, so dass der Wehrturm aus dem 16 Jh. nun recht verloren dasteht. Im 19. Jh. erhielt er einen ritterherrlichen Zinnenkranz um der Romantik zu genügen (ursprünglich besaß er ein gleichartiges Kegeldach wie der Mühlturm). Umkreist man die Stadt noch weiter Richtung Osten, gelangt man jenseits der Obertorstraße zum **Diebsturm** (um 1400) mit dem vorgelagerten Zwinghof – ein pittoreskes Ensemble des erhaltenen Stadtwalles und geradezu prädestiniert als Freilicht-Aufführungsort des alljährlichen Isny-Oper Festivals. Früher waren im Turm in zwei Gefängnissen die „bösen Buben" untergebracht, in halber Höhe ist der ursprüngliche Zugang zu sehen. Die Stadtmauer war hier durch den Zufluss des Stadtbachs von einem zusätzlichen Wall geschützt.

Rund ums Wassertor

Nun durchquert man die Altstadt über die Obertor- und Wassertorstraße bis zum nordwestlichen Turmtor. Das Wassertor war Gefängnis, mit seiner Turmglocke Zeitgeber, Wach- und Verteidigungsturm sowie Stadteinlass mit Zollkontrolle. Seinen Namen erhielt der Turm vom Wasserreichtum der nördlichen Vorstadt, 28 Meter ist er hoch und aus seinen Luken konnte geschossen oder über die unteren Verbreiterungen heißes Pech auf Angreifer gegossen werden. 1337 wurde das Tor erstmals erwähnt, sein heutiges Aussehen geht größtenteils

Mittelalterliche Stadtanlage mit Wassertor, Nikolaikirche, Kirche St.Georg und Jakobus

auf das 15. Jh. zurück. Der Kerker direkt über der Durchfahrt war einst nur durch ein Deckenloch zugänglich, über das man die Delinquenten an einem Seil herabließ (und die zahlreiche „Graffitis" hinterlassen haben). Heute gehört der Turm als **Wassertor-Museum** (Wassertorstraße, Tel. 07562-93434, Sa 14 Uhr Führung, 3 €) zu den kulturellen Orten der Stadt und kann auf einer Führung besichtigt werden. Zu sehen sind das Gefängnis, eine originale Schuhmacherwerkstatt, und ganz oben die Türmerstube mit einer Küche; zwei Ausstellungen zeigen außerdem die Geschichte der örtlichen Feuerwehr und des Wintersports.

Rechter Hand des Turmes steht die mit der Reformation zum evangelischen Bethaus gewordene **Nikolaikirche**. Im Gegensatz zur Klosterkirche, die für die Geistlichkeit bestimmt war, war ihr Vorgängerbau – die „Leutekirche" – für die Bürger gedacht. Die Leutekirche entstand wohl im 12. Jahrhundert, brannte 1284 ab, wurde 1288 neu errichtet und brannte 1631 erneut ab. Über der Sakristei befindet sich die berühmte **Prädikantenbücherei** (Nikolaikirche, Ostern–31. Okt. jeden Mittwoch 10.30 Uhr, jeden 1. Sa/Monat 15.30 Uhr Führung, Dauer ca. 1 Std.) aus dem 15. Jahrhundert, jene Bibliothek, in der sich die evangelischen Laienprediger vorbereiteten, bevor sie den Bürgern

Moral und Anstand lehrten. Zu finden sind natürlich die Werke Martin Luthers (1567 gestiftet) und des Zürcher Reformators Ulrich Zwingli (1563 aufgenommen), aber auch Graduale und Messoratorien, aufgeschrieben um 1200. Die Bücher stehen unter dem mit feinen Fresken geschmückten Kreuzrippengewölbe in hohen, eingepassten Regalen, das Mobiliar ist so wie vor 500 Jahren.

Die **Klosterkirche St. Georg und Jakobus** war die Pfarrkirche der Katholiken, die wie ihr evangelisches Pendant 1631 abbrannte. Sie entstand neu im Stil des Barock als dreischiffige Hallenkirche mit einer späteren Ausstattung im Rokoko, deren Stuck auf die Wessobrunner Schule zurückgeht. Die Türe im Chorraum gibt den Weg in die Marienkapelle frei, deren Kassettendecke mit Ölgemälden auf Leinwand verziert ist. Über dem Gestühl der Mönche sind 48 Porträts der Isnyer Äbte zu sehen. Das Benediktinerkloster selbst – „Schloss" genannt – ist heute die feinrestaurierte **Kunsthalle im Schloss**, die als ständige Ausstellung Werke des Künstlers Friedrich Hechelmann zeigt (Schloss 1, Tel. 07562-914100, www.hechelmann.de, Mi–Fr 14–18 Uhr, Sa/So 11–18 Uhr, 5 €).

Beim Kurhaus westlich des Wassertores kann man den **Wehrgang** der Stadtumwallung begehen.

Steuerzahlerbrunnen: Das Kunstwerk von Leo Wirth zeigt einen Mann auf einem Bürostuhl, der eine Kuh melkt. Die Kuh stellt symbolisch den Steuerzahler dar und die Milch läuft aus dem löchrigen Melkkübel wieder hinaus.

In der Umgebung von Isny

Rund um Isny gilt es die verschiedensten Landschaftsformationen zu entdecken, vom Bergrücken der Adelegg, über die in Jahrzehntausenden geformte Schlucht des Eistobel bis zu der von den Eismassen geschliffenen Ebene des heutigen Hochmoores Taufach-Fetzach bei Beuren mit den beiden Urseen.

Schwarzer Grat

Sechs Kilometer östlich von Isny lockt der **Schwarze Grat** die Touristen seit über 100 Jahren an. 1876 hatte man einen ersten Pfad gelegt, Wegweiser angebracht und am höchsten Punkt (1118 m) einen 28 m hohen Aussichtsturm errichtet – ist doch der Gipfel der „Adelegg", wie der stark bewaldete Nordausläufer der Alpen genannt wird, der höchste Punkt Württembergs.

Die **Adelegg** ist Teil der europäischen Wasserscheide, im Westen fließt alles zum Rhein und in die Nordsee, im Osten via Donau in das Schwarze Meer.

Eine Rundwanderung in kürzerer (7 km, 2,5 Std.) und längerer (11 km, 4 Std.) Variante führt auf breiten Waldwegen vom Parkplatz bei Großholzleute hoch zum Schwarzen Grat. Unterwegs wird man mit Wissenswertem über Geologie, Flora und Fauna versorgt. Oben angekommen gibt es beim Kiosk im Aussichtsturm eine Erfrischung (im Sommer nur bei gutem Wetter).

Eistobel

Der **Eistobel** (Infopavillon, Hauptstr. 83, Grünenbach, Tel. 08383-7265, www.eistobel.de, Mai–Okt., 1,50 €, Kinder 0,50 €) ist ein Naturschauspiel ganz besonderer Schönheit. Doch erst einmal muss man sich an den Abstieg bei der Argentobelbrücke gut 7 km südlich von Isny in die Schlucht begeben. Bei Regen und Schnee kann dies eine schlüpfrige, sogar überaus eisige Angelegenheit sein und man sollte sich dann gut am Geländer festhalten bzw. die Grödeln (Spikes) anschnallen. Belohnt wird die Mühe mit einer märchenhaften Wanderung durch das Naturschutzgebiet auf Stegen und aufgesprengten Felspfaden an Jahrmillionen der Geologie vorbei, mit merkwürdigen Gesteinformationen, Kaskaden und Wasserfällen, Strudellöchern, blankgeschliffenen Felswänden und durch den Wald des romantisch verwunschenen Talgrundes (Infopavillon – Eistobel – Staufenberg – Brücke – Infopavillon 4,5 km, ca. 1–1,5 Std.).

Taufach-Fetzach

Das **Naturschutzgebiet Taufach-Fetzach** 10 km nördlich von Isny zeigt mit seiner Moorlandschaft, wie sich die Natur erholen kann und die Moore wieder wachsen. Ein malerischer Wanderweg führt an Kiefern und Fichten vorbei ins Hochmoor, wo die Wunden, die die Torfstecher gerissen haben, langsam verheilen. Zwischen dem Kleinen und dem Großen Ursee hindurch, geht es an den Ausgangspunkt zurück (Start- und Endpunkt ist der Wanderparkplatz Hedrazhofen, 4,5 km etwa 1,5 Std.).

Service Isny

Information

Tourist-Information, Unterer Grabenweg 18, 88316 Isny, Tel. 07562-975630, www.isny.de, Mo–Mi/Fr 9–17 Uhr, Do 9–12.30, 14–18 Uhr, Sa 10–12 Uhr.

Mit dem Postillion

In einer richtigen gelbschwarzen Postkutsche geht es, gezogen von zwei Pferden und bequem an der Landschaft vorbeifliegend, von Isny nach Ochsenhausen, vom Allgäu nach Oberschwaben. Natürlich gibt es Mittagspausen in den Meistereien und abends wartet ein schlummeriges Federbett in den Gasthöfen. Das ganze dauert vier Tage, Mahlzeiten und Unterkunft sind inklusive – nach *Slow food* ist eben *Slow travel* der Hit. Kontakt: Isny Marketing, Unterer Grabenweg 18, Isny, Tel. 07562-975630, www.isny.de, ab 725 € pro Person.

Stadtführungen

Samstags 10 Uhr, im Sommer auch jeden zweiten Dienstag 19 Uhr, jeden zweiten Sonntag 11 Uhr (5 €, Dauer 1,5 Std., Treffpunkt Kurhaus am Park), Juli/Aug. auch jeden 4. So Mittelalter-Stadtführung (Kurhaus am Park, 5 €).

Unterkunft

Bären, Obertorstr. 9, Tel. 07562-2420, www.baeren-isny.de, DZ/F ab 85 €. Kleines Komfort-Hotel mit 14 modern und hell eingerichteten Zimmern in der Altstadt (im Anbau weitere 31 Zimmer), seit (mindestens!) 1599 bewirtet man Bürgerliche und auch gekrönte Häupter; Restaurant mit regionaler Küche, ohne die üblichen Garnelen und das Carpaccio zu vernachlässigen.

Jägerhof, Jägerhof 1, Neutrauchburg, Tel. 07562-770, www.berghotel-jaegerhof.de, DZ/F um 180 €. 88 Zimmer in Hanglage mit einer Supersicht nach Süden auf die Berge 7 km von Isny, großer Wellnessbereich.

Sonne, Schlossstr. 7, Neutrauchburg, Tel. 07562-9756458, www.sonne-neutrauchburg.de, DZ/F 90 €. Sieben funktionale Gastzimmer in unmittelbarer Nähe des Schlosses Neutrauchburg (das ebenfalls Gäste aufnimmt) 3 km nördlich von Isny, Gaststätte mit deftigen Gerichten, schöner Terrasse und Biergarten.

Vesperstüble Müller, Eggental 1, Menelzhofen, Tel. 07562-2162, DZ/F um 45 €. 6 km nordwestlich von Isny in einem Weiler in ruhiger Lage gibt es fünf zweckmäßig eingerichtete Zimmer mit eigenem Bad, eine freundliche Betreuung und auf Vorbestellung auch Abendessen (Spezialität: Spanferkel!).

Camping

Isny Camping, Lohbauerstr. 59-69, Tel. 07562-2389, www.waldbad-camping-isny.de, Stellplatz für 2 Personen und Kfz ab 20 €. Idyllische Lage (1,5 km südlich vom Zentrum) auf einer Lichtung an einem kleinen Waldsee (mit Bademöglichkeit), nette Gaststätte und das Beste: keine Dauercamper.

Essen und Trinken

Schwarzer Adler, Wassertorstr. 22, Tel. 07562-912545, 10–22 Uhr, Menü um 15 €. Ohne „Schwarzen Adler" geht's im Allgäuer Tourismus nicht, hier speisen aber auch die Einheimischen, denn das Lokal gab es schon immer, der Biergarten ist hübsch-romantisch und die Küche bodenständig und klassisch gut.

Kurhaus, Unterer Grabenweg 18, Tel. 07562-5201, www.kurhaus-restaurant-isny.de, Di/Mi 10–18 Uhr, Do–So10–22 Uhr, Menü ab 15 €. Regionale Küche und mediterrane Gerichte in Großrestaurant, schön sitzt man auf der Terrasse mit Blick auf den Park.

Kaffeebohne am Obertor, Obertorstr. 22, Tel. 07562-914070, www.kaffeebohne-isny.de, Mo/Di/Do/Fr 9–18 Uhr, kleine Gerichte um 5 €. Frisch gemahlener Kaffee unterschiedlicher Sorten, Wein und Suppen und Tagesgerichte für den Mittagstisch, anheimelnde Gewölbeatmosphäre für den reinen Genuss; wer will, kauft sich am Tresen Kaffee, Tee und Wein (und in einer Manufaktur hergestellte Zigarren) für zu Hause.

Haldenhof, Halden, Tel. 07562-55770, www.haldenhof-allgaeu.de, Mo, Di, Fr 14–24 Uhr, Do 17–24 Uhr, Sa/So 11.30–24 Uhr, Menü ab 10 €. 3 km nordwestlich von Isny inmitten der Natur steht der Bauernhof in Alleinlage mit Fernsicht, Gaststube und Biergarten; die Gerichte nach Omas Rezept werden noch traditionell in der Gusspfanne zubreitet.

Adler, Hauptstr. 27, Großholzleute. 5 km südöstlich von Isny, der historische Gasthof, in dem sich 1525 die aufständischen Bauern versammelt hatten und weiteres Vorgehen besprachen, und in dem die Gruppe 47 mit Günter Grass tagte und las, stand drei Jahre leer – nun hat sich ein neuer Pächter gefunden.

Einkaufen

Orgelbau Josef Pferdt, Kastellstr. 116, Tel. 07562-9145490, www.orgelbau-pferdt.de. Keine Riesendinger, sondern durchaus auch für das Eigenheim geeignete Instrumente werden hergestellt – u.a. auch Truheorgeln.

Käsküche Isny, Maierhöfenerstr. 78, Tel. 07562-912700, www.kaeskueche-isny.de. Gesammelt wird die Milch im lokalen Bereich auf Biobauernhöfen und dann entstehen aus der Rohmilch so feine Sorten wie Butterkäse mit Kräutern, magerer Hartkäse oder Allgäuer Bockshornklee und Ur-Bergkäse.

Märkte

Jahrmärkte: Georgi-Markt im Apr., Jacobi-Markt im Juli, Michaeli-Markt im Sept. und Martini-Markt im Nov. **Wochenmarkt** am Do (7–13 Uhr, Winter 8–13 Uhr) in der Espantor- und Wassertorstraße.

Feste

Das einwöchige Isny-Oper Festival (www.isny-oper.de) findet im Juli statt.

Baden

Das **Waldbad Isny** ist ein kleiner Quellwassersee mit Zeltplatz (s. Isny Camping). Das **Moor- und Freizeitbad Burg** (Hofs, Burg, Tel. 07566-382, Mai–Sept. 10–19 Uhr, 2,50 €, Kinder 1 €, Familien 6 €) liegt 8 km westlich von Isny und 1 km westlich vom Staudacher Weiher.

Wintersport

Isny ist eines der 46 vom Deutschen Ski Verband (DSV) zertifizierten Nordic Aktiv Zentren mit neun nach modernsten Umweltschutzrichtlinien klassifizierten **Loipen** von insgesamt 41 Kilometer Länge. Die Adelegg ist ein ideales Ziel für **Schneeschuhtouren,** ob man nun alleine geht oder an einer der organisierten Touren teilnimmt (einmal die Woche, Kontakt über die Tourist-Info).

Wangen

Das Städtchen an der Oberen Argen und im Herzen der lieblichen Hügellandschaft des Westallgäus ist wegen seines vorzüglich erhaltenen mittelalterlichen Stadtkerns mit geschlossenem Charakter zu Recht ein Magnet für den Tourismus. Besonders angenehm ist, dass man in der Altstadt vornehmlich in einer Fußgängerzone unterwegs ist. Also – Auto abstellen und auf Schusters Rappen losziehen, die Länge der Wege ist überschaubar.

Geschichte Wangens

Die Ursprünge Wangens liegen in einer alemannischen Siedlung mit dem Namen „Wangun", das im Jahr 815 erstmals in einer Schrift des Klosters St. Gallen urkundlich auftauchte. Durch eine Schenkung von einem Mann namens Haddo erhielt St. Gallen in „Wangun" Grundbesitz, im Gegenzug lebte dessen Sohn Hadubert künftig als Priester in St. Gallen. Wangen bekam im Hochmittelalter Stadtstatus, die Staufer übernahmen die Schutzvogtei und damit die Wahrnehmung der weltlichen Gerichtsbarkeit und des militärischen Schutzes. Als der letzte Staufer in Neapel hingerichtet wurde, erlangte Wangen eine Teilunabhängigkeit von St. Gallen und 1268 verliehen ihr die Habsburger den Status der Freien Reichsstadt.

Prächtige Rathausfassade mit Turm der Stadtpfarrkirche St. Martin im Hintergrund

Im Stadtwappen verweisen Adler auf Staufer, Lilie auf Franken und auf die einstige Reichsunmittelbarkeit.

Die Reformation änderte nichts – Wangen blieb dem Papst treu.

Prosperierender Handel und die Herstellung von Sensen und Stoffen ließen die ursprüngliche (Ober-)Stadt aus allen Nähten platzen – die Unterstadt entstand. Aber immer wieder brachen Katastrophen herein: Verheerende Brände wie der von 1539, dem die gesamte Oberstadt zum Opfer fiel oder die Pestwellen, die Großteile der Bevölkerung dahinrafften.

1802 – Napoleon hatte Europa neu organisiert – war die Reichsunmittelbarkeit beendet und Wangen fiel an Bayern. Zudem blieben der Stadt als Folge der Napoleonischen Kriege hohe Schulden und 1810 gelangte sie schließlich (und endgültig) nach Württemberg. Wegen der Schulden musste sie allerdings große Gebiete an Bayern abtreten, so dass die Landesgrenze heute direkt vor den Toren Wangens verläuft. Ihr Heil suchten die Bürger nun in der Landwirtschaft und mit dem Handel von Agrarprodukten. Die Industrialisierung kam mit der Eröffnung einer Baumwollspinnerei um 1860 recht spät. Als die Eisenbahn die Stadt 1880 erreichte, errichtete man drei Großkäsereien. Wie viele andere Städte im Allgäu nahm Wangen nach dem Zweiten Weltkrieg zahlreiche Vertriebene aus den damaligen deutschen Ostgebieten auf und um die ursprüngliche Stadt herum entstanden neue Wohnviertel.

Sehenswertes in Wangen

Marktplatz

Mittelpunkt Wangens ist der Marktplatz mit der nach Norden verlaufenden Herrenstraße. Am Marktplatz hat das **Rathaus** 1 mit seinem Torturm noch Fundamente aus der Zeit der Staufer. Im 15. Jahrhundert erfuhr es Umbauten und Erweiterungen und 1721 bekam es die barocke Hauptfassade mit den eleganten Schwüngen am Frontgiebel. Im Inneren ist der historische Ratssaal einen Blick wert (Besichtigung nur in Zusammenhang mit einer Stadtführung). Der Torturm – Pfaffenturm genannt – war einst das östliche Stadttor, unter dessen Kreuzgewölbe die Fuhrwerke von Augsburg passierten. Das **Hinderofenhaus** 2 schließt den Marktplatz seit 1542 nach Norden ab. Nach dem

Brand von 1539 gehörte es zu jenen Gebäuden, die die Renaissance nach Wangen brachten. Südlich des Platzes steht die **Pfarrkirche St. Martin** 3. Die Säulenbasilika von 1468 zählt zu den ältesten Gebäuden der Stadt, der Turm ist mit seinen aus Findlingssteinen gemauerten Fundamenten aus romanischer Zeit. Der Chor entstammt der Gotik (wohl von 1368). Im 19. Jh. wurde das Innere im Stil der Neugotik überarbeitet. Im Westen der Kirche,

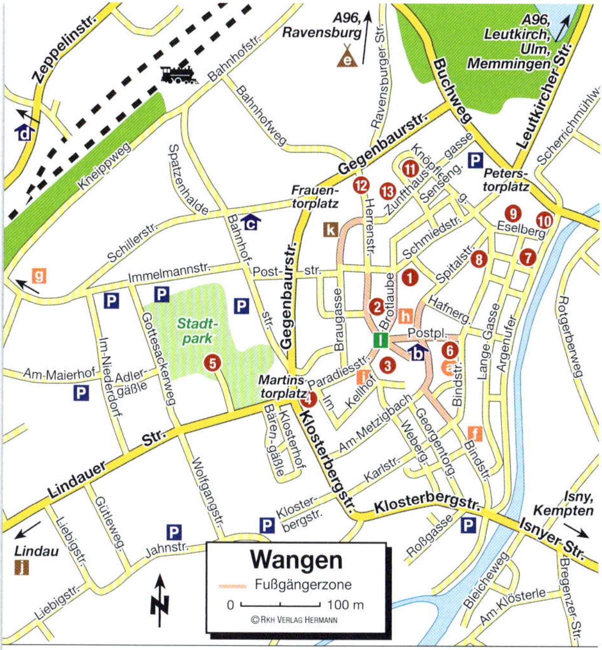

Sehenswert

1 Rathaus
2 Hinderofenhaus
3 Pfarrkirche St. Martin
4 St.-Martins-Tor
5 Rochuskapelle
6 Kornhaus
7 Badstube
8 Kirche zum Hl. Geist
9 Wangener Museumslandschaft
10 Pulverturm
11 Weberzunfthaus
12 Frauentor
13 Ritterhaus

Information

a Tourist-Information

Unterkunft

b Alte Post
c Baumgarten
d Landgasthof Adler

Camping

e Camping Röhrenmoos

Essen und Trinken

f Lamm
g Leonhardt's Stallbesen
h HinderOfenCafé
i Fidelisbäck

Einkaufen

j Kaffeerösterei Jehle
k Kerzenatelier Pusteblume

Märkte

l Wochenmarkt

5

am Ende der Paradiesstraße ist mit dem wuchtigen **St.-Martins-Tor** 4 oder Lindauer Tor der westliche Stadtausgang zu sehen. Mitte des 14. Jh. errichtet, erhielt es 1608 zwei zusätzliche Stockwerke. Reste der ursprünglichen gotischen Bemalung finden sich noch im Durchgang.

200 m westlich des St.-Martins-Tores steht an der Lindauerstraße auf dem Alten Friedhof die **Rochuskapelle** 5**.** Die Kapelle ist von 1593 und birgt an der Holzdecke einen sehenswerten Zyklus von 66 Bildtafeln aus dem Leben Jesu und 15 wertvolle Rosenkranzreliefs von 1622 (nur in Führungen zu besichtigen).

Das nordöstliche Viertel

Verlässt man den Marktplatz nach Osten durch den *Ratloch* genannten Durchgang des Pfaffentores, steht am Postplatz das **Kornhaus** 6**.** 1602 errichtet, prägt es neben Waaghaus, Ratloch, Altem Kornhaus und der Rückseite des Rathauses die stimmige Platzbebauung.

Über dem Durchgang des Pfaffenturms befand sich einst das Stadtgefängnis.

Das massig wirkende Kornhaus war Zunfthaus der Bauern und bis ins 19. Jh. Lagerstätte der Getreidevorräte. Heute dient es als Stadtbücherei und als Ausstellungsort. Noch weiter nach Osten und durch die Lange Gasse nach Norden gelangt man zur Ausstellung der historischen **Badstube** 7 (Lange Gasse 9, Tel. 07522-74211, Apr.–Okt. Di–Fr, 14–17 Uhr, Sa 11–17 Uhr, So 14–17 Uhr). In dem 1589 erbauten Badehaus schnitt der Bader Haare und Bärte, ließ zur Ader und entfernte den einen oder anderen Zahn. Hier plauschte man, traf und wusch sich. In jüngerer Zeit wurde die Badstube als Herberge für Wanderarbeiter und schließlich als Asyl für Obdachlose genutzt. Beide Nutzungsformen werden in der Ausstellung dokumentiert.

In der westlichen Parallelgasse (Bindgasse) steht das 1775 errichtete **Gerberhaus,** in dem die Lohgerber noch bis 1907 zu Gange waren. Die Dachkonstruktion diente der Vergrößerung des Speicherraumes, um Platz für die Trocknung der Häute zu schaffen. Auch die Galerien mit dem vorkragenden Dach auf der Rückseite dienten als geschützter Ort für die Trocknung.

Schräg gegenüber ist die **Kirche zum Heiligen Geist** 8**,** das Bethaus des sich südlich davon erstreckenden ehemaligen Heiliggeistspitals und

Museum Eselmühle

Nachfolgebau einer 1447 geweihten Kapelle mit einer hochbarocken Innenausstattung. Die fast lebensgroße Madonna im Hochaltar ist als Mondsichel-Madonna dargestellt – mit dem Mond als ihr ureigenes Symbol im Gegensatz zur Jesus vorbehaltenen Sonne. Die Statue wurde im Jahr 1622 von Hans Zürns d.J. angefertigt und befand sich ursprünglich in der Martinskirche.

Am Eselberg steht als Teil der **Wangener Museumslandschaft** 9 die **Eselmühle** (Eselberg 1, Tel. 07522-74211, Apr.–Okt. Di–Fr 14–17 Uhr, Sa 11–17 Uhr, So 14–17 Uhr). Das städtische Heimatmuseum in der bis 1937 laufenden Getreidemühle zeigt die Historie des städtischen Lebens mit Handwerk und Handel. Im **Käsereimuseum** erfährt man alles über die Geschichte der Allgäuer Milchwirtschaft, wie die Käserei funktioniert und warum gerade auf der Alp gekäst wird (und wie das breiig-zähe Etwas entsteht, was als Schmelzkäse in die Regale kommt). Die beiden **Literaturmuseen** (Lange Gasse 1, Gustav-Freytag-Museum und Deutsches Eichendorff-Museum) übernehmen den intellektuellen Part der Museumslandschaft. Gustav Freytag und Joseph Freiherr von Eichendorff stammten aus Oberschlesien, nach der kriegsbedingten Zerstörung der Vorgängereinrichtungen in den ehemaligen Ostgebieten wird hier die Erinnerung an die beiden bedeutenden Schriftsteller wachgehalten. Im **Museum für mechanische Musikinstrumente** stehen u. a. Flötenuhren, Spieldosen und Jukeboxen und in der **Museumsdruckerei** ist eine Buchdruckerei des 19. Jh. zu sehen.

Im äußersten Nordosteck der Stadtbefestigung steht seit etwa 1400 der **Pulverturm** 10. Das heutige Aussehen erhielt er 1596 als auf dem quadratischen Sockel mit seinen Schießscharten der achteckige, mit Luken versehene Turm aufgemauert wurde. Den friedlicheren Namen „Färberturm" erhielt er von den Färbern, die in unmittelbarer Umgebung, am Ufer des Oberen Argen, ihrem wasserintensiven Handwerk nachgingen und die Tücher zum Trocknen über die Stadtmauer hängten.

Nördlicher Stadtteil

Von den Museen geht man nun ein Stück in die Schmiedgasse hinein, wo die Schmiede Sensen herstellten und dengelten, ein Exportschlager Wangens und eine wichtige Einnahmequelle. An der zweiten Parallelstraße steht das **Weberzunfthaus** 11 (Zunfthausgasse 11), wo sich die zweite wichtige Handwerkergruppe der Stadt versammelte. Das Gebäude entstammt zu Teilen dem Jahr 1342, der Zunftsaal wurde im 15. Jh. eingerichtet. Heute ist das Haus Teil der Volkshochschule.

Herrenstraße

Nach Südwesten gehend erreicht man die **Herrenstraße,** die Haupt- und Einkaufsstraße Wangens mit ihren spätgotischen Giebelhäusern. An ihrem nördlichen Ende schließt das prächtig-prunkende

Frauentor

Brunnentour
Die rund 25 Brunnen Wangens und ihre Geschichte laden zu einem eigenen Stadtrundgang ein. Eine Broschüre ist bei der Touristeninformation erhältlich.

Frauentor 12 die Stadt seit 1472 nach außen ab. Sein Renaissance-Äußeres erhielt es 1608. Gleich nebenan steht das **Ritterhaus** 13 aus dem Revolutionsjahr 1789 – die ehemalige Bezirksbleibe der Reichsritterschaft, der Zusammenschluss und die Interessensvertretung des niedereren Adels Schwabens. In der Mitte der Herrenstraße plätschert der Stadtbrunnen mit der hochragenden **Mariensäule.** 1701 das erste Mal erwähnt, wurde 1738 die Madonnenstatue auf der Säule durch eine neue ersetzt und 1825 repariert. 1911 hatten Wind und Wetter den Sandstein so in Mitleidenschaft gezogen, dass eine Kopie das Original ersetzen musste.

In der Umgebung von Wangen

Turmburg

Drei Kilometer nordöstlich vom Zentrum Wangens entstand die **Turmhügelburg Oflings,** um 1200 als Wohn- und Verteidigungssitz eines Ritters niederen Adels. Sie besteht lediglich aus einem Turm, dessen Kantenlängen etwa neun Meter betragen und dessen Mauern im Fundamentbereich zwei bis drei Meter dick sind. Im obersten Geschoss wohnte man und um die Fläche etwas zu vergrößern, kragte es aus. Die Burg gehörte zum Kloster St. Gallen, der Bewohner war Lehensmann des Klosters. Heute ist der denkmalgerecht sanierte Turm in Privatbesitz und bewohnt.

5

Zu den Schlössern der Waldburger Truchsessen und durch Oberschwaben

Auf einer Fahrt durch Oberschwaben entlang der Besitzungen der Waldburger lernt man das ganze Ländchen und seine Ortschaften kennen. Zwischen Leutkirch, Isny, Wangen und Ravensburg besaßen die Grafen und Fürsten von Waldburg ausgedehnten Grundbesitz und die dazu passenden Burgen und Schlösser. Die Rund-

Einen Tag sollte man für die Besichtigungen und die etwa 120 km lange Rundfahrt einplanen.

tour führt vorbei an den teils prächtig erhaltenen und noch von der Familie bewohnten, teils nur noch als Ruinen zu sehenden oder als Museum zu besuchenden Burgen. Der Stammsitz über dem Dorf **Waldburg** 17 km nordwestlich von Wangen, auf halber Strecke nach Ravensburg, steht wie eh und je in einer unverdorbenen Landschaft und lässt Ritterherrlichkeit aufkommen. Das Geschlecht der Waldburger war bereits zu Zeiten der Welfen und Staufer Lehensnehmer und 1214 erhielten sie das im höfischen Protokoll wichtige Truchsessamt (der Truchsess war Vorsteher der königlichen Hofhaltung) und wurden schließlich Reichsverwalter Oberschwabens. Die Waldburg geht in ihrer heutigen Form auf die Mitte des 16. Jahrhunderts zurück, als der damalige Herr die ursprünglich als reine Wehrburg geplante Anlage zum schlossähnlichen Sitz ausbauen ließ. Ende des 19. Jahrhunderts hat die Familie den Palast – das Haupt- und Wohngebäude – als **Museum Waldburg** (Tel. 07529-911120, www.gemeinde-waldburg.de, Apr.–Okt. Di–So 10–17 Uhr, 5 €, Kinder 2,50 €, Familien 11 €) zugänglich gemacht; nun kann jeder ermessen, wie es sich bei Waldburgs so gelebt hat: Rittersaal, Wohn- und Schlafräume, Gemälde, Schlachtenbilder und allerlei Hausrat.

Schloss Wolfegg

Schloss Wolfegg, 13 km nordöstlich von Wolfegg, bewohnt noch die Familie bewohnt und ist nur im Rahmen von Konzerten für Besucher geöffnet. Die Internationalen Wolfegger Konzerte sind renommiert und finden meist mehrmals jährlich statt,

Waldburg

Spielstätten sind der Rittersaal im Schloss und die Kirche St. Katharina. Konzertbesucher dürfen an einer 90-minütigen Schlossführung teilnehmen (www.wolfegger-konzerte.de). Einen Blick sollte man in die **Pfarrkirche** St. Katharina neben dem Schloss werfen, die zu Beginn des 18. Jh. entstand, prachtvoll mit Fresken ausgeschmückt ist und als Grablege der Waldburgs dient. Wolfegg besitzt außerdem das **Bauernhausmuseums** (Weingartener Str. 11, Tel. 07527-955020, www.bauernhaus-museum.de, Ende März–Anfang Nov. 10–18 Uhr, März, Apr., Okt., Nov. bis 17 Uhr, 5 €, Kinder 2,50 €, Familienkarte 11 €). Am westlichen Ortsrand wurden 15 historische Gebäude wiedererrichtet und ausgestattet; sie zeigen die Lebensumstände auf dem Land über einen Zeitraum von drei Jahrhunderten. Mit einem Streichelzoo und zahlreichen Mitmachprojekten (vom Spinnen bis zum Backen, vom Dreschen bis zum Färben) sind auch Kinder immer von einem Besuch begeistert – außerdem gibt es kindgerechte Führungen über das Gelände.

Bad Waldsee

In **Bad Waldsee,** 25 km nördlich von Waldburg, entstand unter Truchsess Georg IV. im 16. Jh. ein großzügiges Wasserschloss. 100 Jahre später gestaltete man Schloss und Anlage um. Lediglich den Schlosspark mit dem Schlosssee darf man betreten, das Gebäude selbst ist in Privatbesitz und -nutzung. Der Kurort ist ausgesprochen hübsch und romantisch zwischen Stadtsee und Schlosssee „gefangen".

Wer sich für die Geschichte des mobilen Reisens interessiert und dabei in eine spannende Erlebniswelt des Caravanings eintauchen möchte, dem empfiehlt sich der Besuch des **Erwin Hymer Museums,** in dem über 80 historische Wohnwagen und Reisemobile bestaunt werden können. Robert-Bosch-Str. 7, Tel. 07524–97667600, www.erwin-hymer-museum.de, tägl. 10–18 Uhr, Donnerstag bis 21 Uhr, Erw. 9,50 €, Kinder ab 6 Jahren 4,50 €.

Schloss Wurzach

Nächste Station ist die sich zum Städtchen hin öffnende Dreiflügelanlage des **Schlosses Wurzach,** 14 km östlich von Bad Waldsee. Es ist für sein barockes Treppenhaus berühmt, der einzige Bereich, den man besichtigen kann, da das Schloss teils als Altersheim, teils vom Salvatorianer-Orden genutzt wird (täglich 8–18 Uhr). Der prächtige, dreistöckige Aufgang entstand 1723–28 im Auftrag des Familienzweiges Waldburg-Zeil-Wurzach und führt in eleganten Schwüngen hoch zum lichtüberfluteten Deckenfresko.

Schloss Zeil

8 km südöstlich von Bad Wurzach befindet sich 5 km vor Leutkirch **Schloss Zeil,** eine mächtige Vierflügelanlage auf einem bewaldeten Hügel, die schon von weitem auszumachen ist. Sie wird noch von der Familie bewohnt und hier befindet sich auch die Verwaltung der ausgedehnten Immobilien. Der Vorgängerbau wurde 1598 eingerissen und bis 1614 durch das heute zu sehende Renaissance-Schloss ersetzt. Zu besichtigen ist nur der Schlosshof, der Park und die Aussichtsterrasse. Wer allerdings etwas länger ein wenig fürstliches Ambiente erleben möchte, nächtigt in einem der vier Gästezimmer im zur Anlage gehörigen **Gasthof Grüner Baum** (Schloss Zeil 30, Tel. 07561-6007, http://wb.schlosszeil.de, DZ/F ab 80 €).

Schlösser Kißlegg

Die beiden Schlösser von **Kißlegg** liegen 15 km südwestlich von Schloss Zeil und 15 km vor Wangen. Das **Neue Schloss** (www.kisslegg.de, So 15 Uhr Führung, 4 €) entstand 1721–27 inmitten des Ortes und zeigt sich in bestem Barock und Rokoko. Hier ist auch das **Museum Rudolf Wachter** (Apr.–Okt. Di, Do, Fr 14–17 Uhr, So 11–17 Uhr, 4 €) mit Werken dieses zeitgenössischen Holzschnitzkünstlers (1923 geb.), der für eine Renaissance der Holzbildhauerei in Deutschland gesorgt hat. Im Schloss lebte bis 1941 die Familie, bis 1958 war ein Krankenhaus untergebracht und 1960–1992 übernahm es die Gemeinde als Schule. Das Innere ist reich mit Stuck und Fresken geschmückt, schönster Raum ist der prächtig ausgestattete Lüstersaal. Im Heimatmuseum des Neuen Schlosses (April–Sept. So 14–17 Uhr) gibt es eine Sammlung an Sakralgegenständen und Gerätschaften des bäuerlichen Lebens. Das **Alte Schloss** wenige Schritte südlich am See (Privatbesitz und nur von außen zu besichtigen) wurde um 1570 errichtet und zeigt sich ganz romantisch im ursprünglichen Gewand mit seinen Giebelwänden mit gestuftem Abschluss, Ecktürmen und der tief herabgezogenen Traufe des Hauptwirtschaftsgebäudes.

Service Wangen

Information

Tourist-Information [a], Bindstr. 10, 88239 Wangen, Tel. 07522-74211, www.wangen.de, Mo–Fr 9–17 Uhr, Sa 9–12 Uhr.

Stadtführungen

Jeden Samstag findet eine Stadtführung für Einzelpersonen statt (10.30 Uhr, Juni–Sept. auch Mo 14.30 Uhr, Treffpunkt an der Tourist-Information, Dauer ca. 90 Min., 5 €).

Unterkunft

Alte Post [b], Postplatz 2, Tel. 07522-97560, www.hotel-alte-post-wangen.de, DZ/F ab 70–85 €. Ein Katzensprung vom Marktplatz in der Altstadt, Romantik-Hotel mit Komfort-Ausstattung und 20 Zimmern im ehemaligen Marstall von 1409 und der späteren Postmeisterei von Thurn und Taxis.

Baumgarten [c], Schillerstr. 13, Tel. 07522-6606, www.baumgarten-wangen.de, DZ/F ab 90 € (mit Etagenbad ab 65 €). Bahnhofsnah gelegene Familienpension mit zwölf zweckmäßig eingerichteten Zimmern, Gasthof mit bürgerlicher Küche.

Landgasthof Adler [d], Büchel 3, Amtzell, Tel. 07522-3311, http://www.landgasthof-adler-amtzell.de, DZ/F 72 €. Hell und freundlich eingerichtetet Gästezimmer 7 km westlich von Wangen und eine schwäbisch-gediegene Gaststätte mit Biergarten (Di–Fr 10.30–14, 16.30–23 Uhr, Sa/So ab 10.30 durchgehend, Menü ab 15 €).

Camping

Camping Röhrenmoos [e], Röhrenmoos 1, Tel. 07522-21413, www.roehrenmoos.de, Zeltplatz für 2 mit Pkw um 15 €. Ganzjährig geöffneter Platz (Mai–Sept. mit Kiosk und Biergarten) direkt am Badeweiher Röhrenmoos mit viel Schatten, 150 Stellplätze, für die Kinder kleiner Sandstrand und Streichelzoo, angenehme familiäre Atmosphäre.

Essen und Trinken

Lamm [f], Bindstr. 60, Tel. 07522-6675, www.lamm-wangen.de, Di–So 10–14, 17–22 Uhr, Menü ab 15 €. Im Lamm kommt Regionalküche hohen Niveaus auf die Tische – ganz einfach wie Kesselfleisch mit Fasssauerkraut und Bratkartoffeln, Schupfnudeln mit Bergkäse überbacken oder oberschwäbisches Rind mit Zwetschgenpfeffersauce, Kroketten und Marktgemüse; unaufdringlich-angenehme Atmosphäre.

Leonhardt's Stallbesen [g], Humbrechts 1, Tel. 07522-9155360, www.stall-besen.de, Di–So ab 17 Uhr, Menü ab 10 €. Saure Kutteln muss man ja nicht bestellen, vielleicht stattdessen eine Tellersulze? Aber es gibt auch „Gängigeres"; die Atmosphäre in Räumen und Biergarten wird von Most und offenem Landwein beflügelt, da ist es dann gut, dass man die drei Kilometer lange Anreise vom Zentrum als Ausflug deklarieren kann (der Weiler Humbrechts liegt im Westen Wangens).

HinderOfenCafé [h], Marktplatz 11, Tel. 07522-3456, www.hinderofencafe.de, Mo–Mi 9–19 Uhr, Do 9–22 Uhr, Fr/Sa 9–24 Uhr, So 10–19 Uhr, Mittagsmenü ab 6 €. Abends gibt die Küche nur kleinere Gerichte heraus (Flammkuchen probieren!), eigene Konditorei, historischer Innenhof, gern besuchter Platz zum Ausspannen bei Kaffee und Buch (oder Zeitung).

Fidelisbäck [i], Paradiesstr. 3, Tel. 07522-95931, www.fidelisbaeck.de, Mo–Fr 8–22 Uhr, Sa 8–14 Uhr, Imbiss um 6 €. *Die* Institution in Wangen, ohne sie geht nichts; wer sich hinsetzt muss bestellen: Leberkäse aus dem Backofen, frisches Laugenhörnle und ein frisch gezapftes Meckatzer Löwenbräu – „slowfood at its best à la Allgäu"; dass man an den Holztischen ins Gespräch kommt ist selbstverständlich und wenn das Wetter stimmt, „pflanzt" man sich unter die beiden Linden im Biergarten.

Einkaufen

Kaffeerösterei Jehle [j], Schuppenberg 2, Wangen, Tel. 07522-9764995, www.jehlekaffee.de. Das Allgäu mag ja nun dafür nicht gerade berühmt sein, bei Jehle aber, 6 km südwestlich des Zentrums, ist der Kaffee erstens fair gehandelt, zweitens höchstklassig aufbereitet, drittens dennoch erschwinglich und viertens für sich selbst sprechend köstlich (Mi/Fr 14–18 Uhr).

Kerzenatelier Pusteblume [k], Braugasse 33, Tel. 07522-915452, www.kerzenatelier-pusteblume.de (Mi 8.30–12.30 Uhr, Fr 14–17.30 Uhr). Kerzen- und Seifenmacher, der keine chemischen Zusätze verwendet und alles noch in Handarbeit erledigt. Besonders schön: die Engelskerzen in ihrer typischen Form, so wie sie vor langer Zeit in den Klöstern entstanden.

Märkte

Wochenmarkt [l] jeden Mittwoch 7–13 Uhr (Winter 8–13 Uhr) auf dem Marktplatz und Umgebung, einer der schönsten und vielfältigsten der Region.

Leutkirch

Hat man einmal den modernen Speckgürtel hinter sich gelassen, befindet man sich in einem barocken Städtchen, das sich schwäbisch-ordentlich restauriert als stimmiges Ensemble zeigt. Es wirkt dabei nicht wie viele historische Kerne museal verstaubt, sondern lockt als lebhaftes Zentrum die Menschen aus der Umgebung in die Große Kreisstadt mit immerhin 23.000 Bewohnern.

Tourismus spielte für die württembergische Stadt bislang keine Rolle (trotz der besuchenswerten Sehenswürdigkeiten), man favorisierte die Entwicklung von Industrie und Handel. Doch die Politik hat sich geändert, mit Einrichtungen wie dem CenterParcs eröffnet die Tourismus-Industrie eines ihrer Zentren bei Leutkirch – eine Urlaubsgroßanlage mit fast 1000 Ferienwohnungen rund um eine Einkaufsmeile und einem subtropischen Erlebnisbad unter einer Großkuppel; der Park befindet sich auf dem Gebiet einer ehemaligen Munitionsfabrik aus dem Dritten Reich (Muna Urlau). Leutkirch ist schon ganz aufgeregt, Ende 2018 soll die Anlage für 400 Mio. Euro stehen. Als flankierende Maßnahme soll die ganze Gegend zu einer Wanderdestination entwickelt werden, und so entstehen neue Pfade, Wegweiser und Broschüren.

Kupferstich von Leutkirch im 17. Jahrhundert

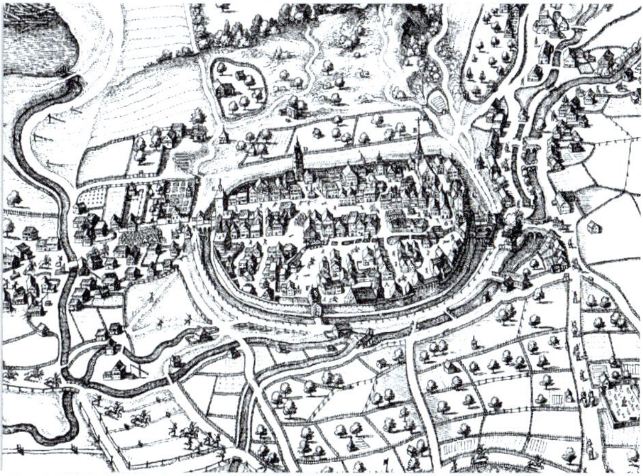

5

Geschichte

766 wurde der Ort erstmals erwähnt als Kirch- und Gerichtsort des keltischen Nibelgaus. Die Herren von Stadt und Land waren zu jener Zeit die alemannischen Udalrichinger, durch Erbschaft traten die Grafen von Bregenz ihre Nachfolge an, ihnen folgten die Montforts. Sie verkauften den Ort 1291 an das Reich (Leutkirch erhielt den Titel Freie Reichsstadt) und zwei Jahre später verlieh König Adolf von Nassau Leutkirch die Lindauer Stadtrechte. Der Handel, insbesondere mit der im Ort hergestellten Leinwand, prosperierte. Über 200 Weber sorgten um 1500 für Nachschub, die Handelswege gingen bis nach Italien und Spanien.

Vier **Zünfte** gab es in Leutkirch, Bäcker, Metzger, Bauern und Weber. Alle Handwerker hatten sich einer anzuschließen.

Die Einführung der Reformation verlief relativ unproblematisch, man behandelte die Sache sehr realistisch und schloss Verträge über Kirchennutzungen und zum Schutz der nun katholischen Minderheit. Erst Ende des 19. Jahrhunderts erlangten die Katholiken wieder die Mehrheit.

Sehenswertes in Leutkirch

Von Süd nach Nord zieht die Marktstraße als zentrale Achse durch das hügelige Leutkirch, ihr westlich verläuft die Untere Grabenstraße in einem Halbrund die Altstadt umschließend. Östlich der Marktstraße endet sie am Oberen Graben. 400 Meter beträgt der Durchmesser des Stadtkerns, und so ist alles hübsch überschaulich und zu Fuß zu entdecken.

Geistliches Viertel

Betritt man die Altstadt von Süden am Postplatz, steht linker Hand die **Metzig,** das städtische Schlachthaus. Wendet man sich hier nach Osten gelangt man über die Treppen zum Marienplatz und ins „Geistliche Viertel" mit der katholischen Pfarrkirche St. Martin, dem ehemaligen Spital im Alten Kloster, dem Pfarrhaus (Marienplatz 5) und dem Pulverturm. Die **Kirche St. Martin** steht am Platz eines im 9. Jahrhundert aktenkundig gewordenen Gotteshauses – der Leutekirche – die dem Ort den Namen verliehen hat. An den Flanken des Hohen Berges ersetzte sie 1514–19 den zu klein gewordenen Vorgängerbau. Die spätgotische dreischiffige Hallenkirche wurde damals nur bescheiden ausgestattet und auch heute ist der Schmuck limitiert und modern. Von der Barockisierung und der Gotisierung im 19. Jahrhundert ist praktisch nichts erhalten. Die Kirche war stets für die katholische Gemeinde von Leutkirch zuständig, auch wenn nach der Reformation nur 25 Katholiken innerhalb der Stadtmauern wohnen durften. Verstärkung bekamen sie beim Gottesdienst durch Katholiken vom Land. Nicht mitgezählt hat man die Franziskanerinnen, die bis zur Säkularisation 1803 hinter dem hohen Gemäuer zwischen Kirchenchor und Stadtmauer lebten, heute ein Seniorenheim (Marienplatz 1). Westlich und unterhalb steht das 1414 gebaute **Spital** mit der Spitalkirche (Spitalgasse 1), die bis zum Bau der evangelischen Dreifaltigkeitskirche im Jahr 1615 den Protestanten genügen musste. Südöstlich ist als Teil der Stadtbefestigung der runde **Pulverturm** zu sehen, der allerdings nicht aus dem Mittelalter stammt, sondern 1693 entstand.

Gänsbühl

Nimmt man die Markstraße in nördlicher Richtung, gelangt man zum historischen Rathaus und dem sacht ansteigenden Gänsbühl, der guten Stube der Freien Reichsstadt. Sie war das gesellschaftliche Zentrum: Marktplatz, Standort des Prangers, vom Balkon des Rathauses tönte der Singsang des „Stadtausrufers" und am Brunnen holten sich die Bürger ihr Wasser. Am Eck das barocke, zweigeschossige Rathaus von 1741 mit zwei Schaufassaden, eine zur Marktstraße, eine zum Gänsbühl (Marktstr. 26, Mo–Fr 8–12 Uhr, Do auch 14–17.30 Uhr). Es zeigt den Reichtum der Stadt, ist mit Arkaden und allerlei Zierwerk versehen wie Stuck und Schmiedeeisen. Im Inneren gilt es, in der oberen Etage den **Historischen Ratssaal** zu bestaunen. Der figürliche Deckenstuck stammt von Johannes Schütz, einem Schüler von Dominikus Zimmermann. Die Allegorien sollen die Ratsherren zur Tugendhaftigkeit mahnen.

Über dem Balkon des Rathauses ist das **Stadtwappen,** es zeigt die Leutekirche und einen Doppeladler

Die **Kanzlei** (Gänsbühl 2) schließt an das Rathaus im Osten an. Sie entstand 1617 und beherbergte bis 1740 das Stadtarchiv. Das markanteste Gebäude des Gänsbühls ist aber der **Bockturm** (irgendwann Ende des 13., Anfang des 14 Jh. errichtet), einst Sitz des Turmwächters hoch oben, der auf Feinde und Feuer achtete – und auf die Gefangenen in den Arrestzellen unter ihm. Der Turm war Teil der Wehranlagen der Stadt, der Durchbruch nach Osten entstand zu Beginn des 19. Jahrhunderts, nach wenigen Schritten steht man mitten im Grünen. Neben dem Bockturm befindet sich das **Heimatmuseum** von Leutkirch (Am Gänsbühl 9, Tel. 07561-87154, So 10–12 Uhr u. 14–17 Uhr, Mi 14–17 Uhr, 2 €). Das spätgotische, barock erneuerte Gebäude, „Bock" genannt, zeigt mit seiner interessanten Ausstellung und den aufgebauten Werkstätten alles zur Stadtgeschichte, insbesondere zum Handwerk. Auch eine Folterkammer ist zu sehen, die „Wahrsage". Geht man vor dem Bockturm nach Osten gelangt man in die Schneegasse mit mehreren historischen **Weberhäusern** (Nr. 1, 3, 5, 7 und 9). Westlich und jenseits der Marktstraße schließt den Platz das **Kornhaus** (Kornhausstr. 1) ab, heute Stadtbibliothek.

Das **Gotische Haus** (Marktstr. 32) beherbergt die Tourist-Information und die Volkshochschule. Das 1379 fertiggestellte Gebäude gehört zu den fünf wichtigsten Denkmalobjekten Süd-Württembergs. Die Nutzung vor dem 16. Jahrhundert ist unbekannt, dann zogen die Färber der Stadt ein.

Westliche Altstadt

Hält man sich am Viehmarktplatz am nördlichen Ende der Altstadt nach Westen, gelangt man zum **Stadtschloss** (Kemptenerstr. 11), ein großes Bürgerhaus der Familie Furttenbach mit einem neu angelegten Garten. Die Furttenbacher, eine Leutkircher Patrizierfamilie, hatte als berühmtesten Sohn Joseph Furttenbacher (1591–1667), ein Universalgelehrter der mit den Größen seiner Zeit wie Galileo Galilei verkehrte. Auch der Landschaftsbau interessierte ihn, und so ist der Garten obendrein eine Erinnerung an ihn. Folgt man dem Halbrund des Unteren Grabens, passiert man das **Zehntstadel** des Spitals (Lindenstr. 2) für die Lagerung der als Naturalsteuer eingeforderten Lebensmittel und gelangt unmittelbar zur evangelischen **Dreifaltigkeitskirche.** Das Gotteshaus entstand 1613–15 als dreischiffige, weitgehend schmucklose Predigtsaalkirche – die erste überhaupt in Oberschwaben.

Im **Pferdles Museum** (Pfarrer-Lamprecht-Straße 4, Tel. 7561 984154, Sa/So 12–18 Uhr, 3 €, Kinder 1 €) im ehemaligen Schulhaus vom Stadtteil Diepoldshofen ist eine schöne Sammlung an Spielzeugpferden in klein und groß (darunter herrliche historische Schaukelpferde!) und an dazu passenden Bildern ausgestellt, allerdings ist anfassen und aufsitzen verboten, so dass sich Kinder wohl schwer tun.

In der Umgebung von Leutkirch

Das komplett erhaltene Glasmacherdorf **Schmidsfelden** befindet sich 13 km südöstlich von Leutkirch. Die idyllischen Anlage lockt mit einem **Museum** zur Geschichte der Glasmacherei im Allgäu (www.schmidsfelden.net, Di–Fr 10–12.30, 14–17 Uhr, Sa 14–17 Uhr, So 10–17 Uhr, 5 €, Kinder 3,50 €, mit Glasmachervorführung 6/5 €). Wegen des hohen Holzverbrauches ließen die Fürsten des Barock die Glasmacher in den Wäldern arbeiten, für die Glashüttenbesitzer aber beileibe keine Fron. Sie konnten sich zu vermögenden Herren entwickeln. Schmidsfelden zeugt von solch einer Erfolgsgeschichte. Die **Manufaktur des Glasbläsers und Glasmachers Michaelis** stellt die Glaswaren her, im Laden werden sie verkauft.

Service Leutkirch

Information

Tourist-Information, Marktstr. 32, 88299 Leutkirch, Tel. 07561-87154, www.leutkirch.de, Mo–Fr 9–12.30 Uhr u. 14–17 Uhr, Mi nur 9–12.30 Uhr, Mitte Mai–Mitte Sept., auch Sa 9.30–11.30 Uhr.

Unterkunft

Mohren, Wangener Str. 1, Tel. 07561-98570, www.brauereigasthofmohren.de, DZ/F 85 €. Im Herzen der Stadt nächtigt man in einem der zehn renovierten und unterschiedlich eingerichteten Zimmern des 400 Jahre alten Traditionsbetriebes; gutes Restaurant mit schwäbischer Küche (etwa 15 €).

Hofgut Kürnach, Unterkürnach 2, Wiggensbach, Tel. 08370-8070, www.hofgut-kuernach.de, DZ/F ab 80 €. 17 km von Leutkirch (4 km östlich von Schmidsfelden) wohnt man in einem der 50 Apartments ruhig, gelassen und komfortabel mit Kindergarten, Streichelzoo und Hallenbad in Alleinlage auf dem Land.

Camping

Leider sind die Plätze um Leutkirch durch die zahlreichen Dauerstellplätze nicht unbedingt ein erstrebenswertes Ziel für Camper. Das erträglichste Verhältnis mit 100 Dauerplätzen zu 25 freien Plätzen hat der **Moorfreibad Campingplatz,** Moorfreibad 7, Herlazhofen, Tel. 07561-5513, http://campingmoorbad.de, Zelt für 2 Personen und Kfz um 15 €; der Platz am Seeufer (Mitte April–Mitte Okt.) 6 km südlich von Leutkirch hat Badeplätze und ein Restaurant.

Essen und Trinken

Café-Bistro Wandinger, Kornhausstr. 7, Tel. 07561-3741, www.baker-franz.de, Mo–Fr 6.30–18 Uhr, Sa 6.30–12.30 Uhr, Mittagstisch etwa 5 €. Leckere Gerichte zu Mittag, belegte Brötchen, Backwaren aus Vollkornmehl und Spezialitäten wie Lupinen- oder Dinkelbrot und natürlich die Seelen, das außen knusprige, innen luftig-feuchte, mit Kümmel und Salz bestreute Leutkircher Gebäck.

Remise, Schmidsfelden 12, 07567-182244, www.remise-schmidsfelden.de, Do/Fr ab 17 Uhr, Sa ab 14 Uhr, So 10–17 Uhr, Menü ab 30 €. Keine Karte, man isst, was gekocht wurde – und das ist köstlich (und für jeden Geschmack ist was dabei, auch für Vegetarier); dazu wird ausgezeichneter Wein gereicht, die Gäste sind begeistert.

Ausgehen

Alcazar, Campingweg 5, Ellerazhofen, Tel. 07563-915843, www.cafe-alcazar.de, Fr 21-5 Uhr. Tanzbar, Café la nuit und die Klub-Location 7 km westlich von Leutkirch; hier trifft man sich, wenn die Abende nicht enden sollen – Musik für jeden Geschmack und ab und an auch live; ganz besonders sind die Abende, wenn die Youngsters zwischen 18 und 21 Jahren ausgesperrt sind: nur für Große!

Einkaufen

Die **Manufaktur in Glas Michaelis** (Schmidsfelden, Tel. 07567-182042, www.schmidsfelden.net) verkauft die handgeblasenen Preziosen aus Glas im angeschlossenen Museumsladen („jedes Stück ein Unikat").

Im Kontor der **Brauerei Härle** (Tel. 07561-98280, www.haerle.de, Am Hopfengarten 5) gibt es die Bierspezialitäten der ortsansässigen Brauer, die klimaneutral arbeitend auch schon einen Nachhaltigkeitspreis gewonnen haben: u.a. „Clemens ohne Filter" (naturtrübes Bier) oder das nur vom Fass gezapfte „Landzüngle".

Martin Meier in Neuravensburg kreiert neben hochgefeierten Edelbränden auch einen **Allgäu-Whisky.** Verkauft wird er unter anderem in Haselburg 5 km südlich von Leutkirch, im „LandZunge"-Mustergasthof **Rössle** (Haselburg 1, Tel. 07561-9834501, www.roessle-haselburg.de); dort gibt es auch einen schönen Biergarten und gute Regionalgerichte.

Märkte

Der **Wochenmarkt** findet jeden Montag 8–13 Uhr in der Marktstraße statt.

Baden

Der **Stadtweiher** (Kemptener Straße, Tel. 07561-3204, Sommer 8.30–20 Uhr bei gutem Wetter, Juni/Juli bis 20.30 Uhr, 3,50 €, Kinder 2,50 €) ist zu Fuß erreichbar (1 km vom Zentrum im Osten) und bietet Wasserrutsche, Kinderbecken, Spielplatz und Kiosk.

Das **Moorfreibad Herlazhofen** (Am Hinterweiher, Tel. 07561-5513, Sommer 8.30–19 Uhr, 3,50 €, Kinder 2,50 €) liegt am Seeufer des Hinterweihers 6 km südlich von Leutkirch; zur Infrastruktur zählen Liegewiese, Spielplatz, Kiosk mit Terrasse, Minigolf, Tretboot- und Ruderboot-Verleih.

Schloss Zeil

Schloss Zeil liegt 5 km nördlich von Leutkirch und ist die Residenz der Fürsten von Waldburg-Zeil. Das Schloss ist Privatbesitz und nur der Garten im Wirtschaftshof und und die Kirche zu besichtigen.

Schloss Zeil

5

Ravensburg

Was ist bekannter: Die wunderbar erhaltene, mittelalterliche Altstadt Ravensburgs oder der Verlag gleichen Namens, der an der Peripherie Spiele, Kinder- und Jugendbücher produziert? Wahrscheinlich Letzterer. Mit Kindern führt natürlich kein Weg am Ravensburger Spieleland vorbei. Aber vielleicht kann man sie auch für Ritter und Hexen begeistern – Ravensburgs Altstadt bietet dafür eine ideale Kulisse.

Geschichte

Die Gründer Ravensburgs waren Herzöge vom Geschlecht der Welfen, die zunächst im Gebiet des heutigen Klosters Weingarten und ab dem 11. Jh. auf dem Veitsberg eine Burg (heute Jugendherberge) unterhielten. Die Lage am Schnittpunkt der Handelswege aus dem Allgäu und von der Donau an den Bodensee bot sich für eine Stadtgründung an; 1152 erwähnten die Urkunden erstmals einen Markt unter der „Ravensburg“. Als die Welfen 1191 ausstarben, gingen Ravensburg und Markt an die Staufer und hundert Jahre später an die Habsburger. Ende des 13. Jh. war Ravensburg Freie Reichsstadt. Im 14. Jh. erweiterte sich das Stadtgebiet um die Unterstadt. Die florierende Wirtschaft basierte auf dem Handel mit Leinwand und Barchent, einem groben Baumwoll-Leinen-Gemisch. Die Ravensburger Handelsgesellschaft, nach der führenden Patrizierfamilie „Humpisgesellschaft“ genannt, lieferte Leinwand bis nach Ungarn, Spanien und Portugal. Die Reformation nahmen die Ravensburger paritätisch an, d.h. ein Teil der Bevölkerung blieb katholisch. Es existierten zwei Gotteshäuser, und die städtischen Ämter wurden doppelt mit Beamten beider Konfessionen besetzt. Der Dreißigjährige Krieg beendete die Blütezeit; bis zum 19. Jh. tat sich in der Stadt nichts Wegweisendes mehr, die Architektur verharrte im Spätmittelalter. Nach einem bayerischen Intermezzo gehörte Ravensburg ab 1810 zum Königreich Württemberg und erlebte durch die Anbindung an die Eisenbahn Ulm – Friedrichshafen einen neuen Aufschwung durch die Ansiedlung von Textilindustrie und Maschinenbau.

Sehenswert in Ravensburg

Marienplatz

Der stimmungsvolle Hauptplatz der Altstadt besteht aus drei Teilen, dem nördlichen ehemaligen Holzmarkt, dem Postplatz am Rathaus und dem Viehmarkt am Kornhaus. Unübersehbarer Blickfang ist der 51 Meter hohe **Blaserturm 1**, an den das **Waaghaus** mit seinem gestuften Giebel grenzt. Bis 1911 wachte ein Blaser (Wächter) im Turm über die Stadt, deren Grenzen im 13. Jh. hier verliefen – der Blaserturm war Teil der staufischen Befestigung. Im 16. Jh. stürzte er ein und wurde neu errichtet. 212 Stufen führen zu einem fantastischen Aussichtspunkt über die Altstadt, nach Weingarten und manchmal gar bis zum Bodensee (Apr.–Nov., Mo–Fr 14–17 Uhr, Sa 10–15 Uhr, 1,50 €). Das Waaghaus wurde 1496 als Zollstätte für die Kontrolle von Waren erbaut, die Ravensburg passierten. In der spätgotischen Tuchhalle im ersten Stock residierten die Leinwandhändler (heute als Festsaal genutzt). Nach Südwesten schließt das **Lederhaus 2** den Platz ab, um 1400 als Verkaufsraum für Schuhmacher, Sattler und Gerber errichtet. 1574 erhielt

Orientierung:
Parkmöglichkeiten gibt es an allen vier Hauptzufahrten zur Altstadt, günstig für den Rundgang liegt die Tiefgarage Marienplatz im Süden, auf die die vom Bodensee kommende B 30 direkt zuführt.

Die rote Fassade des Rathauses mit dem Blaserturm und dem Waaghaus im Hintergrund

Historische Stadtrundgänge

Geradezu vorbildlich ist die Markierung der historischen Bauten mit Schildern und den wichtigsten Informationen. Von den über 60 so ausgewiesenen Gebäuden sind hier nur die wichtigsten genannt. Eine vollständig in sechs Rundgängen gefasste Beschreibung ist in der Broschüre „Historische Stadtrundgänge" nachzulesen, die für ca. 5 € bei der Tourist-Information erhältlich ist.

das Haus seine dekorativen Renaissance-Fresken. Die rote Fassade des spätgotischen **Rathauses** 3 südlich des Blaserturms ist kaum zu übersehen. Die im „Kupferle" genannten Türmchen hängende Glocke rief die Ratsherren zur Sitzung. Vom dem Waaghaus zugewandten Erker (1571) wurden Todesurteile verkündet, denn als Freie Reichsstadt konnte Ravensburg auch in „Blutsachen" urteilen. Den Großen Ratssaal schmückt eine historische Bohlenbalkendecke und ein Gemälde, das Ravensburg im 17. Jh. zeigt. Im Kleinen Ratssaal urteilte das Blutgericht. Beide Säle können nur im Rahmen von Stadtführungen besichtigt werden.

Durch die Marktstraße

Bereits 1152 ist die Marktstraße als Marktort der Stadt genannt und bis heute finden hier farbenfrohe Wochenmärkte statt. Unter Hausnummer 13 steht die **Brotlaube** 4**,** die ab dem 15. Jh. Bäckern und Metzgern als Verkaufsraum diente und unter dessen Bögen auch heute noch Backwaren im Angebot sind. Teile einer Rokoko-Apotheke bilden die sehenswerte Ausstattung der **Marienapotheke** (Nr. 8). Imposant kündet das im 15. Jh. errichtete Haus der Kaufmannsfamilie **Gäldrich** 5 unter Hausnummer 27 vom Wohlstand, den diese Kaufleute als Geschäftsführer der Humpisgesellschaft in Valencia erwarben und die man deshalb „Geld reich" nannte. In dem Anwesen verkauft ein Musikalienhandel Instrumente (www.musikhaus-lange.de), so dass die Möglichkeit besteht, die spätgotischen Räume im Erdgeschoss und im ersten Stock zu besichtigen.

Museum Humpis Quartier

Das Anwesen der Patrizierfamilie Humpis, die Ravensburg zwischen dem 13. und 16. Jh. nicht nur wirtschaftlich, sondern auch politisch dominierte (sie stellte in knapp 250 Jahren 77 Bürgermeister und Ammänner), erstreckt sich über sieben Häuser zwischen Markt-, Humpis- und Roßbachstraße. In dieser spätgotischen Anlage zeigt das **Museum Humpis Quartier** 6 anhand ausgesuchter Epochen und Berufe die historische Entwicklung Ravensburgs (Marktstr. 45, 88212 Ravensburg, Tel. 0751-82820, www.museum-humpis-quartier.de, Di–So 11–18 Uhr, Do bis 20 Uhr, Eintritt 5 €; Sonderausstellungen 4 €).

Sehenswert
1 Blaserturm
2 Lederhaus
3 Rathaus
4 Brotlaube
5 Gäldrich
6 Museum Humpis Quartier
7 Museum Ravensburger
8 Mehlsack
9 Obertor
10 Liebfrauenkirche
11 Frauentor
12 Grüner Turm
13 Gemalter Turm
14 Untertor
15 Heilig-Geist-Spital

Information
a Tourist-Information

Unterkunft
b Obertor
c Gasthof Ochsen

Jugendherberge
d Jugendherberge Veitsburg

Essen und Trinken
e Schulzes Stube
f Gasthof Engel
g Essis Café Bar
h Wilderer

Ravensburg
0 — 100 m

Nacht- und Kulturleben
i Club Douala
j Kantine

Einkaufen
k Keramik-Atelier Zork 2000
l Mönchmühle

5

Museum Ravensburger

Foto oben: Das Museum rund um das blaue Dreieck

1416 ließen sich die Ritter Schellenberg zu Kißlegg ihr Stadthaus erbauen, seit 1883 ist es Sitz des Ravensburger Buch- und Spieleverlages. Seit 2010 können Besucher sich im **Museum Ravensburger** 7 (Marktstr. 26, 88212 Ravensburg, Tel. 07542-400110, www.museum-ravensburger.de, Ende Mai–Ende Okt., Di–So 10–18 Uhr, Nov./Dez., Di–So 11–18 Uhr, 7,50 €, Kinder 5,50 €, Familien 24 €) über die Verlagsgeschichte und die Produkte informieren, im Shop kaufen und in der Spiele- und Leselounge spielen.

Mehlsack und Obertor

Der 51 m hohe, runde Wehrturm, der **Mehlsack** 8 am südöstlichen Ende der Oberstadt errichtete die Stadt 1425 wegen eines bedrohlichen Nachbarn – dem Habsburgischen Landvogt in der Veitsburg, mit dem die Freie Reichsstadt in ständigem Konflikt lag. Da die Mauerdicke von unten (Innendurchmesser 3,75 m) nach oben abnimmt (Plattform 7,80 m Durchmesser), gab es oben ausreichend Platz für Kanonen und Schützen. 253 Stufen führen Konditionsstarke zur Aussichtsplattform (unregelmäßig geöffnet, bei der Touristeninformation nachfragen). Zwischen dem 13. und 16. Jh. entstand das **Obertor** 9 als Stadttor in Richtung Wangen mit hohem, gestuftem Giebel. Sogar das Torwärterhaus ist noch erhalten. Auf gleichem Weg oder durch Rossbachstraße und Gespinstmarkt geht's zurück zum Marienplatz.

Aufstieg zur Veitsburg: Entweder auf dem 2 km langen Burgsteig, der hinter dem Obertor beginnt, oder auf dem am Mehlsack bergauf führenden Treppenweg erreichen Sie die ab dem 10. Jh. dokumentierte Veitsburg, heute Jugendherberge.

Liebfrauenkirche

Durch die Kirchstraße, die repräsentative Klosterhöfe säumen, führt der Rundgang nun nach Norden. Klosterhöfe waren politische wie ökonomische Vertretungen umliegender Konvente in der Stadt und gaben Durchreisenden des Klosters Unterkunft. Weingarten unterhielt seit dem 14. Jh. den **Weingartner Hof** (Kirchstr. 16, im Erdgeschoss Tourist-Information). Weingarten unterstellt war auch der Vorgängerbau der **Liebfrauenkirche** 10, eine im 13. Jh. erbaute „neue Marienkapelle". Ein Tympanon (Bogen über einem Portal) mit Szenen aus dem Marienleben aus dem Jahr 1350 ist noch am Westportal erhalten. Erweitert wurde das Gotteshaus im 15. Jh., im 19. Jh. erhielt es eine neugotische Ausstattung, von der man das Mosaik über dem Chor beließ. Gotisches Chorgestühl, ein reich verziertes Sakramentshaus und die schönen Glasfenster sind einzige Erinnerungen an das Spätmittelalter.

Frauentor und Grüner Turm

Ravensburgs Stadttor nach Nordosten in Richtung Weingarten war das 1318 noch „Niederes Tor" genannte **Frauentor** 11. Der 35,5 Meter hohe Bau diente ab dem 18. Jh. als Folterkammer und Gefängnis, ebenso wie der runde, 32 Meter hohe **Grüne Turm** 12, dessen grüne Dachziegel noch aus dem 14./15. Jh. stammen. Drei Firstziegel, heute im Städtischen Museum zu sehen, trugen „Schmähköpfe", die auf das jüdische Viertel zu Füßen des Turms in der heutigen Grüner-Turm-Straße hinab-

Liebfrauenkirche

5

blickten. Im Zuge der mittelalterlichen Judenverfolgung wurde 1429 die jüdische Gemeinde zerschlagen, ihre Mitglieder umgebracht oder vertrieben. Bis 1802 verweigerte die Stadt Juden jegliches Niederlassungsrecht. Die **Untere Mang** (Marienplatz 81) an der Ecke ist ein stattliches Fachwerkhaus aus dem 15. Jh. und diente der Veredelung der in Ravensburg gehandelten Stoffe.

Zum Gemalten Turm

Durch die Grüner-Turm-Straße, vorbei am **Zehntscheuer** (Nr. 26), einem Fachwerkstadel von 1378, gehts zum **Salzstadel** (Charlottenstr. 40), das im 14. Jh. wahrscheinlich die Humpis als Warenlager in Auftrag gaben, und das ab dem 18. Jh. zur Salzlagerung diente. Heute ist dort das **Feuerwehrmuseum** (April–Okt. jeden 1. So im Monat 10–12 Uhr und nach Voranmeldung, Tel. 0171-6111444). Den 50 Meter hohen **Gemalten Turm** 13 (um 1400) schmückt ein rautenförmiges Muster.

Untertor und Heilig-Geist-Spital

Entweder entlang der Mauerstraße oder parallel durch die Karlstraße erreicht man den westlichen Altstadtausgang mit dem 1363 erbauten, 36 Meter hohen **Untertor** 14 und dem **Heilig-Geist-Spital** 15, das ab Ende des 15. Jahrhunderts Armen, Waisen und Gebrechlichen Unterkunft und Versorgung bot. Sehenswert ist die von beiden Konfessionen genutzte Kapelle mit dem Wandbild des Jüngsten Gerichts (1520) und einem schönen Netzrippengewölbe. Mit 44 Meter Höhe überragt der 1363 errichtete **Spitalturm** das Spital. Er schützte den südwestlichen Bereich der Stadt.

In der Umgebung

Basilika Weingarten

Rund 4 km nordöstlich von Ravensburg, etwas oberhalb des Ortes Weingarten, erheben sich Klosterbauten und die eindrucksvolle **Barockbasilika** der Benediktiner (www.st-martin-weingarten.de, Tel. 0751-561270, 8–19 Uhr, Winter bis 17 Uhr, Führungen Mo–Sa 10–17 Uhr nach Voranmeldung). Bereits im 10. Jh. gründeten die Welfen hier ein Kloster, im 12. Jh. wurde eine romanische Klosterkirche geweiht, und ab 1200 begründete der Glaube an die Wunderkraft der Heilig-Blut-Reliquie, die Judith von Flandern dem Kloster gestiftet hatte, eine große Wallfahrt. Im 18. Jh. erfuhren Kloster und Gotteshaus die Barockisierung. Nach zwei Klosteraufhebungen, im Zuge der Säkularisation 1802 und durch die Nationalsozialisten im Jahr 1940, zogen 1953 wieder Benediktiner ein. Der imposante Eindruck der von zwei Türmen flankierten Fassade, die eine monumentale Kuppel überragt, weicht im Inneren trotz der Größe (106 m Länge, Kuppelhöhe 66 m) einer unerwarteten Leichtigkeit: Franz Xaver Schmuzer aus Wessobrunn (Stuck) und Cosmas Damian Asam aus München (Fresken) brachten den Raum mit ihrem Talent zum Schwingen und schenkten ihm eine lichte Helligkeit. Hinter kunstvollem Chorgitter steht der Hochaltar, eingerahmt von einem täuschend echt wirkenden, gemalten Vorhang. Die Reliquie befindet sich im Heilig-Blut-Altar davor. Ein Prunkstück ist Fidelis Sporers Rokoko-Kanzel.

Ravensburger Spieleland Der Besuch des Freizeitparks 10 km südwestlich von Ravensburg mit Fix & Foxi Abenteuerland, Käpt'n Blaubärs Wunderland und einer Future World, um nur einige der Attraktionen zu nennen, ist Pflicht für Familien, die sich am Bodensee aufhalten. Hier wird getobt und allerlei gespielt – durch's Labyrinth geirrt, mit Baggern gebuddelt, Achterbahn oder Spaßboot gefahren. Diverse Einkaufsläden, Restaurants und Kioske sorgen für jedes Wohl. Schnäppchen lassen sich beim Ravensburger Schnäppchenzelt und im Nici Outlet machen: **Ravensburger Spieleland** (Liebenau, Am Hangenwald 1, 88074 Meckenbeuren, Tel. 07542-4000, www.spieleland.de, Mitte Apr.–Anfang Nov., 10–18 Uhr, Ende Juli–Mitte Sept. bis 19 Uhr, im Internet sind weitere Ruhetage angegeben, die Attraktionen schließen jeweils eine Stunde früher, ab 15 Jahre 31,50 €, Kind 3–14 Jahre 29,50 €).

5

Service

Information **Tourist-Information [a],** Kirchstraße 16, 88212 Ravensburg, Tel. 0751-82800, www.ravensburg.de, Mo–Fr 9–17.30 Uhr, Sa 10–13 Uhr.

Stadtführungen **Ravensburger Altstadt,** Sa 11 Uhr, Juli–Okt. auch Mo/Mi 14 Uhr, Aug. auch Mo–Fr 14 Uhr, Treffpunkt Tourist-

Information, 7 €. Viele weitere Themenführungen stehen unter www.ravensburg.de

Unterkunft

Obertor [b], Marktstr. 67, Tel 0751-36670, www.hotelobertor.de, DZ/F um 140 €. Zentrale Lage und individuell eingerichtete Zimmer im historischen Stil machen dieses über 700 Jahre alte Haus zu einem der angenehmsten der Stadt.

Gasthof Ochsen [c], Eichelstr. 17, Tel. 0751-25480, www.ochsen-rv.de, DZ/F ab 135 €. Geradlinig eingerichtete, komfortable Zimmer und ein schwäbisches Restaurant.

Jugendherberge

Jugendherberge Veitsburg [d],Veitsburgstr. 1, Tel. 0751-25 363, www.jugendherberge.de, Bett/F ab 23,60 €. Die Lage ist einfach toll, allerdings ist es ein anstrengender Aufstieg mit Gepäck. Im März 2012 nach Renovierung wiedereröffnet.

Camping

Camping am Bauernhof, Neuhaus/Oberteuringen, Tel. 07546-2446, www.camping-am-bauernhof.de, Stellplatz für zwei mit Zelt und Kfz ab 22 €. Familienfreundlicher Ferienhof mit Tieren, zahlreichen Spielmöglichkeiten und Schwimmteich.

Essen und Trinken

Gasthof Engel [f], Marienplatz 71, Tel. 07542-23484, www.engel-ravensburg.de, Menü um 25 €. Hier wird die schwäbische Küche gepflegt, mit sauren Linsen, abgeschmälzten Maultaschen oder Bauernschnitzel.

Essis Café Bar [g], Marktstr. 25, Tel. 0751-35459999, www.essis.name, Menü um 20 €. Persische Spezialitäten wie Dschudschenkebab oder Rote-Linsen-Suppe – einmal etwas anderes; das Café ist hübsch eingerichtet und das Essen schmeckt!

Wilderer [h], Marienplatz 16–18, Tel. 07542-3525981, www.wilderer-rv.de, Menü um 25 €. Beliebte und belebte Lounge mit großem Salatbüfett und üblichen internationalen Standardspeisen vom Carpaccio bis zur Miso-Suppe.

Schulzes Stube [e], Okatreute 2 (7 km westlich Ravensburg), Tel 0751-99439049, www.schulzes-stube.de, Mi–So 17-22 Uhr, So auch 11.30–14 Uhr, Menü ab 20 €. Schwäbische Spezialitäten direkt am Golfplatz in sehr guter Qualität, tolle Sonnenterrasse.

Nacht- und Kulturleben

Club Douala [i], Schubertstr. 2, Tel. 0751-31577, www.douala.de. Ravensburgs bekanntester Club in rustikalen Gewölben voller Graffiti und mit den besten DJs der Republik.

Kantine [j], Am alten Gaswerk 1, Tel. 00751-3542390, www.kantine-ravensburg.de. Der Club auf dem Bahnhofsgelände unterhält mit Ü-30-Partys und 70er, 80er und 90er-Abenden.

Einkaufen

Keramik-Atelier Zork 2000 [k], Marktstr. 51, Tel. 07542-353029, www.zork-2000.de. Künstlerische Keramik aus Eigenproduktion.

Mönchmühle [l], Leonhardstr. 5, Tel. 07542-23407, www.moenchmuehle.com. Der Laden in der kleinen Regionalmühle verkauft hauseigenes Mehl, Schrot und Korn.

Märkte

Wochenmarkt Ravensburg, Samstagvormittag, Marktstraße und Gespinstmarkt.

Pferdemarkt, am letzten Samstag des April auf dem Gelände der Oberschwabenhalle, ernsthaft und professionell werden Tiere prämiiert und gehandelt, dazu Stände mit Ausstattung und Zubehör nd Rahmenprogramm wie Kutschfahrten für die Kleinen,

Martini-Markt, Jahrmarkt am Wochenende nach Martini (11. Nov.) in der Innenstadt

Feste und Veranstaltungen

Rutenfest: Ende Juli, großes Stadt- und Schülerfest mit Antrommeln, Schützenumzug und Rutentheater. www.das-rutenfest.de

Jazztime in Town: Anfang Mai spielen regionale und internationale Stars des Jazz eine Nacht lang in der Altstadt (www.jazztime-ravensburg.de).

Weingartener Spielzeit: Die klassische Konzertreihe läuft an verschiedenen Veranstaltungsorten das ganze Jahr; besonders eindrucksvoll sind natürlich die Konzerte in der Basilika (www.weingarten-online.de).

Blick vom Blaserturm über die Stadt

Lindenberg

Dass man sonnenreichste Stadt Bayerns und in manchen Jahren gar Deutschlands ist, liegt an der Höhe. Als Bergstadt auf einem 760 Meter hohen Rücken lässt man die Nebelbänke der Täler weit unter sich. Dass man bei soviel UV-Strahlung Hut trägt ist selbstverständlich. Und Lindenberg hat mit der Fa. Mayser nicht nur einen der größten Hutproduzenten Deutschlands, sondern auch ein Hutmuseum und – ein wirkliches Alleinstellungsmerkmal – wählt jedes Jahr eine Hutkönigin. Ansonsten ist Lindenberg ein hübsches, ruhiges und unaufgeregtes Städtchen und ein anerkannter Luftkurort.

Das Paradies ist Allgäu!

Wer von Lindenberg mit dem eigenen Fahrzeug ins Oberallgäu will, sollte auf alle Fälle die Strecke von Weiler-Simmerberg auf der B 308 nach Oberstaufen nehmen. Dass man dabei das „Paradies" passiert, eine landschaftlich reizvolle Strecke, ist recht und billig – die Ausblicke sind fantastisch.

Geschichte

Urkundlich lässt sich die Geschichte der Stadt bis zum Jahr 857 zurückverfolgen, als man dem Kloster St. Gallen Grundbesitz in „Lintiberc" stiftete. Doch die eigentliche Geschichte begann am Anfang des 17. Jahrhunderts, als die Lindenberger die ersten Strohhüte flochten – eine Technik, die von jenseits der Alpen mit Händlern in das Allgäu gelangte. Bald begannen Hausierer die Hüte nicht mehr nur in der Region an den Mann zu bringen. 1755 schließlich organisierten die Lindenberger die Hutproduktion in großem Stil als Heimarbeit. Um 1800 waren damit über 300 Familien beschäftigt, die im Jahr 50.000 Hüte produzierten. Ab 1820 entstanden immer neue Hutfabriken, man lieferte nach Übersee und um 1900 herum gab es 34 Strohhutfabriken und die Jahresproduktion bewegte sich um 8 Millionen Kopfbedeckungen. Im 20. Jh. begann der Niedergang, Strohhüte waren einfach nicht mehr modisch. Noch einmal raffte man sich auf, indem man sich auf Filzhüte verlegte, doch ab Mitte des

Der fulminante und 1951 in Lindenberg erdachte Werbeslogan „Übrigens, man geht nicht mehr ohne Hut!" wurde 2010 „eingedeutscht": „The hat is back! by Mayser".

20. Jh. starb eine Fabrik nach der anderen, und heute ist nur noch die Fa. Mayser übrig – und das Hutmuseum, das von glorreicher Zeit kündet.

Dafür haben sich aber andere Firmen angesiedelt und brachten die Moderne. Die Hightech-Firma Liebherr-Aerospace beteiligt sich u.a. an der Airbus-Produktion und ist einer der größten Arbeitgeber in der Region.

Sehenswertes in Lindenberg

Die Sehenswürdigkeiten Lindenbergs stammen alle aus neuerer Zeit. Die Hutindustrie hatte viel Geld in den Stadtsäckel gespült, und so wurde das **Rathaus** am Stadtplatz repräsentativ in neugotischem Stil 1907 fertiggestellt. Die **Stadtpfarrkirche St. Peter und Paul** (Goethestr. 3) in barockem Gewand entstammt ebenfalls dem Anfang des 20. Jahrhunderts. 1912 entworfen war die dreischiffige Basilika zwei Jahre später fertig und dominiert seitdem den Ort mit ihren hochaufragenden, zwiebelbekrönten beiden Türmen und dem massigen Chorvorbau. Die Fresken malte 1961 Paul Keck (1904–1973) aus Überlingen, der in Goßholz bei Lindenberg arbeitete und lebte, das Hochaltarbild ist von 1913, gemalt vom Königl. Professor Julius Exter (1863–1939).

Rathaus

In der Weimarer Republik stellte Lindenberg drei Reichsminister und hieß Drei-Minister-Stadt. Und noch vor München waren in Lindenberg die Straßen elektrisch beleuchtet.

350 Jahre alt ist hingegen die alte **Pfarrkirche St. Aurelius** (Antoniusplatz 1), die ihren ursprünglichen Namen Peter und Paul an die neue abgeben musste. Ihr Vorgängerbau entstand wohl im 13. Jh., wurde 1636 zerstört, bis zum Jahr 1660 neu errichtet, dann wieder zerstört und 1764–1821 als einschiffiges Langhaus erneut aufgebaut und mit Kapellen erweitert. Von außen wirkt sie sehr zweckmäßig und kantig, das Innere zeigt sich zurückhaltend in den Formen des Spätrokoko, der Schmuck beschränkt sich mehr oder weniger auf die Altäre.

Das kulturell-touristische Glanzstück Lindenbergs ist das **Hutmuseum** (Museumsplatz 1, Tel. 08381-9284320, www.deutsches-hutmuseum.de, Di–So 9.30–17 Uhr, 6 €, Kinder 2 €), auf dessen 1000 m² man einen Überblick über die Bedeutung der Hutmacherei für die Stadt bekommt, zahlreiche Hutmodelle sieht und erfährt, wie sich die Mode im Laufe der Jahrhunderte veränderte. Außerdem gibt es allerlei Wissenswertes über den Produktionsprozess. Für seine frische und offene Museumskonzeption ist das Haus prämiiert worden.

Friedhöfe gehören im Allgäu normalerweise nicht zu den Sehenswürdigkeiten, doch der von Lindenberg ist so wunderschön gelegen, dass man hier

Hutmacher-museum

durchaus einige Zeit verweilen und der Vergänglichkeit nachhängen kann. Der **Bergfriedhof** zwischen Himmel und Erde befindet sich einen Kilometer südlich des Zentrums, nördlich der Bundesstraße 308.

In der Umgebung von Lindenberg

Weiler-Simmerberg

Die Gemeinde Weiler-Simmerberg 4 km südöstlich von Lindenberg ist ebenso wie letztere ein Höhenluftkurort und brilliert mit zahlreichen Wandermöglichkeiten. Das **Westallgäuer Heimatmuseum** (www.westallgaeuer-heimatmuseum.de, Hauptstr. 2, Weiler, Tel. 08387-650, Mi 10–12 Uhr u. 14.30–21 Uhr, So 14.30–17 Uhr, 3 €) dokumentiert die Wohn- und Volkskultur der Region sowie das bäuerliche Arbeitsleben anhand von Gerätschaften, seine Dependance im **Kornhaus** (Hauptstr. 13, Mi–So 14.30–17 Uhr zusätzlich 2 €) aus dem Jahr 1791, der ehemalige Kornspeicher, ist für Sonderausstellungen zuständig.

Der **Erratische Block** (GPS 47.601359/9.922472), einer der größten Findlinge Europas, befindet sich nordöstlich von Weiler und westlich von Lindenberg in einem kleinen Wäldchen. Aus Liechtenstein mit dem Rheingletscher kommend legte er immerhin 65 Kilometer zurück und besaß ein ursprüngliches Volumen von 4000 Kubikmeter. Im 18. Jh. als Steinbruch genutzt, sind ihm heute noch 2000 Kubikmeter verblieben (Rundwanderweg ab Bushof in Weiler, 5 km 1,5 Std.).

Die Wanderungen südlich von Weiler durch die **Hausbachklamm** und zum **Enschenstein** – eine bereits von Illyrern und Römern genutzte Fluchtburg – lassen sich verbinden. Ausgangspunkt ist die Kirche in Weiler und es geht entlang des Hausbaches an der Lourdeskapelle vorbei 3 km durch die Klamm und dann über die Viehweiden zum Enschenstein (den die Einheimischen auch Menschenstein nennen). Der Rückweg verläuft über den Mühlenbach und über Krähnberg und Obertscheiben nach Weiler (8,5 km, 300 Höhenmeter, 3 Std.).

Ein Besuch einer der bedeutendsten Brauereien im Allgäu ist für Bierfreunde Pflicht! Das **Meckatzer**

Löwenbräu, 5 km nördlich von Lindenberg braut seit 150 Jahren (Meckatz 10, Heimenkirch, Tel. 08381-5040, www.meckatzer.de, Führung ganzjährig nach Onlinebuchung, 9 €). Auf einer Führung mit Zwickelprobe (wenn der Braumeister aus dem Zwickel, dem Hahn, zur Kontrolle eine Probe abnimmt) und Multivisionsschau lernt man alles über das Brauereiwesen.

Service Lindenberg

Information

Tourist-Information, Museumsplatz 1, 88161 Lindenberg i. Allgäu, Tel. 08381-9284310, www.lindenberg.de, Di–So 9.30–17 Uhr.

Unterkunft

Waldsee, Austr. 41, Tel. 08381-92610, www.hotel-waldsee.de, DZ/F ab 95 €. Mit seiner unvergleichlichen Lage am Ufer des Moorsees ist es der Platzhirsch am Ort, Drei-Sterne-Klassifizierung, 15 elegant und komfortabel eingerichtete Zimmer, Sauna, Fitness, Badeplatz und das ausgezeichnete Restaurant Bacalau (Stockfisch), das sich mit passendem „Meerblick" mediterran gibt (Menü um 30 €).

Zur Post, Holzerstr. 4, Weiler, Tel. 08387-1070, www.postinweiler.de, DZ/F ab 90 €. Neu hergerichteter Gasthof im Ort mit charmantem Personal. Die ehemalige Postmeisterei hat 12 Zimmer und ein Restaurant mit Allgäuer Spezialitäten, im Ausschank ist natürlich, wie seit 170 Jahren, Post-Bräu aus Weiler.

Goldener Adler, Goßholz 11, Tel. 08381-9285588, www.goldener-adler-lindenberg.de, DZ für Selbstversorger um 50 €. Sechs sehr schöne Gästezimmer und mit viel Geschmack eingerichtete Zimmer, perfekte Gemeinschaftsküche.

Camping

Campingplatz Alpenblick, Schreckenmanklitz 18, Weiler, Tel. 08381-3447, www.camping-alpenblick.de, Stellplatz für 2 Erw. mit Kfz 25–30 €. 2 km südöstlich des Lindenberger Zentrums liegt der ganzjährig geöffnete Platz an einem eigenen Badesee (dem Burggraben der ehemaligen Burg Schreckenmanklitz) mit Bergpanorama, kleine Gaststätte.

Essen und Trinken

Zum Löwen, Marktstr. 8, Tel. 08381-9282955, www.loewen-lindenberg.de, Di–Sa 11–15, 17.30–23 Uhr, So 11–15 Uhr, Menü um 20 €. Traditionshaus in der Fußgängerzone mit schwäbisch-bayerischer Küche und internationalen Gerichten auf hohem Niveau, am gemütlichsten sitzt man in der Bauernstube, Sitzplätze im Freien zur Fußgängerzone.

Zum Alten Bräuhaus, Hirschstr. 16, Tel. 08381-1693, www.braeuhaus-lindenberg.de, Mi–Mo 9–14, 17–22 Uhr, Menü ab 15 €. Traditionelle gutbürgerliche Küche mit den Standards wie Bräuhauspfanne und Jägertopf oder Zwiebelrostbraten, gemütlich und Freisitz.

Bräustatt & Taferne, Ellhoferstr. 2, Simmerberg, Tel. 08387-3806, www.braeustatt-simmerberg.de, tgl. 11–22 Uhr, Küchenpause 14–17 Uhr, Menü 15–20 €. Zünftige bayerische Küche vom Obazdn über Rindfleisch sauer und Haussulz bis zu Weißwürsten, aber auch Maultaschen, Krautkrapfen und Schupfnudeln; dazu das selbst gebraute Bräustatt Gold.

Einkaufen

Mayser Kopfbedeckungen, Bismarckstr. 2, Lindenberg, Tel. 08381-5070, www.mayser-kopfbedeckungen.de. Werksverkauf mit günstigen Preisen und Hüten 2. Wahl.

Baldaufs Käs- und Weinkeller, Goßholz 5, Lindenberg, www.baldauf-kaese.de, Tel. 08381-890217. Kontrastprogramm zum Schmelzkäse: die Heumilch-Sennereien verarbeiten nur Milch von Kühen, die frisches Gras und im Winter bestes Heu fressen, keinesfalls Silo-Futter; heraus kommen toll schmeckende Rohmilchkäse wie Weinkäse, Brie, Wildblumenkäse oder Gartenkräuterkäse.

In Lindenberg werden jährlich fast 10.000 Tonnen **Schmelzkäse** hergestellt – Bayernland gehört zu den größten Schmelzkäseherstellern Europas.

Märkte

Der **Wochenmarkt** am Stadtplatz findet jeden Samstag statt (7–13 Uhr).

Feste

Einmal im Jahr an einem Maisonntag wird der **Huttag** gefeiert (die Geschäfte haben geöffnet, Musik, Tanz, Modeschauen und Kultur rund um den Hut) und in geraden Jahren auch noch die Deutsche Hutkönigin gewählt.

An einem Wochenende im August lädt die Stadt zum **Internationalen Käse- & Gourmetfest** ein mit Musik, Markt und Käsespezialitäten aus ganz Europa und dem Allgäu.

Baden

Im Winter zum Eislaufen und im Sommer zum Abkühlen an den 1 km westlich des Zentrums von Lindenberg gelegenen **Waldsee,** einer der höchstgelegenen Moorseen (und einer der schönsten) und das beliebteste Naherholungsgebiet der Lindenberger (Waldseebad, Austraße 45, Tel. 08381-940772, Eintritt frei, Kiosk, Spielplätze, ab 5 Uhr morgens offen).

Wandern

Zahlreiche Wanderwege sind rund um Lindenberg ausgeschildert. Ein einfacher Familienweg führt auf knapp 5 km und in einer guten Stunde rund um den hübschen **Waldsee** (ab bis Parkplatz Waldsee). Am Nordwestufer lässt sich auf dem **Torflehrpfad** die Moorstecherei nachverfolgen.

Waldseebad

Wer noch weiter möchte wandert vom Waldsee zu den **Rohrach-/Scheidegger Wasserfällen** und weiter nach Scheidegg (6,5 km, 2 Std.). Das Wasser des Rickenbaches stürzt in der wildromantischen Rohrach-Schlucht über zwei Stufen (22 und 18 m) in die Tiefe. Eine Stunde zusätzlich sollte man für die Entdeckung des Geotops mit Schluchtwald aus Eschen, Grauerlen und Ahorn, in dem es überall sprudelt und plätschert, einplanen. Die Fälle 1,5 km nordwestlich von Scheidegg können über die Bundesstraße 308 auch direkt angefahren werden (Kiosk mit Erfrischungen, Tel. 08381-2129, www.scheideggerwasserfaelle.de, 9–20 Uhr, im Winter je nach Witterung, Eintritt 2 €, Kinder 1,50 €).

Südlich von Weiler-Simmerberg führt eine Rundwanderung (Startpunkt Kirchplatz von Weiler) über die **Hausbachklamm** zum **Wildrosenmoos,** durch Schluchten, an Bächen entlang, über Wiesen und Moore und durch verträumte Dörfer. Wegen der Länge (6–7 Std.) und der Höhendifferenz (insgesamt 900 Höhenmeter) ist die Wanderung anspruchsvoll und auch wenn man immer wieder einkehren kann, sollte ausreichend Proviant und Getränk mitgeführt und natürlich festes Schuhwerk angezogen werden.

Nordic Walking

Der **Nordic Walking Fitness Sports Park Westallgäu** verbindet sechs Gemeinden (Lindenberg, Heimenkirch, Oberreute, Scheidegg, Stiefenhofen, Weiler-Simmerberg) mit einem Wegenetz von etwa 150 Kilometer Länge unterschiedlichster Schwierigkeitsgrade, von der 30-minütigen Flachwanderung bis zur fordernden Bergtour mit über 700 Höhenmeter und 4 Std. Dauer. Mit Anschluss an das 88 Kilometer lange Oberstaufener Wegenetz.

Zwischen den Baumwipfeln

Der **Skywalk Allgäu** (Oberschwenden, Tel. 08381-8961800, www.skywalk-allgaeu.de, April Okt. 10 18 Uhr, Nov. März 11 17 Uhr, Erw. 9,50 €, Kinder 7,50 €) liegt 4 km südwestlich von Scheidegg. Auf einem Baumwipfelpfad von 540 m Länge erlebt man den Wald einmal auf ganz andere Art und genießt fantastische Ausblicke über die Landschaften bis hin zum Bodensee und in die Alpen hinein. Da der Zugang auch mittels Lift erfolgen kann, ist die Attraktion auch für Eltern mit Babies im Kinderwagen und für Rollstuhlfahrer geeignet. Wer den Ausflug mit einem Spaziergang verbinden will, parkt in Scheidegg beim Kurhaus und nimmt den Spazierweg rechts vom Seerestaurant den Hügel hinauf, erst über ein Teersträßlein und schließlich über die Wiesen.

Lindau im Bodensee

Lindau liegt nicht *am*, sondern *im* Bodensee, wie die offizielle Stadtbezeichnung besagt. Das ist nicht falsch, denn Lindaus Altstadt, auf einer Insel gelegen, ist nur mittels zweier Dämme für Eisenbahn und Autoverkehr mit dem Festland verbunden. Der Großteil des heutigen Stadtgebietes erstreckt sich allerdings auf dem Festland gegenüber. Mit der von Bayerischem Löwen und Leuchtturm flankierten Hafeneinfahrt besitzt Lindau (25.000 Ew.) die bekanntesten Wahrzeichen des Bodensees.

Geschichte

Lindaus Stadtgeschichte begann um 200 mit einer römischen villa rustica auf dem Festland. Erst im 9. Jh. sind ein Frauenkloster und ein Fischerdorf auf der „Insel, auf der Lindenbäume wachsen", dokumentiert. Ab dem 11. Jh. wurde Markt gehalten, Kaufleute siedelten sich an und im 14. Jh. verband eine erste Brücke die Insel mit dem Festland. Bereits im 13. Jh. hatte Lindau den Status einer Freien Reichsstadt erlangt. Ende des 15. Jahrhunderts tagte der Reichstag in der Stadt, Fresken am Alten Rathaus erinnern daran. Lindau hatte eine strategisch günstige Position sowohl im Handelsverkehr der Bodenseestädte als auch im Fernhandel mit Oberitalien. Seit dem 16. Jh. ritt einmal pro Woche der „Mailänder Bote" von Lindau über die Alpen nach Italien und transportierte Geld, Post und auf Packpferden Waren zwischen Mailand und Lindau. Ebenfalls im 16. Jh. trat die Stadt zur Lehre Luthers über. Nach einem Brand im 18. Jh. erfolgte der Wiederaufbau von Teilen der Altstadt im Stil des Barock. Zu Beginn des 19. Jahrhunderts kurzzeitig österreichisch, fiel Lindau schließlich an Bayern, das damit einen kleinen Seezugang ergatterte und ihn repräsentativ gestaltete. Durch die Verknüpfung von Eisenbahn und Dampfschifffahrt avancierte Lindau zum wichtigen Verkehrsknotenpunkt und zur beliebten Sommerfrische, von der die repräsentativen Villen am Seeufer künden. Auch heute ist die Stadt dank der auf der Insel erbauten Schönheitsklinik ein gut besuchter Aufenthaltsort begüterter Kreise.

Lindauer Stadtrecht

Das Stadtrecht ist eine Art Verfassung des Mittelalters, die den Städten zur Selbstverwaltung verhalf, ein Privileg, das der Fürst ausreichte (und jeder neue Herr bestätigen musste) und in dem im einzelnen die Administration geregelt war mit Amman (Bauern- und Zunftmeister), Büttel, Stadtrat, Gerichtsbarkeit, Bußgeldhöhe etc. Nach und nach erhielten auch weitere Städte des Allgäus das Privileg der Selbstverwaltung – ihnen wurde teils das Lindauer (wie z.B. Leutkirch), teils das Ulmer oder das Überlinger Stadtrecht verliehen. Bei strittigen Fragen wandte sich z.B. Leutkirch an seine „höhere" Instanz und rief den Rat der Lindauer an.

Sehenswertes in Lindau

Seepromenade und Hafen

Lindaus **Hafen** 1 erhielt in der ersten Hälfte des 19. Jahrhunderts mit einer Ummauerung aus den Steinen der abgerissenen Stadtmauern eine massive Verstärkung. König Maximilian II. weihte ihn 1854 persönlich ein. Die Hafeneinfahrt bewachen ein 33 Meter hoher **Leuchtturm** und ihm gegenüber ein sechs Meter hoher **bayerischer Löwe,** der Lindau den Hintern zuwendet – ein Symbol dafür, dass Bayern seine Lindauer (und umgekehrt) nicht wirklich würdigt? Der seit dem 13. Jh. am Hafen den Weg weisende **Mangturm** mit markant hohem Spitzdach jedenfalls geriet durch die Neuanlage des Hafens in den Hintergrund. Der **Augustin-Brunnen,** 1982 von Reinhold Petermann gestaltet, erinnert daran, dass „Der liebe Augustin", Romanfigur des Schriftstellers Horst Wolfram Geissler, auf der benachbarten Halbinsel Wasserburg aufwuchs. Von Hotels, Restaurants und Cafés gesäumt, wirkt die Seepromenade geradezu mediterran, und der Bodensee tatsächlich wie ein Meer.

Orientierung: Wer mit dem eigenen Auto anreist, findet Parkmöglichkeiten an der Inselhalle nach dem Damm rechts oder jenseits der Bahnschienen. Der Bahnhof liegt auf der Insel und ist zentraler Ausgangspunkt für die Stadtbesichtigung. Die Tourismusinformation ist direkt gegenüber.

Altes Rathaus

1422 begann der Bau des **Alten Rathauses** 2, das 1436 vollendet, hundert Jahre später eine Renaissance-Fassade bekam und heute mit seinem Staffelgiebel den Platz beherrscht. Die bunten Fresken an der Fassade und der Rückseite sind allerdings dem 19. Jh. zuzuschreiben. Sie stellen Lindau zur Zeit des Reichstags im Mittelalter sowie wichtige Persönlichkeiten der Stadtgeschichte dar. Der gotische **Rathaussaal** gilt als einer der schönsten im Bodenseeraum und beherbergt die **Reichsstädtische Bibliothek** heute ein Bibliotheksmuseum (Reichsplatz, Tel. 08382-2775960, April–Mitte Okt. Di–So 14–17.30 Uhr, Eintritt frei). Das **Neue Rathaus** gleich nebenan, im Stil des Barock errichtet, wurde im 18. Jh. in Dienst genommen.

Maximilianstraße

Die **Maximilianstraße** 3 ist ein Feuerwerk aus Gotik, Renaissance und Barock. Viele Häuser tragen Aufzuggauben – Kaufmannshäuser. Man achte auf die **Brodlauben,** Laubengänge hinter breiten Spitzbögen. Seit 1386 kaufen die Lindauer hier ihr Brot. Am westlichen Ende der Maximilianstraße befand sich der Fleischmarkt, dessen Abfälle man durch die Vordere und Hintere Metzgergasse einfach in den See spülte.

Schrannenplatz und Peterskirche

Bis zum 13. Jh. landeten die Bauern ihr Getreide am Schrannenplatz an. Eindrucksvoll ist der schlichte Bau der **Peterskirche** 4 aus dem 11. Jh. mit dem wuchtigen Turm, der zugleich Wachturm war. Im 15. Jh. wurde er neu errichtet und die Nordwand der Kirche durch Fresken der „Lindauer Passion" von Hans Holbein d.Ä. verschönert; der Christophorus stammt aus dem 13. Jh. Am höchsten Punkt des

Blick vom Leuchtturm über den Hafen und die Stadt

Altes Rathaus

Platzes und der Insel steht der im 14. Jh. erbaute **Diebs-** oder **Malefitzturm,** der als Gefängnis diente; seine bunten Dachziegel sind aus dem 19. Jh. Im **Zeughaus** (16. Jh.), wo früher die Waffen zur Stadtverteidigung lagerten, haben Kleinkunst, Theater und Musik die Bühne erobert (www.zeughaus-lindau.de). Auf dem **Fasnachtsbrunnen** treiben die Lindauer Narren als Motschköpfe, Binsengeister, Pflasterbuzen und Kornköfler ihr Unwesen.

In der Grub

Mittelalterliche Atmosphäre umfängt die Gasse **In der Grub 5,** die parallel zur Maximilianstraße vom Schrannenplatz zum Marktplatz führt. Historisch war sie die Verbindung vom Klosterbezirk zur Fischersiedlung rund um den Schrannenplatz. Da sich die beiden Parteien oft nicht einig waren, spielte sich in ihr sicherlich so manche Auseinandersetzung ab. Mit die ältesten Häuser Lindaus (14. und 15. Jh.) reihen sich hier aneinander, die meisten mit Restaurants und Kneipen im Erdgeschoss. Im Gasthof „Goldenes Lamm" am Paradiesplatz, ein Komplex aus sechs historischen Häusern, tafelte man schon im 15. Jh. Auch Horst Wolfram Geissler, Autor des „Augustins", soll häufig eingekehrt sein.

Stifts- und Kirchplatz

Über den Marktplatz mit dem Neptunbrunnen geht es in den Bereich des ehemaligen Damenstifts, also zur Keimzelle des heutigen Lindaus. Zwei Gotteshäuser nehmen den großen Platz ein: die evangelische Pfarrkirche St. Stephan und daneben das katholische Münster Unserer Lieben Frau. Ende des 12. Jh. löste **St. Stephan 6** die romanische Peterskirche am Schrannenplatz als Pfarrkirche ab. Mit breiter Fassade steht sie zum Marktplatz hin. Im Inneren ist der weite, helle Raum nur zurückhaltend mit Rokoko-Fresken geschmückt. 1528 wurde St. Stephan zur evangelischen Stadtkirche, große Teile der Ausstattung im Bildersturm zerstört. Das heutige Aussehen verdankt sie Umbauten im 18. Jh., die trotz Rokoko-Verspieltheit sehr dezent ausfielen. Einziger auffälliger Schmuck sind die beiden Grabplatten von Daniel und Valentin Heider, prominente Lindauer Bürgern des 16./17. Jh.

Sehenswert
1 Hafen
2 Altes Rathaus
3 Maximilianstraße
4 Peterskirche
5 In der Grub
6 St. Stephan
7 Haus zum Cavazzen
8 Franziskanerkirche

Information
a Tourist-Information Lindau

Unterkunft
b Helvetia
c Schlosshotel Wasserburg
d Spiegel-Garni
e Gasthof Inselgraben

Camping
f Park Camping Lindau

Essen und Trinken
g Zum Sünfzen
h Alte Post
i Bar Barista
j Hotel-Gasthof Adler
k Fischerklause am See
l Weingut Marte & Rädlewirtschaft

Nacht- und Kulturleben
m Zeughaus
n Club Dome
o Mojito Bar

Kalenderwirren

Das evangelische Gotteshaus St. Stephan stand für die Eigenständigkeit der freien Reichsbürgerschaft gegenüber dem katholischen Stift. Diese Rivalität ging so weit, dass sich die Stadtväter weigerten, den Gregorianischen Kalender zu übernehmen, und ihre Kirchenfeste nach dem Julianischen feierten. Zwischen 1582 und 1700 wurden in Lindau deshalb Weihnachten, Ostern und alle anderen Festtage doppelt zelebriert, zunächst katholisch, dann zehn Tage später evangelisch.

Während die Bürger den Gottesdienst in St. Stephan besuchten, beteten die adeligen Damen des Stifts, das frei war und kein Gelübde voraussetzte, im **Münster Unserer Lieben Frau.** Die Tatsache, dass sie sich nicht für Jesus „aufheben" mussten, führte zu ziemlich lockeren Sitten, für die das **Damenstift** am Marktplatz berühmt-berüchtigt war. Das Gotteshaus jedenfalls bestand seit 1100, brannte beim Stadtbrand 1728 ab und wurde durch die großzügige Zuwendung einer Gräfin zu Polheim wieder aufgebaut (was dieser den Titel der Fürst-Äbtissin einbrachte). Bauherr war Johann Kaspar Bagnato, das Deckenfresko mit der Himmelfahrt Mariens stammt von Giuseppe Appiani. Der Unglücke nicht genug, brannte 1922 der Dachstuhl und das Fresko musste nach historischem Vorbild neu gemalt werden. 1987 stürzte die Gipsdecke ab. Erst 1993 waren die Bruchstücke wieder an ihrem Platz. Im Gesamteindruck ist die Kirche fröhlich, bewegt und licht, nicht zuletzt dank des Stucks aus Wessobrunner Werkstätten.

Haus zum Cavazzen

Das mit bunten Fresken geschmückte barocke **Haus zum Cavazzen** 7 am Marktplatz errichtete 1729 Jakob Grubenmann aus Appenzell für eine Familie Seutter. Mit dem doppelstöckigen Walmdach sieht es sehr imposant aus. Im Inneren präsentiert das **Stadtmuseum** (Marktplatz 6, Tel. 08382-944073, www.lindau.de, Apr.–Aug., Mo–So 10–18 Uh, Eintritt 3 €, Kinder bis 6 Jahre frei, Familien 6 €, Schließung für Komplettumbau wahrscheinlich noch 2017) die Stadtgeschichte, zeigt Wohnkultur und Kunsthandwerk und historisches Spielzeug. Besonders eindrucksvoll ist die der

Malerei und Skulptur gewidmete Abteilung mit religiöser Kunst, die sich mit Gemälden des Bauhaus-Künstlers Georg Muche auch der Moderne nicht verschließt.

Barfüßlerkirche/ Stadttheater Die im 13. und 14. Jh. erbaute **Franziskanerkirche** 8 wurde 1528 anlässlich der Reformation Lindaus säkularisiert und diente verschiedenen Zwecken. Seit einem Umbau Ende des 19. Jahrhunderts nutzt die Stadt sie als Theater genutzt; die in den 1950er und 60er Jahren erneuerte Inneneinrichtung verströmt ein herrliches Nachkriegsflair. Bekannt ist das Theater auch als Bühne der Lindauer Marionettenoper, die mit ihren Aufführungen der „Zauberflöte", „Carmen" oder gar des „Schwanensees" auch international Furore macht (www.marionettenoper.de).

In der Umgebung

Bad Schachen Ein halbstündiger Weg am See entlang führt an die bayerische Riviera, so genannt, weil sich ab Mitte des 19. Jahrhunderts immer mehr bayerische Adelige – Prinzregent Luitpold machte den Anfang – Villen bauen ließen. Das einzige Haus, das Besuchern offen steht, ist die klassizistische Villa Lindenhof, deren Räume pompeianische Fresken schmücken. Die katholische Organisation *Pax Christi* hat darin das Museum **friedens räume** eingerichtet, das sich mit Themen wie Krieg, Gewalt, Demut und Frieden beschäftigt (Lindenhofweg 25, 88131 Lindau, Tel. 08382-24594, www.friedens-raeume.de, Mitte Apr.–Mitte Okt., Di–Sa 10–17 Uhr, So 14–17 Uhr3 €, Kinder 2 €, Familie 6 €).

Wasserburg Das malerische Städtchen auf seiner in den See ragenden Halbinsel ist Geburtsort des Schriftstellers Martin Walser. Markante Wahrzeichen sind zum einen die im 14. Jh. durch die Grafen von Montfort erbaute **Burg,** die im 16. Jh. an die Augsburger Fugger überging. Zum anderen der zwiebelgekrönte Kirchturm von **St. Georg**, nach mehreren Umbauten präsentiert sich die Kirche heute klassizistisch. Das **Museum im Malhaus** zeigt die Wasserburger Geschichte und widmet sich besonders dem Fischreichtum des Bodensees (Halbinselstr. 77, Tel. 08382-89368, www.museum-im-malhaus.de, Mai–

Okt., Di–So 10.30–12.30 Uhr, Mi, Sa, So 14.30–17 Uhr, 2,50 €). Das Gebäude stammt aus dem 16. Jahrhundert.

Nonnenhorn Wie Wasserburg war auch das freundliche, zwischen Obstgärten und See gelegene, Dorf zunächst Besitz der Montforts, dann der Fugger. Historische Erinnerung an die Grafen ist die im 15 Jh. gebaute **Kapelle St. Jakobus** auf dem Kapellenplatz, die im Inneren mit einigen anrührenden spätgotischen Plastiken und einer barock-schlichten Kreuzigungsgruppe bezaubert. Ein **Denkmal** davor erinnert an die *Seegfrörne* von 1880, einen jener Winter, in dem der Bodensee komplett zugefroren war. Den ältesten **Torkel** (Weinpresse) im Bodenseeraum bewahrt man in einem Unterstand in der Conrad-Forster-Str. 23 auf.

Service Lindau

Information **Tourist-Information Lindau [a],** Lennart-Bernadotte-Haus, Alfred-Nobel-Platz 1, 88131 Lindau, Tel. 08382-260030, www.lindau.de, Mitte Okt.–Mitte Apr. Mo–Fr 10–12 Uhr u. 14–17 Uhr, sonst Mo–Sa 10–18 Uhr (Mi 12.30–14 Uhr geschl.), So 10–13 Uhr.

Stadtführung Führungen durch Lindau Apr.–Okt. Di 10.30 Uhr, Fr 14.30 Uhr, Mai–Sept. auch So 10.30 Uhr, Mitte Juli–Mitte Sept. auch Sa 14.40 Uhr, Dauer 90 Min., Treffpunkt Tourist-Information, 7 €.

Unterkunft **Helvetia [b],** Seepromenade, Tel. 08382-9130, www.hotel-helvetia.com, DZ/F ab 200 €. An der Seepromenade gelegen, modern ausgestattete Zimmer, ein großer Wellnessbereich – hier dreht sich alles um das Wohlbefinden.

Hafen von Wasserburg

SchlossHotel Wasserburg [c], Halbinselstr. 78, Tel. 08382-2733300, www.schloss-hotel-wasserburg.de, DZ/F ab 100 €. So schnell hat man nicht wieder die Gelegenheit, in mittelalterlichen Mauern und umgeben von antiken Möbeln zu übernachten. Das familiengeführte Hotel liegt direkt am See, freundliche Atmosphäre.

Spiegel-Garni [d], In der Grub 1, Tel. 08382-94 930, www.hotel-spiegel-garni.de, DZ/F ab 90 €. Das zentral gelegene Haus hat Zimmer ganz unterschiedlicher Einrichtung, von verspielt bis 1970er Jahre-Stil.

Gasthof Inselgraben [e], Hintere Metzgergasse 4-8, Tel. 08382-5481, www.inselgraben.de, DZ/F um 80 €. Die Pension in der Altstadt stellt Fahrradfahrern sichere und trockene Abstellplätze zur Verfügung (Zimmer teils mit Etagenbad).

Camping

Park Camping Lindau [f], Fraunhoferstr. 20, Tel. 08283-72236, www.park-camping.de, Stellplatz für 2 mit Kfz um 25 €. Der Platz liegt schön am See und ist modern ausgestattet.

Essen und Trinken

Zum Sünfzen [g], Maximilianstr. 1, Tel. 08382-5865, www.suenfzen.de, Menü ab 25 €. Gastronomie seit 700 Jahren, und bis heute eines der schönsten, urigsten Gasthäuser der Insel. Es gibt Regionales wie Spätzle, Schweinebraten und Maultaschen.

Alte Post [h], Fischergasse 3, Tel. 08382-93460, www.alte-post-lindau.de, Menü ab 20 €. Neben den üblichen internationalen Standards gibt es eine große Schnitzelauswahl sowie Felchenfilet in allen Variationen und Wurstsalat.

BarBarista [i], Marktplatz 1, Tel. 08382-2747157, www.bar-barista-lindau.de, tgl. 8.30–24 Uhr, Flammkuchen um 8 €. In der netten Bar am Markt wird auch Kaffee geröstet; Spezialität sind delikate Flammkuchen; es gibt aber auch Pasta und Fleisch.

Hotel-Gasthof Adler [j], Bodenseestr. 16, Oberreitnau, Tel. 08382-5268, www.adler-lindau.de, Menü ab 15 €. Der Gasthof stammt aus dem 16. Jh. und verbreitet urige Gemütlichkeit. Auf der Speisekarte müssen Felchen, Spätzle und Schwäbischer Topf nicht mit mediterranem Einerlei konkurrieren. Es gibt auch schöne Gastzimmer (DZ/F ab 90 €).

Fischerklause am See [k], Uferstr. 17, Wasserburg, Tel. 08382-887066, www.fischerklause-am-see.de, Menü um 25 €. Hier kommen Felchen & Co frisch aus dem Netz auf den Tisch, denn zum Restaurant gehört eine Fischerei.

Weingut Marte & Rädlewirtschaft [l], Sonnenbichlstr. 14, Nonnenhorn, Tel. 08382-8042, www.weingut-marte.de, Vesper unter 10 €. Bauernschübling mit Kartoffelsalat oder saurer Presssack mit Zwiebeln stehen auf der Vesperkarte dieser Rädlewirtschaft, die nur eine bestimmte Zeit im Jahr geöffnet hat; dazu gibt es Wein vom Gut, darunter einen hervorragenden Müller-Thurgau.

Nacht- und Kulturleben

Zeughaus [m], Unterer Schrannenplatz 1, Tel. 08382-275073, www.zeughaus-lindau.de. Lesungen, Kleinkunst, Konzerte.

Lindauer Marionettenoper, s.o. bei „Sehenswert", Fischergasse 37, Tel. 08382-942446, www.marionettenoper.de. Um Karten für die wunderbaren Aufführungen dieses Marionettentheaters sollte man sich zeitig bemühen.

Club Dome [n], Bregenzer Str. 103, http://dome.lindau.com. Der Club war in den 1990er Wegbereiter des Techno und gilt heute noch über Lindau hinaus als Avantgarde.

Mojito Bar [o], In der Grub 32, Tel. 08382-2751486, Do–Mo ab 21 Uhr. Treffpunkt der Salsa-Tänzer und Mojito-Aficionados.

Einkaufen

Rebhof, Conrad-Forster-Str. 23, Nonnenhorn, Tel. 08382-887116, www.rebhof-am-see.de. Weine und Obstbrände von bester Qualität.

Fischerei Friedl, Halbinselstr. 54, Wasserburg, Tel. 08382-89822. Frische und geräucherte Bodenseefelchen.

Märkte

Die **Wochenmärkte** finden Dienstag- und Samstagvormittag (7–14 Uhr) am Marktplatz statt, April–Okt auch mittwochs (www.wochenmarkt-landau.de).

Feste/Veranstaltungen

Internationales Bodensee-Festival, Mitte Mai–Mitte Juni, Konzerte und Veranstaltungen zum Thema Musik an verschiedenen Aufführungsorten um den See. Neben regionalen Instrumentalisten und Sängern treten auch internationale Stars auf (www.bodenseefestival.de).

Lindauer Kinderfest, Ende Juli (www.kinderfest-lindau.de). Das Fest geht auf den Dreißigjährigen Krieg zurück, als die Ratsherren nach zweijähriger (vergeblicher) Belagerung durch die Schweden eine Schulspeisung der Jugend einführten, die sie „verwahrlost" fanden. Zur Speisung wurde gepredigt, um nicht nur Körper, sondern auch Geist aufzurichten. Heute feiern Lindaus Kinder mit dem Fest den Beginn der Sommerferien – mit feierlicher Messe, Umzügen auf der Insel und Spiel und Spaß.

Baden

Strandbad Eichwald, Eichwaldstr. 16-20, Tel. 08382-704455, www.strandbad-eichwald.de, Mitte Mai–Mitte Sept. 9/10–19 Uhr, 4 €, Kinder 2 €. Große Liegewiese mit altem Baumbestand, Naturstrand, mehrere Schwimmbecken (eines solarbeheizt), Rutschen, Spielplatz.

Freibad Oberreitnau, Parkweg 8, Oberreitnau, Tel. 08382-9431166, www.freibad-oberreitnau.de, Mai–Sept. 10–19 Uhr, 4 €, Kinder 2 €. Beheiztes Freibecken, Beachvolleyball, Wärmehalle mit Schwimmkanal.

Mangturm

Lindenhofpark, Bleicheweg 5, Lindau, www.bb-lindau.de/lindenhofpark. Große Liegewiese, Bademole mit Badefloß, Café, frei zugänglich.

Aquamarin Wasserburg, Reutener Str. 12, Wasserburg, Tel 08382-25187, www.aquamarin-wasserburg.de, Mai–Sept. 9.30/10–19/20 Uhr, 4,50 €, Kinder 2 €. Naturstrand, Badefloß, Beachvolleyball, Surfschule und schöne Liegewiese.

Wassersport

Yachtschule Lindau, Schiffswerfte 2, Tel. 08382-944588, www.bodensee-yachtschule.de, Segelkurse für Kinder.

Windsurf-/SUP-/Tauchschule Wasserburg, im Freibad Aquamarin, Kurse und Ausrüstungsverleih.

Aktivitäten

NordicWalkingPark Bayerischer Bodensee, 17 Routen in Lindau, Bodolz, Wasserburg und Nonnenhorn von 2,5 km bis knapp 20 km.

Schifffahrten

Mai–Okt. Schiffe der Weißen Flotte von Konstanz über Meersburg, Mainau nach Überlingen und über Meersburg nach Rorschach (CH). Bodenseeschifffahrt, Tel. 08382-275840, www.bsb.de.

6

Ausflug nach Österreich

Österreich-Info

Tel.-Vorwahl 0043; für die österreichischen Autobahnen ist eine Vignette erforderlich; die **Korridor-Vignette** (für den rund 23 km langen Streckenabschnitt („Korridor") auf der A 14 Rheintal/Walgau Autobahn in Vorarlberg zwischen der deutschen Grenze und der Anschlussstelle Hohenems gibt es **nicht mehr.**

Bregenzer Wald

Die von Nordwesten nach Südosten in Höhenstufen allmählich ansteigende Landschaft bis zum Hochgebirge umfasst die Gebiete beidseits der Bregenzer Ach und ist stark zertalt. Heute erinnert wenig an die namensgebenden Wälder, die eine Besiedlung lange verhinderten; Dörfer, Weiden und Alpen prägen das Landschaftsbild. Eine Freude für das Auge sind die vielen, alten Holzbauernhöfe in „Strickbauweise", ebenso wie die schlichten, modernen Bauten, die sich in Dörfer und Landschaft fügen ohne zu stören. Der Bregenzer Wald ist ein Wanderparadies und im Winter ein mittelschweres Skigebiet. Dies, verbunden mit dem reichen, in Museen dokumentierten Kulturerbe, lohnt auf jeden Fall einen mehrtägigen Aufenthalt.

Geschichte

Die Urbarmachung des Bregenzer Waldes begann im Hochmittelalter auf Betreiben des Bregenzer Klosters Mehrerau, das bestrebt war, die Landschaften nutzbar zu machen. Diese Siedlungsbewegung stieß auf eine andere, die der Walser aus dem heutigen Schweizer Kanton Wallis, die ab dem 13. Jh. auf der Suche nach neuem Land ebenfalls in die waldreiche Region drängten. Wirtschaftlich war für Lehnsherren und Klöster wenig aus dem Wald zu holen, und so lebten die Menschen hier nahezu autonom. Erst Anfang des 19. Jahrhunderts haben die Bayern den Bregenzer Wald nach Napoleons Siegeszug (kurzfristig) besetzt. Die karge Landwirtschaft ließ andere Talente blühen: Im 17./18. Jh. sind plötzlich Baumeister, Maurer und Zimmerer aus der Gemeinde Au auf allen Großbaustellen des Bodenseeraums zu finden. Den Winter verbrachten diese Wanderarbeiter, unter denen große Künstler wie die beiden Beers (Meersburg, St. Gallen, Bregenz) und die Brüder Thumb (Langenargen, Friedrichshafen, Birnau, St. Gallen) waren, in ihren Dörfern; das Sommerhalbjahr arbeiteten sie für kirchliche und weltliche Auftraggeber. Bis heute ist unklar, woher ihre Fertigkeiten stammten, baute man im Wald doch traditionell aus Holz.

Ende des 18. Jh. stickten und webten viele Waldler-Frauen für die Tuchhändler in Bregenz und St. Gallen, erst zu Beginn des 19. Jh. entdeckten Großbauern das landwirtschaftliche Potential der Region mit ihren saftigen Weiden und die Qualität des Käses. Mit großen, mit Biedermeierschmuck dekorierten Holzhäusern demonstrierten sie ihren so erworbenen Wohlstand.

Sehenswert

Schwarzenberg

Das 700 m hoch gelegene Dorf im mittleren Bregenzer Wald ist ein ländliches Idyll mit reich geschmückten Holzhäusern und eine der ältesten Siedlungen im Bregenzerwald (13. Jh.). Als Zeugnis ländlich-barocker Architektur des 18. Jh. steht der **Dorfplatz** unter Denkmalschutz. Allein sechs ehemalige Gasthäuser sind hier aufgereiht, denn von Schwarzenberg aus wurden Waren aus dem Bregenzer Wald über zwei Pässe nach Süden befördert, und die Gastwirte machten mit Bewirtung, Unterbringung und Geldverleih ordentlich Umsatz. In der barocken **Dorfkirche** zeichnet ein ungewöhnliches Künstlerduo verantwortlich für die Gemälde: Der Kirchenmaler Johann Joseph Kauffmann (1707–82) und dessen damals erst 16-jährige Tochter Angelika (1741–1807), die zu einer der berühmtesten Malerinnen des 18. Jh. heranwachsen sollte. Sie schuf die Apostelfresken und stiftete dem Gotteshaus schließlich auch das Gemälde am Hauptaltar. Obwohl Angelika Kauffmann einen Großteil ihres Lebens in England und Italien verbrachte, hing sie an der väterlichen Heimat und förderte junge, talentierte Schwarzenberger, indem sie ihre Ausbildung finanzierte. Das **Angelika-Kauffmann-**

Museum (Brand 34, Tel. 0043-5512-26455, www.angelika-kauffmann.com, Di–So 10–17 Uhr, Winter Fr-So 14–16 Uhr, 7,50 €) im Kleber-Haus beleuchtet in wechselnden Ausstellungen Leben und Wirken der Malerin. Sehenswert sind nicht nur die Exponate, sondern auch die Verbindung von traditioneller und zeitgenössischer Architektur in den 2007 umgebauten Ausstellungsräumen. Im Original erhalten sind Schopf (die Laube), Küche und Stube im Erdgeschoss und große und hintere Kammer im Obergeschoss, eingerichtet mit typischem Mobiliar und Arbeitsgerät der Waldler. Von der Tradition zur heutigen Arbeit der Kunsthandwerker führt ein Besuch im **Werkraum Depot** (Hof 633, Tel. 0043-5512-26386, www.werkraum.at, Di–Sa 10–18 Uhr, 7,50 €). 87 Kunsthandwerker haben sich zusammengeschlossen und präsentieren und verkaufen hier ihre Arbeit, darunter sehr schöne, schlichte Möbel.

Schubertiade

Seit 1974 tourt das weltgrößte Schubert-Festival durch die Konzertsäle Vorarlbergs, seit einigen Jahren finden Aufführungen in Schwarzenbergs ob seiner Akustik hochgelobtem Angelika-Kauffmann-Saal und in Hohenems statt. Jeweils zwei Wochen im Mai und eine im Oktober versammeln sich Schubert-Verehrer in Schwarzenberg, um den weltbesten Musikern und Interpreten zu lauschen (www.schubertiade.at).

In der Umgebung:

Bezau

Das 2000-Seelen-Dorf liegt nur 5 km von Damüls-Mellau entfernt, dem größten und modernsten Skigebiet des Bregenzer Waldes, und ist mit zahlreichen Hotels und Pensionen eine beliebte Sommer- wie Winterfrische. Im **Heimatmuseum** (Ellenbogen 181, Tel. 0043-5514-3239, Juli–Sept. Di, Do, Sa 14–16 Uhr, sonst Führung Di 14 Uhr, 5 €) dokumentieren die noch im Original erhaltenen Stuben und Wirtschaftsräume sowie die Sammlung kostbarer Stickereien, Trachten und sakraler Objekte das Leben der Waldler.

Hittisau

Die 1800-Seelen-Gemeinde unterhalb des Hittisbergs (1328 m) ist stolz auf das einzige **Frauenmuseum** Österreichs (Platz 501, Tel. 0043-5513-620930, www.frauenmuseum.at, Mi 14–17 Uhr, Do–So 19–17 Uhr, Winter Mittagspause 12–14 Uhr, 7 €), das sich einen klassischen Holz-/Glasbau der Vorarlberger Schule mit der Feuerwehr teilt. Wechselnde Ausstellungen widmen sich dem bäuerlichen Alltag von Frauen in Geschichte und Gegenwart. In der Gemeinde sind außerdem mehrere Bauten der Vorarlberger Schule (Tennis-Clubheim, Gemeindesaal, Hotels das Schiff und Gasthof Krone) zu sehen. Überhaupt scheint hier der Werkstoff Holz noch präsenter als in den anderen Gemeinden, was vielleicht auch an Hermann und Martin Nenning liegt; diese betreiben im Ort eine Zimmerei und gelten ob ihres Umgangs mit dem Werkstoff in der Architekturszene als Genies.

Riefensberg

Ein kleiner idyllischer Weiler, 7 km nördlich von Hittisau, mit schönen alten Holzhäusern links und rechts der Hauptstraße und der sehenswerten **Juppenwerkstatt** (Dorf 52, Tel. 0043-5513-835615, www.juppenwerkstatt.at, Mai–Okt. Di/Fr 10–12 Uhr, Fr auch 14–16 Uhr, Eintritt 4 €) neben der Kirche. Die Juppe, das Markenzeichen der Tracht im Bregenzer Wald, war auf dem Weg des Verschwindens, als durch eine Initiative von Gemeinden, Heimatpflegern und Vorarlberger Kulturinstitutionen die Werkstatt aus der Taufe gehoben wurde. Gearbeitet wird der glänzende Juppenrock aus schwarzer Glanzleinwand, die geleimt in einer speziellen Maschine zum Glänzen gebracht und dann gefältet wird. Zum Schluss wird der Rock mit dem Mieder verbunden und mit Bändel, Schnürle und Bleatz (Fürtuch) geschmückt.

Loipe bei Hittisau

Service

Information

Tourist-Information Schwarzenberg, Hof 454, A-6867 Schwarzenberg, Tel. 0043-5512-3570, www.schwarzenberg.at, Mo–Fr 9–12 Uhr u. 14–17 Uhr.

Bezau Tourismus, Platz 39, A- 6870 Bezau, Tel. 0043-5514-2295, www.bezau.at, Mo–Fr 8.30–12 Uhr u. 13–17 Uhr, Sa 8.30–12 Uhr.

Tourismusbüro Hittisau, Platz 370, A-6952 Hittisau, Tel. 0043-5513-620950, www.hittisau.at, Mo–Fr 8.30–12 Uhr, Mo/Di/Do/Fr auch 14–16 Uhr.

Unterkunft

Die empfohlenen Unterkünfte sind Beispiele für den Stil der **Vorarlberger Bauschule.**

Hirschen, Hof 14 u. 829, Schwarzenberg, Tel. 0043-5512-2944, www.hirschenschwarzenberg.at, DZ/F ab 175 €. Jedes Zimmer dieses behutsam modernisierten, historischen Gasthofs hat ein individuelles Gesicht; nur eines ist überall gleich: der ländlich-moderne Stil mit viel Holz.

Berghof Fetz, Bödele 574, Bödele, Tel. 0043-5572-77400, www.berghoffetz.at, DZ/F ab 140 €. Alleine wegen der fantastischen Aussicht möchte man hier am liebsten nicht mehr weg; die Zimmer sind gutbürgerlich-gemütlich, die regionale Küche exzellent.

Bals, Bühl 31, Hittisau, Tel. 0043-5513-26120, www.bals.at, DZ/F ab 80 €. Traditionspension mit modernem Anbau, Saunahaus und Garten, typisches Alt-Neu-Projekt der Vorarlberger Architektur; herrliches Panorama, das man auch vom Saunahaus aus genießen kann.

Berggasthof Elsenalpstube, Uga 103, Damüls, Tel. 0043-5510-297, www.elsenalpstube.at, Schlafplatz mit HP ab 55 €. Der rundum modernisierte Berggasthof hat die Mehrbettzimmer neu erfunden: Schlicht, mit Stockbetten für jeweils 6 Personen eingerichtet, alles Holz und sehr geschmackvoll; für Eigenbrödler gibt es auch DZ und Suiten.

Essen und Trinken

Alte Mühle, Dorn 138, Schwarzenberg, Tel. 0043-5512-3780, www.alte-muehle.cc, Menü um 30 €. Sehr gute Vorarlberger Küche in gemütlichem Rahmen, im Herbst unbedingt Wild probieren!

Cafe Angelikahöhe, Hof 144, Schwarzenberg, 0043-664-4170664, www.angelikahoehe.at, Snack ab 5 €. Im modern gestalteten Café gibt es Kuchen und Snacks.

Schwanen, Kirchdorf 77, Bizau, Tel. 0043-5514-2133, www.biohotel-schwanen.com, Menü ab 30 €. Gesunde Küche, prämiert vom Gault Millau; Hildegard von Bingens Gesundheitslehre steht Pate bei der absolut delikaten, leichten und den Traditionen Vorarlbergs verschriebenen Küche dieses modernen Hauses (auch wunderbare Zimmer).

Simma, Rossstelle 242, Mellau, Tel 0043-5518-2761, www.restaurant-simma.at, Menü um 25 €. Der 1400 m hoch gelegene Berggasthof serviert viel Selbstgemachtes wie Holundersaft, Käsknöpfle und Salate mit Gartenkräutern.

Einkaufen

Bei Anton Devich in Bezau gibt es **Holzschuhe,** traditionelle, aber auch ganz ausgeflippte Modelle; Ellenbogen 186, Bezau, Tel. 0043-5514-2236, www.holzschuhe.at.

Im **Bregenzerwäldler Käsekeller** kann man zusehen, wie Roboter die Käselaibe drehen und stapeln, dabei verschiedene Käsesorten verkosten und sie kaufen; Zeihenbühl 423, Lingenau, Tel. 0043-5513-42875, www.kaese keller.at

Auch das **Käsehaus Andelsbuch** bietet ein breites Käsesortiment; Hof 144, Andelsbuch, Tel. 0043-5512-26346, www.kaesehaus.com.

Silofreie Heumilch ist der Stoff, aus dem in der **Bergkäserei Schopperau** köstlicher Bergkäse entsteht; Unterdorf 248, Schoppernau, Tel. 0043-5515-30151, www.bergkaeserei.at.

Die **Gebrüder Bentele** verkaufen weitere kulinarische Köstlichkeiten aus dem Bregenzer Wald, wie Schnaps, Honig, Pralinen, Konfitüre, Würste und Speck; Heckisau 77, Egg/Großdorf, Tel. 0043-5512-4402, www.gsiberger.at.

Feste/Veranstaltungen

Alptag & Markt, Almabtrieb Mitte Sept. in Schwarzenberg: Rund 1200 Rinder kommen von ihren Hochweiden und werden von den Älplern auf dem Marktplatz wieder ihren Besitzern übergeben. Am Tag darauf großer Markt und Prämierung des besten Käses.

Wandern

Schwarzenbergs Hausberge sind der **Bödele** (1155 m) und der benachbarte **Hochälpelekopf** (1467 m). Zahlreiche schöne Wanderwege führen durch die Bergregion, darunter der Eduard-Mörike-Weg auf den Hochälpele, benannt nach dem Dichter, der ihn 1857 erwanderte.

Wintersport

Damüls/Mellau ist das größte Skigebiet des Bregenzer Waldes (1430–2007 m) mit 2 Kabinenbahnen, 13 Sessel- und 4 Schleppliften, insgesamt 84 Pistenkilometern und einem Snowpark (www.mellau-damuels.at). Am **Hochälpele** erschließen 1 Sessel- und 8 Schlepplifte ein mittelschweres Skigebiet.

Eisenbahn

Der historische Zug **Wälderbähnle** befährt Juni–September jeden Samstag und Sonntag dreimal täglich die rund 5 km lange Strecke über Reuthe nach Schwarzenberg und zurück, an bestimmten Tagen sogar mit Dampflok (www.waelderbaehnle.at, Hin und zurück 7,70 €, Kind 3,60 € mit Diesel und 9,70 €/4,10 € unter Dampf).

Bregenz

Die lebhafte Stadt mit hübscher Seepromenade ist von einem Miteinander historischer und postmoderner Architektur gekennzeichnet. Die Oberstadt präsentiert sich hingegen mit einer ruhigen, nostalgischen, fast verschlafenen Atmosphäre. Stolz sind die Bregenzer auf ihr reges Kulturleben, das sie auf der Seebühne, im „Kunst Haus" und in zahllosen kleinen Galerien und Theatern zelebrieren.

Geschichte

Vorgeschichtliche Spuren weisen auf eine Besiedlung des Bregenzer Raumes ab etwa 8000 v.Chr. hin. Um 400 v.Chr. wanderten keltische Volksgruppen ein, und kurz nach der christlichen Zeitenwende gerit die Siedlung unter dem Namen Brigantium unter römische Herrschaft. Welche Bedeutung sie hatte, mag man daran ermessen, dass zu jener Zeit der See nach ihr benannt war, lacus Brigantinus. Ab dem 3. Jh. attackierten Alemannen die römische Stadt. Als die irischen Wandermönche Kolumban und Gallus im 7. Jh. den Bodensee erreichten, fanden sie alemannische wie romanische Bevölkerung vor. Erst im 11. Jh. gründete das Grafengeschlecht der Udalrichinger in Bregenz ein Kloster, ohne dass sich daraus eine Siedlung entwickelt hätte. Deshalb gilt das 13. Jh., als die Grafen von Montfort eine Niederlassung auf der Anhöhe der

Blick vom Pfänder über Bregenz

heutigen Oberstadt errichteten, als zweite Gründung von Bregenz. Aus dieser Zeit stammen auch die ältesten Teile der Stadtmauer. Trotz allem blieb Bregenz im Schatten des nahen Lindau; Handwerk und Gewerbe waren kaum vorhanden; die Einwohner lebten von Weinbau und Landwirtschaft. Dies änderte sich auch nicht, als Bregenz im 16./17. Jh. an die Habsburger fiel. Nach dem Dreißigjährigen Krieg entwickelte sich die Stadt zu einem wichtigen Kornmarkt in der Region. Im 19. Jh., der Kornhandel war drastisch zurückgegangen, eroberte sich Bregenz gegenüber Feldkirch die Position eines Versammlungsortes für den Landtag und wurde Anfang des 20. Jh. schließlich auch Landeshauptstadt Vorarlbergs. Die Anbindung an die Bahn hatte dem westlich gelegenen Vorkloster große Industrieansiedlungen gebracht; das nach wie vor wirtschaftlich unbedeutende Bregenz verleibte sich Vorkloster 1919 per Volksabstimmung ein und gewann damit drastisch an Einfluss und Wirtschaftskraft. 1946, nach den Zerstörungen des Zweiten Weltkriegs, gründeten die Bregenzer die Festspiele. Heute ist Bregenz dank seiner „Vier-Länder"-Lage mit guter Anbindung an Deutschland, Liechtenstein und die Schweiz ein führender Wirtschaftsstandort.

Sehenswert

Kunsthaus

Der Kubus aus Glasplatten, Stahl und gegossenem Beton des **Kunsthauses** 1 (Karl Tizian Platz, Tel. 0043-5574-485940, www.kunsthaus-bregenz.at, Di–So 10–18 Uhr, Do bis 20 Uhr, 9 €) soll nach Ansicht seines Architekten Peter Zumthor den Blick auf das Wesentliche lenken, die darin ausgestellte, zeitgenössische Kunst. Die wechselnden Ausstellungen präsentieren Werke, die zum großen Teil für das KUB

Orientierung

Das historische und geschäftliche Zentrum zieht sich vom See zwischen Hafen und Festspielhaus bergauf; zwischen Montfort- und Rathausstraße liegt die Fußgängerzone. Darüber erstreckt sich die Oberstadt, der Kern der ersten, mittelalterlichen Siedlung mit schmalen Gassen und dem Deuring-Schlössle. Parkmöglichkeiten gibt es östlich des Bahnhofs im Seestadtareal und am Hafen. Wer den Aufstieg in die Oberstadt scheut, kann mit Bus Nr. 12c oder 13a bis Thalbachgasse fahren.

konzipiert und geschaffen wurden und die im weitesten Sinne jedes Jahr um ein bestimmtes Thema kreisen. Für Aufsehen sorgte das KUB mit seiner „Landschaftsintervention" *Horizon Field* von Antony Gormley, der 2010 hundert lebensgroße Abgüsse eines menschlichen Körpers aus massivem Gusseisen in einer horizontalen Linie auf 2039 Metern Höhe in der Landschaft Vorarlbergs aufstellte.

Landesmuseum

Neben dem Kunsthaus konnte das **vorarlberg museum** **2** (Kornmarktplatz 1, Tel. 05574/46 050, www.vorarlbergmuseum.at, Di–So 10–1 Uhr, Do bis 20 Uhr, 9 €) nur verblassen. Mit der Neukonzeption 2013 schafft man es aber, das bereits 1857 gegründete Museum aus seiner verstaubten Vergangenheit zu reißen und auf Augenhöhe zu bringen. Gespeist aus einem Fundus von über 160.000 Objekten ist die Ausstellung frisch und sehenswert und fächert die Geschichte des Bundeslandes Vorarlberg auf.

Vorarlberger Landestheater und Nepomukkapelle

Hinter dem Landesmuseum verbirgt sich das angesehene Bregenzer **Theater** **3**, das im Kornhaus des 19. Jahrhunderts residiert. Die Kornmarktgasse führt nach Nordosten zur Kapelle des **St. Nepomuk** **4**, 1757 von Johann Michael Beer als barocker Zentralbau errichtet und innen im Stil des Rokoko ausgestattet. Der mächtige Bau dahinter ist das ehemalige k&k-Postamt (1895).

Martinsturm- und -kapelle

Der **Martinsturm** **5** (Martinsgasse 3 b, www.bregenz.gv.at/kultur/martinsturm, Turmbesteigung Mai–Okt., Di–So 10–18 Uhr, 3,50 €) mit seiner markanten, mit Schindeln gedeckten Zwiebelhaube stammt wohl noch aus der Gründungszeit der Oberstadt durch die Grafen Montfort Mitte des 13. Jh. Ursprünglich wurde er als Würfel über dem gräflichen Weinkeller errichtet; der untere Raum diente als Lager, der darüber als Kapelle (Mitte des 14. Jh. erstmals urkundlich erwähnt). 1599–1601 erhöhte Benedetto Prato aus Graubünden den Turm auf seine heutige Höhe von 39 Meter und setzte ihm die Zwiebelhaube auf. Der St.-Martins-Turm gilt seither als ältester barocker Bau am Bodensee. Holztreppe und Türmerwohnung (heute noch bewohnt) wurden im gleichen Zeitraum eingebaut; im 18. Jh. kam das Langhaus und ein Durchbruch zur Kapelle dazu.

Im Turmteil des Gotteshauses sind wertvolle Fresken des 14./15. Jh. erhalten.

Oberstadt

Lassen Sie sich nun einfach durch die Gassen treiben! Durch das **Alte Stadttor** am Stadtsteig und dann bergauf, bergab werden Sie immer wieder zwischen den Häusern Reste der alten Stadtmauer sehen. Im 17. Jh. errichtete man im Fachwerkstil das **Alte Rathaus.** Am höchsten Punkt der Oberstadt geht es zum **Deuring Schlössle 6,** dessen Baugeschichte ins 14./15. Jh. zurückreicht. Sein heutiges Aussehen verdankt das Schlössle barocken Um- und Ausbauten von der Wende des 17. zum 18. Jh. und einer Neugestaltung im Inneren zu Beginn des 20. Jh.

Stadtpfarrkirche

Die im 11. und 15. Jh. errichtete und im 18. Jh. durch Franz Anton Beer barock umgestaltete und erweiterte **Pfarrkirche St. Gallus 7** soll auf die erste von den irischen Wandermönchen gegründete Kirche zurückgehen. Sie hat ein prunkvolles Inneres mit rotmarmornen Altären vor weißem Grund und wirkt seltsam breit und dabei niedrig-gedrungen. Prunkstück des Gotteshauses ist sein Chorgestühl mit feinsten, spätbarocken Schnitzereien und Intarsienarbeiten.

Festspielhaus/ Seebühne

2009 wurde das in die Jahre gekommene **Festspielhaus 8** in einen zeitgemäßen, multifunktionalen Event-Bau mit nachhaltigem Energiekonzept verwandelt, in dem hochkarätige Veranstaltungen stattfinden. Höhepunkt des Festspieljahres sind natürlich die Festspiele auf der Seebühne, die nicht zuletzt seit den Dreharbeiten zu *James Bond – Quantum of Solace* 2007 schon manche waghalsige

Festspielhaus

Gigantisches Bühnenbild auf der Seebühne

Szene erlebt hat. 1946 hatte man hier mit zwei Kieskähnen angefangen und Mozarts *Bastien und Bastienne* aufgeführt.

Fischersteg

1902 wurde der **Fischersteg** 9 eigens zu dem Zweck errichtet, den Bregenzern das Angeln zu ermöglichen, denn von der Kaimauer aus war das verboten. Ab 1923 starteten hier die Wasserflugzeuge der „Bodenseeflug Konstanz". Heute ist der Steg als Treff zum Sonnenuntergang geschätzt (mit Aperol Sprizz in der Sunset Bar).

Mili

Das 1825 auf Holzpfählen in den See gebaute, ehemalige **Militärbad Mili** 10 ist heute Kult. Hier treffen sich die Bregenzer nicht nur zum Schwimmen und Sonnenbaden.

In der Umgebung

Pfänder

Die Talstation der **Pfänderbahn** 11 (Lochau, Tel. 0043-664-9053040, www.pfaender.at, Mai–Sept. 8–19 Uhr, Berg- und Talfahrt 12,50 €, Kinder 6,30 €, Familie 25 €) auf den 1064 m hohen Hausberg von Bregenz liegt mitten im Stadtgebiet unweit des Hafens. Oben warten eine Adlerwarte und ein Alpenwildpark sowie ein herrliches Panorama auf die Besucher, die den Berg auch in etwa eineinhalb Stunden zu Fuß erobern können. Ein zehnminütiger Fußweg führt von der Bergstation zur **Adlerwarte** mit den majestätischen Greifvögeln – ob in ihren

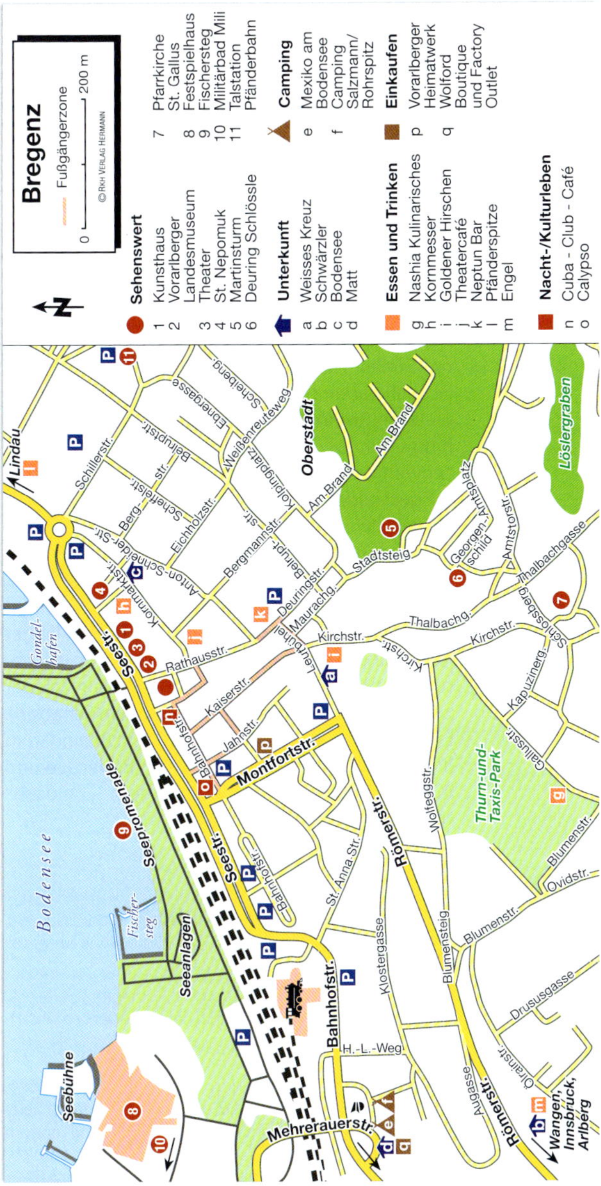

Bregenz
Fußgängerzone
0
200 m
© RKH VERLAG HERMANN
Sehenswert
1 Kunsthaus
2 Vorarlberger Landesmuseum
3 Theater
4 St. Nepomuk
5 Martinsturm
6 Deuring Schlössle
7 Pfarrkirche St. Gallus
8 Festspielhaus
9 Fischersteg
10 Militärbad Mili
11 Talstation Pfänderbahn
Unterkunft
a Weisses Kreuz
b Schwärzler
c Bodensee
d Matt
Camping
e Mexiko am Bodensee
f Camping Salzmann/ Rohrspitz
Essen und Trinken
g Nashia Kulinarisches
h Kornmesser
i Goldener Hirschen
j Theatercafé
k Neptun Bar
l Pfänderspitze
m Engel
Einkaufen
p Vorarlberger Heimatwerk
q Wolford Boutique und Factory Outlet
Nacht-/Kulturleben
n Cuba - Club - Café
o Calypso
Bodensee
Gondelhafen
Seebühne
Seeanlagen
Seepromenade
Fischersteg
Oberstadt
Thurn-und-Taxis-Park
Löslergraben
Lindau
Wangen, Innsbruck, Arlberg
Seestr.
Montfortstr.
Römerstr.
Bahnhofstr.
Mehrerauerstr.
Rathausstr.
Kaiserstr.
Kirchstr.
Thalbachg.
Thalbachgasse
Amtstorstr.
Stadtsteig
Am Brand
Deuringstr.
Maurachg.
Bergmannstr.
Belrupstr.
Kolpingplatz
Weißenreuteweg
Schillerstr.
Kornmarktstr.
Anton-Schneider-Str.
Eichholzstr.
Scheffelstr.
Berg-str.
Ebnergasse
Schlossberg
Georgen-schild
Amtsplatz
Kapuzinerg.
Gallusstr.
Blumenstr.
Ovidstr.
Wolfeggstr.
Klostergasse
Blumensteig
St.-Anna-Str.
Jahnstr.
Leutbühel
H.-L.-Weg
Drususgasse
Ölrainstr.
Augasse

Volieren und bei Flugvorführungen, stets beeindruckend. Der **Alpenwildpark,** durch den ein halbstündiger Spazierweg führt, präsentiert Steinböcke, Mufflons, Wildschweine und Murmeltiere in ihrer natürlichen Umgebung (immer zugänglich, Eintritt frei). Zum Schluss wandert man über das „Gschlief" zur Talstation zurück (etwa 75 Min.).

Rheindelta

Das **Naturschutzgebiet** (Im Böschen 25, Hard, Tel. 0043-5578-74478, www.rheindelta.org, Öffnungszeiten Rheindeltahaus Apr.–Okt. Mo–Fr 14–17 Uhr, Sa/So 11–17 Uhr) westlich von Bregenz, begrenzt von Rheinmündung und Altem Rhein, ist mit Wegen, teils auch mit Straßen erschlossen; an einigen Stellen wie nordwestlich des Rheindeltahauses ist auch Baden erlaubt und es gibt einen Campingplatz. Im **Rheindeltahaus** informiert eine Ausstellung über das Ökosystem und die Tier- und Pflanzenwelt des Deltas. Besucher sind angehalten, die ausgeschilderten Wege nicht zu verlassen und nur an den dafür vorgesehenen Stellen zu parken, zu campieren, Feuer zu machen oder zu baden. Besonders reizvoll ist der Besuch im Frühsommer, wenn sich auch zahlreiche Zugvögel im Delta aufhalten. Von Fußach aus führt ein rund 10 km langer Rundwanderweg teils auf dem Hochdamm in Richtung Rohrspitz und ein Stück landeinwärts wieder zurück (Sonnenschutz mitnehmen, kein Schatten). Ein besonderes Erlebnis ist es, auf dem Rheindamm links und rechts des Flusses in den Bodensee und in Richtung Lindau hineinzuwandern – beidseits nichts als Wasser!

Service

Information

Bregenz Tourismus & Stadtmarketing, Rathausstr. 35a, A-6900 Bregenz, Tel. 0043-5574-49590, www.bregenz.travel, Mo–Fr 9–18 Uhr, Sa 9–12 Uhr.

Bodensee-Vorarlberg Tourismus, Römerstr. 2, 4. Stock, Bregenz, Tel. 0043-5574-434430, www.bodensee-vorarlberg.com, Mo–Sa 8–18 Uhr.

Unterkunft

Weisses Kreuz [a], Römerstr. 5, Tel. 0043-5574-49880, www.hotelweisseskreuz.at, DZ um 150 €. Das zentral gelegene Stadthotel überzeugt mit komfortablen und modern gestalteten Zimmern. Das vom Gault&Millau ausgezeichnete Restaurant serviert feine österreichische Gerichte.

Rheindelta

Das Naturschutzgebiet entlang der Fußacher Bucht westlich von Bregenz ist mit seinen Flachwässern, Riedflächen, Wiesen, Wäldern und Flutgebieten ein wichtiger Überwinterungsort für Wat- und Zugvögel. Bereits im 19. Jh. wurde die artenreiche Flora und Fauna des Mündungsgebietes erforscht. 1900 hat man die Landschaft mit einem Durchstich und die Umleitung des Alpenrheins nachhaltig verändert und so die Überschwemmungsgefahr für die Gemeinden Höchst, Gaißau und Rheineck, die heute am Alter Rhein genannten Flussarm liegen, reduziert. Das brachte aber auch Umwälzungen für das Ökosystem, das durch die Eindeichung des Bodenseeufers zwischen Altem Rhein und der neuen Rheinmündung in den 1960er Jahren zusätzlich belastet wurde.

Die Landschaft verändert sich aber auch natürlich. Der Alpenrhein, größter Gebirgsbach Europas, schwemmt jährlich 2,5 Mio. Kubikmeter Feinsedimente in den Bodensee. Pro Jahr bilden sich so 2–3 ha neues Land. In dem 2000 ha großen und zu zwei Dritteln unter Wasser stehenden Schutzgebiet kommen über 500 Blütenarten vor, darunter die seltene Wasserhade. Neun Amphibien- und vier Reptilienarten wie der Fadenmolch und die aus Nordamerika zugewanderte Gelbwangenschildkröte sind im Delta heimisch. Biber haben es nach längerer Abwesenheit wieder in Besitz genommen, nicht heimische Arten wie Bisamratte und Nutria sind zugezogen. Die Vogelwelt ist mit über 330 Spezies vertreten, wobei die Wiesenvögel auf dem Rückzug sind. Grund dafür ist die zugunsten der Landwirtschaft erfolgende Entwässerung ihres Lebensraums. Spektakuläre Gäste sind Seiden-, Silber- und Purpurreiher, auf dem Durchzug halten sich auch verschiedene Sumpfschwalbenarten, Sichelstrandläufer und Uferschnepfen in der Fußacher Bucht auf. Eine Liste aller Tierarten im Schutzgebiet findet sich auf www.rheindelta.com.

Pfänderbahn

Schwärzler [b], Landstr. 9, Tel. 0043-5574-4990, http://schwaerzler.s-hotels.com, DZ/F um 150 €. Komfortables und geschmackvoll eingerichtetes Hotel am Stadtrand, mit dem Bus 10 Min. zum Zentrum. Sehr aufmerksames und hilfsbereites Personal, ruhige Lage.

Bodensee [c], Kornmarktstr 22, Tel. 05574/42 30 00, www.hotel-bodensee.at, DZ/F ab 100 €. Zentrale Lage, saubere und geschmackvoll eingerichtete, renovierte Zimmer.

Matt [d], Wuhrbaumweg 36, Tel. 0043-5574-71777, www.hotelgarnimatt.at, DZ/F ab 100 €. Das im westlichen Stadtbereich gelegene Hotel Garni wird familiär geführt und besitzt helle, geräumige Zimmer.

Camping

Mexico am Bodensee [e], Hechtweg 4, Tel. 0043-5574-73 260, www.camping-mexico.at, Mai–Sept., Stellplatz für 2 mit Kfz um 30 €. Kleiner Platz unweit des Sees mit modernen Sanitäranlagen und Kanuverleih.

Camping Salzmann/Rohrspitz [f], Rohr 1, Fußach, Tel. 0043-5578-7570828, www.salzmann.at, Stellplatz für 2 mit Kfz ab 20 €. Der Platz liegt wunderbar ruhig im Naturschutzgebiet.

Nashia Kulinarisches [g], Gallusstr. 12, Tel. 0043-699-11787125, Mo–Do 10.30–14, 16.30–19, Fr nur mittags, Menü um 15 €. Der vegetarischen, mit allen Gewürzen der Welt angereicherten Küche der Südafrikanerin Nashia kann niemand widerstehen.

Essen und Trinken

Kornmesser [h], Kornmarktstr. 5, Tel. 0043-5574-54854, www.kornmesser.at, Menü um 25 €. Das gemütliche Traditionslokal kocht Vorarlberger Spezialitäten, wie heimisches „Ziegakäsle" oder Waldpilze mit Serviettenknödel, serviert aber auch leichte Kost wie Salate oder feine Suppen, günstige Mittagsmenüs (unter 10 €).

Goldener Hirschen [i], Kirchstr. 8, Tel. 0043-5574-42815, www.hotelweisseskreuz.at, Menü um 22 €. Vorarlberger Küche wie die beliebten Grammelknödel. Lobenswert: Von fast jedem Gericht gibt es auch eine kleine Portion.

Theatercafé [j], Kornmarktplatz 4, Tel. 0043-5574-47115, www.troybregenz.at. Ein angenehmer Ort für Kaffee und Kuchen oder den kleinen Hunger am Abend.

Neptun Bar [k], Deuringstr. 3, Tel. 05574/53 873, www.neptun-bar.at. Tagsüber zu Frühstück und Brunch, abends Cocktails, DJs oder Livemusik, Fr/Sa bis 3 Uhr.

Pfänderspitze [l], Lochau, Tel. 0043-5574-43066, http://www.pfaenderbahn.at/de/gastronomie, Mo 11–19 Uhr, Di/Mi 11–22 Uhr, Sa/So 11–19 Uhr, Menü um 20 €. Gemütliche Berghütte mit einfacher, schmackhafter Kost.

Engel [m], Landstr. 1, Hard, Tel. 0043-5574-20768, http://pleifersengel.at, Menü um 25 €, Mo/Di/Fr/Sa 11–14, 18–23 Uhr, So 11–21.30 Uhr. Der Traditionsgasthof in der Nachbargemeinde Hard wird von einem kulinarischen Talent geführt, das althergebrachte Vorarlberger Gerichte vorsichtig und sehr schmackhaft modernisiert auf den Tisch bringt. Wie die Küche, so die Einrichtung, Wirtshaus ohne Schnörkel oder folkloristischen Firlefanz. Versuchen Sie das Hirschcarpaccio oder das Tafelspitzsülzchen!

Nacht- und Kulturleben

Obwohl Bregenz eine Vielzahl von Unterhaltungsmöglichkeiten bietet, schätzt die Jugend auch Beizn in den Nachbarorten: In Dornbirn den Club Vankanz im **Innauer** (Marktstr. 33, www.innauer.com, Fr/Sa 22–3 Uhr) und in Lauterach das **E60** (Scheibenstr. 25); der beste Ü-30-Club ist der Sender in Lustenau (www.clubsender.at).

Vorarlberger Landestheater, Kornmarktplatz, Tel. 0043-5574-42870, www.landestheater.org. Frisches, innovatives Theater dank des Intendanten Alexander Kubelka. Oper, Musical, Schauspiel.

Sonnenkönigin, Schwefelbadstr. 2, Hohenems, Tel. 0043-5574-53700, www.sonnenkoenigin.cc. Das futuristische Schiff dient als Event-Location: Einsteigen, auf dem See rumschippern, dazu Büfett oder Dinner genießen, Musik hören, tanzen.

Cuba – Club – Café [n], Bahnhofstr. 8, Tel. 0043-5574-47052, www.cuba-club.at. Von Rock über Funk bis Salsa mit wechselnden DJs, tgl. bis 4 Uhr morgens; tagsüber (außer So) auch Frühstück und Lunch.

Calypso [o], Bahnhofstraße 14, Tel. 0043-5574-45600, www.calypso.at. Der ultimative Tanztempel im zweiten Stock des Einkaufszentrums an der Bahnhofsstr.

BeachBar Bregenz,
(www.facebook.com/BeachbarBregenz) Apr.–Aug. Entspannung und Unterhaltung in der BeachBar am Musikpavillon in den Bregenzer Seeanlagen

Einkaufen

Vorarlberger Heimatwerk [p], Montfortstr. 4, Tel. 0043-5574-42325, www.heimatwerk-vorarlberg.at. Vom Trachtenstoff über Heiligenfiguren bis zu Flickerlteppichen und bunt bemalten Holzarbeiten gibt es hier Traditionelles aus Vorarlberg.

Wolford Boutique und Factory Outlet [q], Wolfordstr. 1, Tel. 0043-5574-6901864, www.wolford.com. Nicht nur der verführerische Inhalt, auch die Architektur ist sehenswert.

Michele-Hof, Marktstr. 26, Hard, Tel. 0043-5574-72412, www.michelehof.at. Viele Obstbrände der Familie Büchele sind preisgekrönt, Hausspezialität ist der Subirer aus der in Vorarlberg heimischen Birnensorte Subira (Verkostungen telefonisch anmelden!).

Rundfahrt per Schaufelrad

Am 11. Januar 1913 lief das **Dampfschiff Hohentwiel** auf dem Bodensee vom Stapel (Hohentwiel Schifffahrtsgesellschaft m.b.H., Kohlplatzstr. 17, Hard, Tel. 0043-5574-63560, www.hohentwiel.com, diverse Themenfahrten, Rundfahrt ab 35 €) auf dem Bodensee vom Stapel. Damals war es eines von sieben Schaufelraddampfern, die den See im Liniendienst befuhren und dabei auch prominente Passagiere wie Kaiser Wilhelm II. beförderten. 1944 entkam das Schiff als einziges dem Bombardement seines Heimathafens Friedrichshafen. 1984 wurde der mittlerweile als Vereinsheim missbrauchte Dampfer vom „Internationalen Bodenseeschifffahrtsmuseum e.V." gekauft und sorgfältig restauriert. Nun läuft sie hochglanzpoliert und zum Vergnügen ihrer Passagiere zu diversen Unterhaltungs- und Rundfahrten aus, inzwischen von ihrem neuen Heimathafen Hard.

Feste/Veranstaltungen

Bregenzer Festspiele, Ende Juli–Ende Aug., Höhepunkt sind die Opernaufführungen auf der Seebühne, aber auch das Rahmenprogramm kann sich sehen lassen (www.bregenzerfestspiele.com).

Sport und Freizeit

Strandbad Mili, Reichsstr. 66, Tel. 0043-5574-442420, www.stadtwerke-bregenz.at, Mai–Sept. 11–18 Uhr, Juni 10–19 Uhr, Juli/Aug. 10–20 Uhr, 5 €, Kinder 2,50 €. Für Liebhaber historischer Bäder – ein Erlebnis!

Strandbad Bregenz, Strandweg 1, Tel. 0043-5574-442420, www.stadtwerke-bregenz.at, Öffnungszeiten und Preise wie Mili. Ruhige, schattige Liegewiesen, ein Hallenbad, Außenbecken und Bodenseestrand.

Hafen von Bregenz

Herzlich Willkommen
Monday
Tuesday
Wednesday
Thursday
Friday
Saturday
Sunday

Anhang

Autor Friedrich Köthe

Zu seiner Arbeit als Reisejournalist und -autor kam der Münchner mit seiner Ehefrau durch Zufall. Ursprünglich hatten die beiden Soziologie und Ethnologie studiert, waren privat und beruflich viel in Afrika unterwegs und wurden Anfang der 1990er Jahre von einem Verleger gebeten, einen Reiseführer über Tunesien zu schreiben. Seither sind von ihnen zahlreiche Bücher über Nord- und das südliche Afrika, vor allem über Namibia, erschienen, europäische Lieblingsziele wie Slowenien oder Sizilien kamen hinzu, und auf Madeira lernten sie den portugiesischen Kulturkreis kennen und lieben. Nach vielen Fernreisen legte Friedrich Köthe mit dem Reiseführer Oberbayern einen Titel seiner Heimat vor, dem das Allgäu folgte.

Bildnachweis

Titelbild/Buchrücken: iStockphoto.de (492963464 / bluejayphoto)

Umschlagklappe vorne (von oben nach unten): 1) iStockphoto.de (12626665 / AVTG), 2) Carsten Blind, 3) Friedrich Köthe, 4) Carsten Blind · **Rückseite:** 1+2) Carsten Blind

Köthe, Friedrich (Autor): S. 49 unten, 69, 142, 144, 149, 150, 151, 157, 161, 165, 166, 219, 236, 241, 245, 246, 247

Blind, Carsten: S. 2/3, 5, 7, 8/9, 11, 13, 15, 18, 20, 24, 26, 32, 33 oben und unten, 34 (2x), 43, 45, 47 unten, 53 oben und unten, 54, 57, 58/59, 74, 76, 78, 80, 81, 82, 83, 84, 88, 91oben und unten, 93, 94, 95, 121, 271, 275, 276, 279, 287, 297, 298, 303, 305

Blind, Bettina: S. 28, 44

Fotolia.de (Bildnr./Urheber lt. Angabe): S. 60,140,174 und 230 (33870438, graphit), sowie S. 47 oben (1437239, kaschwei), 51oben (34761387, kab-vision), 51 unten (26603975, Ars Ulrikusch), 52 (35870212, babsi_w), 55 (17011554, HLPhoto), 89 (35492110, hecke71), 103 (26676155, fotoping), 109 (11276580, Airnie), 123 (26829484, Rüdiger Jahnke), 126 (33591957, Andreas P), 133 (33255342, Alexander Rochau), 136 (34291498, Imaginis), 140 (35962923, Alexander Rochau), 152 (2541943, Jean-Jaques Cordier), 159 (29939366, fotoping), 175 (14750557, Martin Thum), 191 (22348612, picfabrik), 213 (15957881, alexander-hauk), 225 (10178239, Bergfee), 227 (14011086, Waldteufel), 229 (21024472, AndreasJ), 238 (23661773, fotoping), 249 (28905155, falco47), 259 (23320333, juergen2008), 266 (14775600, mpgphoto), 269 (9138374, Frank), 280 (9027442, Klaus Rose), 284 (33278112, Marcel Wenk), 299 (24154844, blende40)

iStockphoto.de (Bildnr./Urheber lt. Angabe): S. 17 (15551430, Murat Giray Kaya), 97 (14747361, totalpics), 110 (6834042, Klaus Janssen), 115 (8093277, Fontanis), 200/201 (4832708, AVTG), 203 (998243, Janis Litavnieks), 290 (5007971, hiphunter), 294 (9160589, Anna Karwowska)

Public Domain (gemeinfrei weltweit) bzw. das Bild- oder die Mediendatei wurde von ihrem Urheber ausdrücklich zur uneingeschränkten Nutzung freigegeben oder die urheberrechtliche Schutzfrist ist abgelaufen: S. 85, 100, 113, 116, 147, 253

Verbunden mit einem herzlichen Dankeschön für die freundliche und kompetente Unterstützung (in alphabetischer Reihenfolge):

Bad Wörishofen Kurdirektion: S. 168, 173

Füssen Tourismus und Marketing: S. 193, 194/195, 196, 198, 202, 204, 206, 209, 211

InterSPA Gesellschaft für Betrieb Wonnemar Sonthofen mbH: S. 106

Isny Marketing GmbH (Büro für Tourismus): S. 232, 235

Kaufbeuren Marketing: S. 178, 180, 183

Kempten Tourismus- und Verwaltungsservice: S. 62, 65, 72

Lindenberg Tourist-Information / Fotos Thomas Gretler: S. 272

Museum Ravensburger: S. 264

Wertach Touristinfo: S. 39, 49o, 220, 223, 224

Register A–Z